我国刑事司法改革研究

WOGUO XINGSHI SIFA GAIGE YANJIU

高丽蓉／著

中国检察出版社

图书在版编目（CIP）数据

我国刑事司法改革研究／高丽蓉著. —北京：中国检察出版社，2015.7
ISBN 978 - 7 - 5102 - 1461 - 5

Ⅰ.①我… Ⅱ.①高… Ⅲ.①刑事诉讼 - 司法制度 - 体制改革 - 研究 - 中国
Ⅳ.①D925.204

中国版本图书馆 CIP 数据核字（2015）第 154163 号

我国刑事司法改革研究

高丽蓉 著

出版发行：中国检察出版社

社 　址：北京市石景山区香山南路 111 号 （100144）

网 　址：中国检察出版社（www.zgjccbs.com）

编辑电话：(010)88685314

发行电话：(010)68650015 　68650016 　68650029

经 　销：新华书店

印 　刷：三河市西华印务有限公司

开 　本：720 mm ×960 mm 　16 开

印 　张：16.75 印张

字 　数：304 千字

版 　次：2015 年 7 月第一版 　2015 年 7 月第一次印刷

书 　号：ISBN 978 - 7 - 5102 - 1461 - 5

定 　价：38.00 元

序

依法治国，建设社会主义法治国家，既是我们治国理政的基本方式，也是现代国家治理的目标。法治中国应当是宪法法律至上、公权力的行使受到制约和控制、公民依法享有广泛权利和自由、社会安定有序的状态。新时期的法治建设是全方位的建设，既包括立法、执法、司法、守法等各个环节的建设，也包括宪法领域、行政领域、刑事领域、民商事领域等各个层面的建设。刑事法治是刑事领域的法治状态，它关乎公民的自由、生命、财产等重大利益，刑事法治的发展和完善对国家的现代化、社会的和谐稳定具有不可或缺的意义，是我国法治建设的重要组成部分。

自1978年我国刑事法制恢复重建以来，为适应经济社会发展的变化和需要，我国刑事司法制度在不断的探索与改革中取得进步与发展，刑事法治的基本价值取向已经形成、基本框架已经建立，刑事司法在维护国家社会安全、保障人权方面的作用日益彰显。

当前，在全面深化改革、全面推进依法治国的大背景下，作为现代法治核心价值的正义、平等、自由、安全、秩序也是刑事法治的内在核心价值，是我们需要通过不断的制度改革予以追求的目标。从国家和社会整体而言，刑事法治要维护国家安全、社会公共秩序，从社会和个人而言，刑事法治要节制刑事法律的运作，实现人权的保障。随着社会的发展进步、公民权利意识的增强，在当代中国，人权保障在刑事法治中的价值日益彰显，十八届三中、四中全会适应新形势的要求，就司法中的人权保障提出了新的要求和部署。同时，正如19世纪英国政治家威廉·格拉德斯通所言，"迟到的正义是非正义"，刑事法治还应致力于追求有效率的公正，或者在保持公正的前提下，提高刑事司法的效益。

改革是刑事法治进步的不竭动力，适应时代变化，改革不适应实践发展的旧制度，构建新制度，既是实现司法体制改革目标的重要途径，也是实现我国法治建设目标，促进国家法理体系和治理能力现代化的重要组成部分。

司法体制改革是政治体制改革的重要组成部分，由于司法权在国家权力结构中运作的相对独立性，司法体制改革可以作为政治体制改革的突破口之一。在这一大背景下，相对于刑事实体和程序方面的变革而言，司法体制改革所涉及的问题更为深刻、牵扯面更广，因此，技术性较强的刑事司法改革更易于推动，是司法体制改革的先导之一，前几轮的改革在这一方面取得的进展远多于体制性改革，但是，刑事司法改革最终目标的实现则需倚赖司法体制改革中深层次、体制性障碍的突破。

改革和制度的发展完善均有其内在规律。依循变革规律，制度的变迁有益于实践中的应用，能够达到改革的初衷，违背变革规律，则会有害于实践。因此，通过对改革实践的考量，探索改革的规律，从而寻求下一步改革的目标、方向和路径是推进改革之时应当予以认真研究对待的事情。这正是作者将这一选题作为其博士学位论文选题，进行研究的出发点和目的所在。作者通过对我国刑事司法改革的历史和现状，尤其是2003年以来我国刑事司法改革的进展进行系统的梳理、分析，总结其特点，挖掘其原由，探寻其走向，进行深入、专门、系统的研究，既具有重要的理论意义，更具有现实意义。

以实现刑事法治为目的的刑事司法改革要本着科学、理性、务实的精神，贯彻落实宪法精神，建立内容和谐、体系统一的刑事法体系，完善刑事司法制度，健全刑事司法运行的机制。要进一步发挥刑事法律在国家治理中的地位，一方面要谨守刑事法律的谦抑性，避免国家强制力对社会和公民生活的过多干预，避免对公民权利的伤害，同时，要应对各种不确定风险空前加剧情况下国家与社会的安全，增强预防性、效率性，积极保障和维护社会安全。作者正是怀揣这样的精神，这样的理想，围绕这些方面，从古到今、从域外到本土、从实践到理论孜孜以求，不断探索。

《我国刑事司法改革研究》的亮点和创新之处在于：

一是立足实践，回应实践。"理论的基础是实践，又转过来为实践服务。"博士学位论文的写作要求较强的理论性和学术性，但理论只有扎根于并服务于实践才更有意义。作者无论从选题，还是文章的写作都紧紧立足刑事司法改革的实践，从我国刑事司法改革中的现实和问题出发，并在此基础上进行理论上的思考和探索。任何国家都要走适合自己发展的法治道路，同样，刑事司法改革既要注意与世界先进的诉讼程序和文化相接轨，借鉴世界先进法治文明，同时更要注重本国国情，从中国的社会文化、历史传统出发，在经济社会发展的基础上，走适合自己发展的道路。问题意识，家国情怀，无疑对实际工作和理论研究都是有益，也是必要的。作者在本文中侧重于在刑事司法发展的深层基础、历史规律、发展趋势的背景下，分析我国当前刑事司法改革的进展、特点，所面临的问题，以及形成这些特点、产生这些问题的原因和症结所在。既注重规范分析、文献分析，进行宏观上的梳理和把握，又注重对具体改革措施的源起、实施状况、实施效果等进行分析，使本文的研究和结论更贴近我国刑事司法改革的实际。

二是论证方式多样，理论分析深刻，颇多创新。作者具有较好的理论功底和多年从事司法改革的实践经验，勤于也善于思考，在充分搜集国内外以及我国刑事司法改革资料，进行研究分类的基础上，对刑事司法改革的深层根源、作用形式及价值等哲学层面的问题进行研究。运用跨学科的研究方法，将社会学、经济学领域的一些原理运用到刑事司法改革的研究中。如将微观经济学的原理运用于追求司法效率改革的分析上，指出错误成本和道德成本应当是效率价值的应有之义，要通过权利保障、程序公正有效减少错误成本和道德成本。将制度经济学的观点运用于刑事司法改革方式的分析上，指出在刑事司法改革领域同样存在路径依赖的问题，只有充分面对和考虑各种局限、制约因素，在面对改革的决策时才可能做出相对正确的选择，避免使社会为改革付出更高的成本。在我国刑事司法改革的实践中，这一点突出体现在对刑事司法权的控制方式和改革途径上明显地体现了我国原有制度传统、文化习得、民族心理等方面的影响。在人权保障与犯罪控制的平衡关系上，作者也提出了一些较为新颖的观点、认识和看法，揭示了历史传承在深层次、心理和文化层面上的影响。

三是对资料的搜集运用和分析全面、到位、恰当。从我国的改革实践来看，涉及刑事司法改革的举措不胜枚举。从制度分析的角度来看，世界各国在具体的刑事司法制度上的安排更是多如牛毛。无疑，作者在资料收集上做到了尽可能的广泛和全面，难能可贵。同时，作者以严密的逻辑将这些资料予以整合运用，显示了其较强的研究能力。阅读此文，读者极易对刑事司法中的各项制度安排，我国刑事司法改革的详细进展有整体、宏观、条理的把握。

作为作者的博士生指导老师，我很欣喜地看到她在写就本文过程中各方面的成长，为她付出的努力和取得成绩感到欣慰。很高兴看到她的博士学位论文能够出版，希望她能够继续努力，在专业上有所精进，以自己的才华、学问和能力为法治事业作出自己的贡献。

孙 谦

2015 年 6 月

前　言

一、选题的背景与意义

改革是人类社会发展进步的重要动力，刑事司法改革贯穿了刑事法制从野蛮到文明的历史过程。随着经济社会基础的发展变化，必然要求建立与之相适应的刑事司法制度，这种对旧制度的某些因素予以否定，并在旧制度基础之上建立新制度的过程，即是刑事司法改革不断推进的过程。当前我国正经历着社会转型，这一过程伴随着各方面的改革。随着经济体制改革的深入、民主政治的进一步发展以及依法治国方略的确立，社会日益要求法律在调整社会生活中发挥更为重要的作用，要求建立更加适应社会发展需要的民主、科学的司法运行体制和机制。刑事司法由于涉及国家司法体制的安排、国家司法权力的运行与规制，公民生命、健康、自由、财产等基本权利，涉及国家与公民之间的关系，从而在整个司法改革中显得尤为重要，其改革的复杂性与难度也更大。

从我国刑事司法改革的实践来看，20世纪初清朝末年所进行的刑事司法改革依照西方近代资本主义国家的原则和制度对我国固有的刑事司法制度进行改革，终结了沿袭数千年的诸法合体、讼实合一的封建法律体系，行政兼理司法和纠问式的刑事司法传统。建国以后，50年代进行的司法改革运动废除了国民党时期的"六法全书"，破除了在司法中存在的思想上、组织上和作风上的问题，建立了新中国独特的刑事司法制度。从20世纪70年代末、80年代初开始的刑事法制建设及以后所进行的改革使我国的刑事司法制度进入了一个新的发展时期，刑事司法在社会生活中的地位越来越重要。近些年来在中央的统一部署下，我国的刑事司法改革实践取得了相当大的成就，但仍然存在一些问题。因而探究刑事司法改革的规律，通过梳理和总结刑事司法改革的历程、特点及变革的原因、制约和影响变革的因素，探究刑事司法改革的方向、路径、内容乃至具体的措施，对推动我国刑事司法改革、实现通过法律达到社会控制的目的、解决我国在社会转型时期的各种矛盾、实现社会向现代化平稳过渡具有重要意义。

二、本文的研究对象

刑事司法改革问题是近年来理论界与实务界研究较多的领域。从现有的研究成果来看，有以下几个特点：一是研究角度的多元化。有些学者从刑事实体法改革的角度进行研究，有些学者从诉讼程序的角度进行研究，有些学者就刑事政策进行研究，有些学者从体制运行的角度进行研究；有些学者以价值、理念为先导进行研究，有些学者则开始侧重研究实际运行的问题；有些学者对域外的经验、模式进行研究和比较，有些学者则注重对中国实际问题的研究；有些学者着重研究中国刑事司法的现状，有些学者则试图对刑事司法发展的历史进行回顾和总结。二是研究所涉及的问题较多。刑事司法改革是一个内容丰富、涉及面广的领域，因而就现有研究成果而言涉及的问题较多，大致包括关于刑事司法改革的历史进程与现实背景、刑事司法改革中涉及的价值与理念问题、改革的思路及方法等，但从现有文献来看更多的是针对刑事司法中某一问题所进行的对策性研究，这部分研究占刑事司法改革研究领域的绝大多数，对刑事司法改革的总体性研究文献较少。三是分述性、对策性研究较多。总的来说，以论文方式出现的，针对实践中的具体问题、具体制度的改革对策占研究的绝大多数，对刑事司法改革的总体性、系统性研究较少。

本文试图对刑事司法改革的原理性问题进行研究，并在此基础上对我国的刑事司法改革进行总体性、系统性的研究与探讨，重点对我国 2003 年中央成立司法体制改革领导小组，对司法改革问题进行统一部署、统一安排以来的刑事司法改革进行梳理、研究与分析。

三、本文的研究方法

刑事司法改革是一个具有普遍性的现象，同时也是兼具理论性与实践性的课题，针对这一特点，本文采取了以下的研究方法：（1）实证分析的方法，主要从中国刑事司法改革的实践出发，对具体刑事司法改革的措施的源起、引发改革的因素、实施的状况、实施的效果等通过调查、观察、文献分析、数据分析、试点情况分析等方法进行研究。（2）历史分析的方法。通过分析某一制度或措施的过去、现在状况，过去与现在之间的联系，进行历史的考察，从而揭示其发展的内在规律。（3）比较的方法。通过比较的分析，包括对制度的比较、环境、配套制度以及实现功能的比较，在差异中把握刑事司法的规律。（4）思辨的方法。在对文献资料或实证资料整理简化和定量研究的基础上进行思维加工，从感性上升到理性认识。以中国司法改革的实践为出发点和切入点，但不仅停留在对现象的简单描述上，试图总结出一些特点和规律。（5）价值分析的方法。在实证分析、历史分析及比较分析结果的基础上进行价值衡量与分析。此外，在研究过程中还借鉴了哲学、社会学、经济学等学科的一些方法。

摘　　要

　　从 20 世纪 70 年代末、80 年代初以来，伴随着改革开放，我国经历了并仍在经历着深刻的社会转型。随着经济体制改革的深入、民主政治的进一步发展以及依法治国方略的确立，社会日益要求法律在调整社会生活中发挥更为重要的作用，要求建立更加适应社会发展需要，民主、科学的司法运行体制和机制。由于刑事司法涉及国家司法体制的安排，国家司法权的运行与规制，涉及公民生命、健康、自由、财产等基本权利，涉及国家与公民之间的关系，而在整个司法改革中显得尤为重要，其改革的复杂性与难度也更大。对我国刑事司法改革进行总体性、系统性的研究与探讨具有重要意义。全文分为六章。

　　第一章，刑事司法改革基本原理。本章对刑事司法改革的概念进行了界定，提出改革是制度变迁的一种方式和过程，是在特定时间范围内，某项制度的重要维度发生较多变化的过程，也是较为深层的制度变迁。刑事司法改革的研究对象包括刑事法律规范、刑事法律实践、刑事法律意识、刑事司法环境；探讨了刑事司法改革的根源与基础，提出刑事法制内容与变迁的深层根源与动力在于经济基础，但经济基础对法制变迁的决定性作用则具有间接的表现方式；探讨了制约和影响刑事司法改革的因素，通过引入路径依赖、制度扩散等概念对影响与制约刑事司法改革的因素予以分析；提出了作为连接主客体之间关系的刑事司法改革的价值追求，即秩序、自由、公正与效率，处理和平衡这些价值是刑事司法改革的核心。

　　第二章，我国刑事司法改革的历史进程。本章对作为刑事司法近代化开端的清末刑事司法改革的内容、背景、特点、原因及其所体现的变革规律进行了分析。对新中国成立之后刑事法制的初建与发展时期、20 世纪 90 年代中期我国刑事司法改革以及当前正在进行的刑事司法改革的背景、原因、主要内容和特点进行分析。提出清末刑事司法改革更多地具有急功近利和被动性，是在没有相应社会基础的条件下所作的形式上的改革，因此难免其失败的命运。我国建国后所进行的刑事司法改革，带有深刻的历史变革性质，由于受当时国内外形势和传统的影响，没有处理好法律与社会秩序的关系，没有处理好法的变更与继承性的关系，使我国的法制发展道路受到了阻断和巨大挫折。党的十一届三中全会以后，以经济体制改革为先导的刑事司法改革，是适应发展变化了的经济社会发展形势下所进行的持续性改革进程，具有主动性和统筹性，科学性逐步增强，更加注重多方面价值的平衡。

第三章，宽严相济刑事政策指导下的刑事司法改革。本章探讨了刑事政策与刑事司法改革的关系，梳理了近现代西方国家及我国刑事政策的演变过程，刑事政策对刑事立法和司法的影响，指出刑事政策决定着刑事司法改革的价值取向，决定并引导着刑事司法改革的方向与内容；探讨了宽严相济刑事政策提出的背景与内涵，在宽严相济刑事政策指导下我国刑事司法改革在完善从严、从宽处理以及协调保障制度方面所取得的进展，分析这些改革的特点及进一步完善的思路，强调了刑事政策法治化的重要性。

第四章，刑事司法改革重心之一：寻求人权保障与犯罪控制的平衡。人权保障与犯罪控制是现代刑事司法的两个基本功能，是实现秩序与自由价值的重要途径，本章探讨了人权保障与犯罪控制的关系及其历史演变，提出由社会发展阶段和当时主要社会需求所决定，犯罪控制与人权保障在不同的历史阶段被赋予了不同的地位。当前社会环境下，如何在二者之间寻找适当的平衡，成为各国刑事司法改革的重要课题；探讨了我国在死刑核准制度、刑事证据制度、辩护制度等诸多方面的改革进展，指出我国新时期刑事司法改革总的特点在于试图寻求人权保障与犯罪控制的平衡。从改革的总体向度上讲，人权保障的分量在不断加大，就刑事司法的现状总体而言，仍以秩序本位，以犯罪控制为基本出发点。从经济基础、全球化背景下法律文化的交流、社会转型时期对秩序的特殊需求、社会控制水平和诉讼传统等方面对形成我国改革现状的原因予以分析；指出人权保障与犯罪控制既有相互冲突、相互压制的一面，也有相互统一的一面，寻求二者的平衡点始终应当是刑事司法改革追求的目标。

第五章，刑事司法改革重心之二：保证刑事司法权的正确行使。对刑事司法权的控制是实现一定社会条件下自由与秩序价值平衡的关键。本章着重探讨了刑事司法权力控制的主要模式，我国刑事司法权运行的现状及改革进程，提出我国对刑事司法权力的控制具有控权模式的行政性，监督主体的多元性与法律监督的专门性，民主性、权利化制约因素逐步增强，监督制约存在一定的低效和异化现象等特点，并从我国传统司法权力运行所固有的特点，现行的司法体制，传统的人情社会等方面对其原因进行分析；指出对刑事司法权力行使的监督制约应在权力运行传统与现实的基础上寻找进一步的突破，处理好依法独立行使权力与监督制约的关系，处理好司法自由裁量权与监督制约的关系。

第六章，刑事司法改革重心之三：追求有效率的公正。公正与效率是刑事司法的重要价值目标，在当前社会状态中二者既存在统一性，也存在某种程度的冲突。本章探讨了诉讼效率的基本要求与实现途径，梳理了我国刑事司法中实现司法效率的方式和特点。提出刑事司法中对效率的追求应当从社会整体对案件处理高效的层次上来理解，同时考虑直接成本、错误成本和道德成本。应当以公正为先决条件，注重侦查阶段、一审程序中当事人权利的充分保障，增强案件处理过程的正当性和处理结果的公信力。

关键词： 刑事司法改革；秩序；自由；公正；效率；刑事政策；人权保障；犯罪控制；刑事司法权

Abstract

With the reform and opening up, China has been experiencing a profound social transformation since the end of 1970's and the beginning of 1980's. With the deepening of economic system reform, the further development of democratic politics and the establishment of the principle of rule of law, law is increasingly required to play a more important role in adjusting the social life. More adaptive to social development, more democratic and scientific judicial operation system and mechanism are needed. In the whole reform, the criminal justice is particularly important, complicated and difficult. Criminal judicial reform is relevant to the arrangement of national judicial system, judicial power operation and regulation. As the same time, it is close to the civil life, health, freedom and property rights as well as the relationship between government and citizen. It's significant to make an overall, systematic research on Chinese criminal judicial reform. The full thesis contains six chapters.

Chapter 1, The Basic Principle of the Criminal Judicial Reform. In this chapter, the concept of the criminal judicial reform is definited. The reform is a kind of way and process of system changes. Many changes occur in a significant dimension during a specific period. It is also a relatively deep system change. The objects of criminal judicial reform study include the norms, the practice and the consciousness of criminal law and the environment of criminal justice. In this chapter, the origin and foundation of the criminal legal system reform is discussed. The contents and changes are deeply rooted in and motivated by the economic basis. However, the decisive role of economic basis for the changes in the legal system opreates in an indirect way. In this chapter, the restrictive and influencing factors of criminal judicial reform are also discussed. The concepts of path dependence and institutional diffusion are introduced to analyze those factors. The values-order, freedom, justice and efficiency are discussed in this chapter, and the balance of them are the goal of criminal judicial reform.

Chapter 2, Chinese Criminal Judicial Reform's History. In this chapter, the content, background, characteristics, causes and the rules of the criminal judicial reform in the late Qing Dynasty which is reckoned as the beginning of judicial modernization are discussed. It is also discussed that the backgrounds, the reasons, main contents and characteristics of the legal system construction in the early and development period after establishment of New China, the reform occurred in the 1990's and the current ongoing criminal judicial reform. In the late Qing Dynasty, the reform of criminal justice was passive and more eager for instant benefits and there were no corresponding social conditions, so it was inevitable to fail. After the founding of New China, the criminal judicial reform is characteristic of profound historical changes. While due to the complicated domestic and international situations at that time and the traditional influence, it experienced a failure in handling the relationship of law and social order, the relationship between the change of law and its inheritance. This failure blocked the the legal system's development of China. After the Third Plenary Session of the 11th Central Committee of the Chinese Communist Party, the criminal judicial reform, with economic system reform as its forerunner is a continuous process that adapted to the changing situation of economic and social developments. It is more initiative and over-all planned. Scientific factors are strengthened gradually. People pay more attention to the aspects of value balance.

Chapter 3, The Criminal Judicial Reform Under the Guidance of Strict and Lenient Criminal Policy. In this chapter, the relationship between the criminal policy and criminal judicial reform is explored. The evolution of crimial policy and its effect on the criminal legislation and judicial practice in modern western countries and China are studied. The criminal policy decides the value orientation of the criminal judicial reform, and guides the direction and content of criminal justice. The background and connotation of Strict and Lenient Criminal Policy is discussed. The criminal judicial reform in perfect strict legal system, in lenient legal system and the coordination and security aspects are represented. The characteristics are analyzed and further thoughts are put forward, emphasizing the importance of the transformation from the criminal policy to law.

Chapter 4, Criminal Judicial Reform Foucs 1: the Pursuit of the Balance between the Protection of Human Rights and Crime Control. The protection of human rights and crime control are the basic functions of modern criminal justice. They are important ways to realize the value of freedom and order. The relationship of human rights protection and crime control and its historical evolution are explored in this chapter. Crime control and human rights protection are endowed with different positions in various historical periods and depend on the social development stage and the main social needs. Currently, it becomes an important subject of criminal judicial reform to find an appropriate balance between them. The death penalty approval system, the criminal evidence system, the defense system and other aspects of the reform progress in modern China are discussed. The general characteristic of criminal judicial reform is trying to seek the balance between crime control and human rights protection. From the aspect of overall direction, the proportion of human rights protection is growing. However, from the aspect of current situation in general, the order and crime control are the basic points to pursuit. The causes include economic basis, legal culture communication under the background of globalization, the special needs of order in social transformational period, the social control level and the tradition of litigation, etc. Human rights protection and criminal control sometimes conflict with each other, mutually depress, sometimes they are unified. The aim of criminal judicial reform to focus is to seek balance between the two goals.

Chapter 5, Criminal Judicial Reform Focus 2: to Ensure the Correct Exercise of Criminal Jurisdiction. The regulation of criminal jurisdiction is decisive to achieve the balance of freedom and order. The main mode of regulation of criminal jurisdiction, the status of its operation and process of reform are explored. The characteristics of the regulation of criminal jurisdiction in China include: the mode of control is administrative, supervision subjects are pluralized and legal supervision is specialized, the factors of democratic and rights are gradually enhanced, supervision and restriction sometimes are inefficient and alienative. That phenomenon depends on the traditional judicial jurisdiction inherent characteristics, current judicial system, and the traditional human relationship social. Further breakthrough should be searched on the basis of tradition and reality. It's important to handle the relationship between powers' exercising independently and restricting, to manage the relationship between judicial discretion and supervision.

Chapter 6, Criminal Judicial Reform Focus 3: the Pursuit of Efficient Fairness. Justice and efficiency are the important value goals of criminal justice. There are unity and some degree of conflict in the current society. The basic requirement and realizing ways to improve efficiency of lawsuit are explored; the ways and features of our current criminal practice are described, too. The pursuit to the efficiency of lawsuit should be considered from the social overall aspects, considering the direct costs, the error costs and the moral costs. Justice should be the base of efficiency. Human rights protection during the investigation stage and first trial procedure should be strengthened, and the validity of the case processing and the credibility of judges should be enhanced.

Key Words: Criminal Judicial Reform; Order; Freedom; Justice; Efficiency; Criminal Policy; Protection of Human Rights; Crime Control; Criminal Jurisdiction

目　　录

第一章　刑事司法改革基本原理

　　任何事物均有其存在、发展、变化的规律，一种新制度的萌芽、发展以至取代旧制度的过程本身亦有内在规律性，探求刑事司法改革的根源与基础，发现影响和制约刑事司法改革内容与方向的因素，以及这些因素如何通过人的认识反映和体现为刑事司法改革的价值追求，从而影响刑事司法改革的具体进程和形态，是实现成功制度变革的前提和基础，也有利于我们在现阶段寻求我国刑事司法改革的合适定位和成功变革途径。

第一节　刑事司法改革概述

一、改革与制度变迁

　　从 20 世纪 70 年代末我国实行改革开放政策以来，改革已成为各个领域使用频率最高的一个词。按照汉语中通常的解释，改革指"把事物中旧的不合理的部分改成新的适应客观情况的部分"①。在我国当前改革开放的语境下，改革是指"保持事物的总体或本质不变，改变事物中不合理的、已过时的某些内容、部分或形式、特性，使之成为合理的、适应客观实际发展需要的内容、部分、形式、特性。它不是对原有事物的彻底否定，也不是对原有事物的点滴的细微改动，而是对事物发展具有革命意义的改变。⋯⋯党的基本路线的'改革开放'这个基本点中的改革，指的是社会改革，是我国社会主义社会的改革。我国社会主义社会的改革，是在中国共产党领导下，在党的基本路线指引下，坚持社会主义的基本经济制度和基本政治制度，改变已经僵化、成为社会生产力发展障碍的原有经济体制，改变不适应经济体制改革要求的原有政治

---

① 倪文杰、刘家丰主编：《现代汉语常用词辞海》（第一卷），中国建材工业出版社 2001 年版，第 219～220 页。

体制，改变不利于社会主义经济、政治、文化发展需要的原有教育、科技、文化等体制，建立适应社会生产力发展的有利于社会主义经济、政治、文化发展的新的经济体制、政治体制和教育、科技、文化等体制。"① 从对"改革"这一词的语义解释来看，我们可以看到改革具备以下几个特征：（1）改革是一种主体的活动，是主体有意识、有目的的活动，具有社会属性。改革是主体根据特定情形，依据主观认识、理解所进行的活动，这其中包含主体能动性发挥的过程，先有主体对客观情况和环境及其规律的认识，再有主体经过理性思维提出新的改进方法并付诸实践的过程。同时，这一主体绝不是单个的个体，而是处于社会关系之中，从事实践活动的主体，其实践的过程既离不开个人，也不是单纯个人的组合，而是处于特定社会结构中主体的活动。（2）改革是一个客观见之于主观、主观作用于客观的过程，主体与客体之间存在反映和被反映、建构与被建构、改造与被改造的关系。改革所针对的对象是旧事物中不合理、不适应形势发展的内容，改革既包括认识客体的实践，也包括改造客体的实践。（3）改革具有客观性。即主体本身的能动性、自身的力量受到社会经济、政治和精神条件的制约，主体所进行的改革活动也必然受到社会的经济条件、政治条件和精神条件的制约，以客观存在的环境和基础为基点，受客观物质基础的制约，受客观规律的支配和影响。认识改革的这些属性和特征有利于我们正确对待改革的条件、方式、过程、进度以及结果。

在我国当前语境下，改革针对的对象是旧的制度，改革在很大程度上是对制度、体制的改造和变革。

制度是任何一个社会赖以存在的基础。制度"包括了正式与非正式的规则，监督与实施机制以及意义系统，并界定着个人、公司、工会、民族——国家以及其他组织得以运行、相互作用的背景。制度是从各种斗争与讨价还价中产生的设置。它们代表和反映其制定者的资源和权力，同时反过来又影响社会资源的分配与权力的配置。制度一旦被人们创造出来，就会成为外在于人们的强大力量，并有助于人们理解他们所在的世界之意义，以及他们的行为在他们的世界中的意义。制度对各种冲突起着疏导与调节作用，进而确保社会的稳定。如果没有稳定的制度，生活就会陷入混乱，变得艰难"。② 制度的内涵很广，从人类历史的发展来看，包括经济制度、政治制度、文化制度、教育制度、宗教制度等等，这些制度从不同的方面，运用不同的方式实现社会的正常运作，而法律制度无疑是制度的重要形式，并随着人类社会的发展在社会控制

---

① 翟泰丰主编：《党的基本路线知识全书》，辽宁人民出版社 1994 年版，第 347 页。

② ［美］约翰·L. 坎贝尔：《制度变迁与全球化》，姚伟译，上海人民出版社 2010 年版，第 1 页。

中呈现越来越重要的作用。美国法社会学家庞德将法律制度的发展划分为五个阶段，反映了法律制度在社会控制中不断发展变化的地位。第一阶级是原始法阶段，指处于尚未从一般的社会控制中分化出来的或仅稍有分化的阶段的法律，这一阶段的法律制度是为了保持和平，防止无限制的血亲复仇，例如《十二铜表法》、《汉穆拉比法典》；第二阶段是严格法阶段，法律和其他社会秩序分开，国家已驾于血亲组织和宗教组织之上作为社会控制的机关，这一时期法律的目的是维护一般安全，其代表是公元前4世纪的罗马法和13世纪的英国普通法；第三阶段是衡平法和自然法阶段，在古罗马是指从奥古斯都到公元3世纪初的古典时代，在英国指17、18世纪大法官法庭兴起和衡平法发展，在欧洲大陆指自然法时期，这一时期法律的目的是合乎伦理，符合善良道德，法律的主要手段是对义务的履行；第四阶段是法律的成熟阶段，主要指19世纪欧洲一些国家的法律，其目的是保障平等机会和获得的安全，财产法和契约法是这一时期主要的法律制度，法律的主要手段是维护个人权利；第五阶段是法律的社会化阶段，法律的重点从个人利益逐步转向社会利益，法律的目的是以最少限度地阻碍和浪费以尽可能地满足人们的要求。① 这里庞德从西方法律的角度描述了法律制度的历史变迁。

　　所谓变迁，一般指新制度产生，并否定、扬弃或改变旧制度的过程，是一种制度对另一种制度的替代过程。毫无疑问，制度必然会发生变迁，但变迁有不同的形式和路径。有时是急剧的变迁，导致一段时期内社会控制系统失效，出现混乱和无序的状态，之后再建立一套新的制度，如革命对旧制度的摧毁和对新制度的建立。有时制度的变迁则是缓慢的演化和渐进的变迁，在较长时间内由小量的、渐进的变化积累而演变为大的变迁，这一过程中社会控制系统处于不断调整之中，会出现部分的无序，但较易重新走向整合。

　　改革是制度变迁的一种方式和过程，是在特定时间范围内，某项制度的重要维度发生较多变化的过程，也是较为深层的制度变迁，但改革的过程不同于革命性的制度变迁，它是在坚持一定基本制度不变的条件下在局部进行的调整和变化，而非关键性、根本性的制度转型。作为制度变迁的一种方式，改革的过程必然受一定物质条件、制度条件和思想观念等条件的制约，同时，经改革所建立的新的制度，或者对旧制度的重组与改造，会为社会成员或某一组织的成员提供行动的指导，也将影响资源的重新分配、利益的调整、思想观念和意识形态的相应变化，塑造新的社会秩序。

---

① 参见沈宗灵：《现代西方法理学》，北京大学出版社1992年版，第302～305页。

二、刑事司法改革及相关概念

(一) 司法改革研究视野内的"司法"

司法的内涵因受各国传统与现实的影响而不尽相同。

"司"在中国古代汉语中主要指主管之意,"司法"指"掌管、运用和执行法律"的意思。与之结构相同的词很多,如《礼·曲礼》中有"天子之五官曰:司徒、司马、司空、司士、司寇,典司五众。天子之六府曰:司土、司水、司草、司器、司货,典司六职","司"均为"主管"之意。

与汉字"司法"相对应的英文和法文用字为"Justice"、"Judicature"。Justice 通常有正义、正直、公平、正确、合理之义,也指司法、审判、法律裁判,还指法官(在英国尤指高等法院的法官)。从词意分析来看,"司法"一词的内涵包括:实施法律、解决狱讼、体现公正。①

基于不同的理论背景与立场,对于司法的理解大体有以下几种观点:

1. 将司法理解为裁判或审判活动。这种观点以三权分立学说为基础,其核心是审判活动,司法权的主体是独立的专门机关,主要指法院。在将司法理解为裁判或审判活动的认识中对司法的范围仍有不同认识:一种是将司法仅仅视为裁判或审判活动。如法国、德国将司法的范围严格限制在对民事和刑事案件的裁判上,司法仅指法官机械适用法律的活动,禁止法官解释法律。司法权的主体也是法院,但法院没有审查法律法规合宪性和解释法律的权力。另一种观点是将司法不仅视为裁判或审判活动,同时还包含违宪审查权和法律解释权。如美国联邦宪法第 3 条规定,司法是指对包含民事、刑事以及行政事件及争讼进行裁判的活动。但由于美国法院在实际审理过程中,不仅要对双方当事人所提交的争议进行裁决,而且要对有关法律法规的含义进行解释和说明,对所适用的法律法规的合宪性和合法性进行审查判断。因此,美国的司法泛指司法机关对事件或争讼进行审理和裁决,以及对所适用的法律法规进行解释和审查的活动。这些活动均由法院承担,司法权的主体是法院。二战后的日本和我国台湾地区也采取这种模式。②

2. 将司法理解为国家法定机关依法定职权和程序处理纠纷的诉讼活动。对此也存在两种不同看法,一种观点认为司法是国家办理案件的诉讼活动,主要指法院行使审判权的活动和检察机关行使法律监督权的活动。如有学者提出

---

① 参见陈光中:《关于司法体制改革的几点看法》,载李林主编:《依法治国与深化司法体制改革》,社会科学文献出版社 2008 年版,第 3 页。

② 胡夏冰:《司法权:性质与构成的分析》,人民法院出版社 2003 年版,第 195 ~ 197 页、第 1967 页。

"社会主义国家的司法权由司法机关统一行使。在我国，司法权一般指审判权和检察权，审判权由人民法院行使，检察权由人民检察院行使"①；另一种观点将司法认为是国家解决纠纷、惩罚犯罪的诉讼活动。有学者认为这样对司法进行界定更契合中国司法的实际，尤其是刑事诉讼的实践，若将司法理解为审判，将刑事诉讼的审前活动定性为行政活动，理论上对审前活动中公安机关和检察机关有关侦查、起诉行为的定位难以合理阐明，在实践中也会严重影响诉讼活动的进行。我国有关法律法规中也明确将司法理解为诉讼活动，如刑法第94条规定："本法所称司法工作人员，是指有侦查、检察、审判、监管职责的工作人员。"未成年人保护法第50条规定："公安机关、人民检察院、人民法院以及司法行政部门，应当依法履行职责，在司法活动中保护未成年人的合法权益。"全国人民代表大会常务委员会通过的《关于司法鉴定管理问题的决定》则明确将司法等同于诉讼，其第1条规定："司法鉴定是指在诉讼活动中鉴定人运用科学技术或者专门知识对涉及诉讼的专门性问题进行鉴别和判断并提供鉴定意见的活动。"②《法学辞典》中将司法机关的范围界定为，"在我国，人民法院是国家的审判机关，人民检察院是国家的法律监督机关，都是司法机关。公安机关是治安机关，在刑事诉讼中行使侦查、拘留、预审的职能，司法行政机关领导和管理劳动改造工作，也属司法机关"。③

3. 将司法理解为办理诉讼案件和非讼案件过程中的执法活动。有学者认为，"在我国，司法是指国家司法机关及司法组织在办理诉讼案件和非讼案件过程中的执法活动。这里的司法机关是指负责侦查、检察、审判、执行的公安机关（含国家安全机关）、检察机关、审判机关、监狱机关。这里的司法组织，是指律师、公证、仲裁组织。后者虽然不是司法机关，却是司法系统中必不可少的链条和环节，是通过司法分化而产生出来的司法方面的组织。所谓司法制度，则是指司法机关及其他的司法性组织的性质、任务、组织体系、组织与活动的原则以及工作制度等方面规范的总称。我国的司法制度包括：审判、检察、侦查、监狱、律师、公证、仲裁等七项制度。"④还有人主张将调解也纳入司法的范畴，"我国人民司法制度包括：审判制度、检察制度、侦查制度、执行制度（刑事执行制度主要是死刑执行制度和劳动改造制度，劳动教

① 沈宗灵：《法理学》，高等教育出版社1994年版，第344～345页。
② 陈光中：《关于司法体制改革的几点看法》，载李林主编：《依法治国与深化司法体制改革》，社会科学文献出版社2008年版，第3～4页。
③ 《法学词典》，上海辞书出版社1984年版，第242页。
④ 章武生、左卫民主编：《中国司法制度导论》，法律出版社1994年版，第2页。

养制度，民事执行制度）、律师制度、调解制度和公证制度等。"①

以上关于司法的理解侧重于将司法作为适用法律的一种活动以及与之相应的制度规范。

4. 将司法理解为司法活动法律规范体系及由其决定的司法制度和司法程序、司法意识和司法秩序等诸关系的总和。这是从经济基础与上层建筑相互关系的意义上来理解司法。司法是法现象的重要组成部分，既有属于制度层次的司法规范（指导和约束司法行为的法律规范、司法制度和司法程序等）、司法机器，也包括属于观念层次的司法意识形态（司法的价值理念、司法的道德意识、司法的正义标准等）。②

从我国的司法实践出发，在研究司法改革问题时，我们倾向于从较广的意义上理解司法的概念，即主要将司法界定在有关诉讼的范畴之内。同时，由于司法改革所涉及的不仅仅是程序或制度层面的东西，需要相关的配套制度、相应的思想基础和社会基础，因此，作为司法改革的研究对象范围不能仅仅局限于与诉讼有关的活动和制度、规范。

（二）刑事司法改革的研究对象

刑事司法（Criminal Justice）主要指国家法定机关依法定职权和程序处理犯罪与刑罚问题，实现国家刑罚权的有关诉讼活动。

根据上文我们对司法及司法改革研究对象的界定，刑事司法改革的研究对象大体应包括以下几个方面：

1. 刑事法律规范。法律规范是刑事司法的主要依据，也是刑事司法改革的重要对象与标志，刑事司法改革往往反映在刑事法律规范的制定或变化上。刑事法律规范包括刑事实体法，刑事程序法以及刑事执行法。"刑事实体法系规范何种行为构成犯罪，应科以何种刑罚之法律，主要在于划定刑罚权之范围，设有实体之规定；刑事程序法系规范对具体犯罪应如何追诉、处罚之法律，主要在于确定国家具体刑罚权之有无及其范围，设有程序之规定；刑事执行法系规定如何执行国家具体刑罚权之法律，主要在于实现国家具体刑罚权之内容，亦设有程序之规定。"③ 刑事实体法是实现国家刑罚权的前提，程序法及执行法则保证国家刑罚权的实现，从而形成一整套完善的刑事法律规范。

2. 刑事法律实践。刑事法律实践是刑事法律规范在现实社会中的运动形式，也称为"行动中的法"。刑事司法实践是刑事司法改革的前提和归宿。之

---

① 熊先觉主编：《中国司法制度》，中国政法大学出版社 1986 年版，第 85 页。

② 李建明：《刑事司法改革研究》，中国检察出版社 2003 年版，第 2～3 页、第 5 页。

③ 林俊益：《刑事诉讼法概论》（上），新学林出版股份有限公司 2009 年版，第 3 页。

所以称为前提，是指刑事司法改革必须以刑事司法中的问题为改革的直接起点，以实践中的权利义务实现形式和主体的活动为观察点，通过分析因果关系和改革的可行性条件，形成改革方案。之所以称为归宿，是指刑事司法改革的目标在于作用于司法实践，达到改善刑事司法中各项制度设计初衷的目的。

3. 刑事法律意识。刑事法律意识是人们关于刑事司法现象的思想、观点、知识、心理。刑事司法意识指导刑事法律规范的建立，贯彻并影响着刑事法律制度的实施过程。刑事司法改革的过程本身离不开有关刑事法律的思想观念的指导，依赖于对刑事法律及实践的一系列知识系统，以一定的社会心理为基础。刑事法律意识有不同的层次，包括与人们日常生活和刑事司法实践直接联系的直观的刑事法律心理，也包括有关刑事法律现象的系统化、理论化的法律思想。一定时期的刑事法律政策连接一个国家之中占统治地位的法律意识与法律实践，对刑事法律改革具有重要指导作用，也是刑事司法改革研究的对象。

4. 刑事司法环境。刑事司法环境是与刑事司法运行有关联的刑事司法实体规则与程序规则运行所处的基础及条件。刑事司法环境影响刑事法律规范的形成和内容，也影响其在实践中的运行。刑事司法环境既包括经济、政治和文化大环境，也包括司法组织与外部组织之间及司法组织内部之间的相互关系，即涉及司法体制方面的小环境。

以上几方面综合作用，形成一个国家或地区刑事司法的特点，影响其刑事司法的状况和实现控制犯罪目标的程度，因而是刑事司法改革所需面对和研究的重要问题。

第二节　刑事司法改革的根源与基础

刑事法制的变迁主要通过对旧法律原则和制度的废除、新的法律原则和制度的确立来实现，在这一过程中，理论家或知识分子对新的司法理念和改革方案的阐述，立法人员在权衡利弊基础上的抉择成为影响刑事法制变迁的重要过程。这一过程看起来是充满了主观色彩、理性抉择的过程，但是"不应忘记法也和宗教一样是没有自己的历史的"，[①] 对刑事法制变迁的理解不应单纯从刑事法制变迁本身来考察和理解，刑事法律制度的发展变化不能脱离物质生活关系的发展变化。

---

① 《马克思恩格斯全集》（第 3 卷），人民出版社 1960 年版，第 71 页。

对于社会变革，马克思曾指出，促使各种社会经济形态由低级向高级演进与发展的力量本质上是社会变革的力量，而社会变革是人们主动自觉的历史运动的结果，但它的深层历史根基却在于整个社会的物质生产活动水平。虽然从一定意义上说，人们在社会生产和社会生活中可以提出自己解决的任务，但是任务本身则必须只有在解决它的物质条件已经成熟或至少在形成过程中的时候才会产生。[①] 这一原理也适用于包括刑事法制变革在内的法律制度变革。

一、经济基础与上层建筑的矛盾运动

包括刑事法制在内的法律制度通过具有强制性的力量建立一定的社会规范，使社会交往得以在这些规范的约束下协调、有序进行，从而建立社会秩序，是社会政治结构的重要组成部分，属于"上层建筑"的部分。"经济基础"与"上层建筑"是马克思主义历史观的核心概念。所谓经济基础，是指同生产力的一定发展阶段相适应的占统治地位的生产关系各方面、各环节的总和，即马克思在《〈政治经济学批判〉序言》中所说的，"人们在自己生活的社会生产中发生一定的、必然的、不以他们的意志为转移的关系，即同他们的物质生产力的一定发展阶段相结合的生产关系。这些生产关系的总和构成社会的经济结构，即有法律的和政治的上层建筑竖立其上并有一定的社会意识形式与之相适应的现实基础。"[②] 上层建筑是与经济基础相对应的范畴，指社会的政治、法律、艺术、道德、宗教、哲学等意识形态以及与这些意识形态相适应的政治法律制度和设施的总和。上层建筑通常由两部分构成：一是建立在一定经济基础之上的政治法律制度和组织设施，称为政治上层建筑；二是适应经济基础的思想或观念的上层建筑，称为意识形态。[③]

在经济基础与上层建筑的相互关系之中，经济基础起着决定作用，它决定着上层建筑的产生、性质及其发展变化。上层建筑是经济基础的产物，尽管上层建筑本身具有相对独立性和继承性，但归根结底总是适应经济基础的需要而产生的，并可以从经济基础中寻找到存在的依据。"物质生活的生产方式制约着整个社会生活、政治生活和精神生活的过程。不是人们的意识决定人们的存在，相反，是人们的社会存在决定人们的意识。……随着经济基础的变更，全部庞大的上层建筑也或慢或快地发生变革。"[④] 因此，当新的经济基础完全代

---

① 郑杭生、刘少杰：《马克思主义社会学史》，高等教育出版社 2006 年版，第 84 页。

② 《马克思恩格斯全集》（第 13 卷），人民出版社 1962 年版，第 8 页。

③ 倪志安等：《马克思主义基本原理教学新体系——基于实践思维方式的阐释》，人民出版社 2009 年版，第 207 ~ 208 页。

④ 《马克思恩格斯全集》（第 13 卷），人民出版社 1962 年版，第 8 ~ 9 页。

替旧的经济基础之后，与旧经济基础相适应的上层建筑必然会被新的上层建筑所替代。当经济基础发生某种局部性的部分质变时，也会引起上层建筑局部性的部分质变。同时，上层建筑具有相对独立性和对经济基础的反作用，上层建筑服务于自己的经济基础。上层建筑既可以对经济基础起到促进作用，也有可能起到阻碍经济基础形成、巩固和发展的作用。①

经济基础与上层建筑之间的作用与反作用，造成动态的经济基础与上层建筑的矛盾运动，其根本规律是上层建筑一定要适合经济基础的状况，不允许上层建筑脱离经济基础的发展状况和水平。当上层建筑适合经济基础时，会对经济基础形成保护和促进作用，但当上层建筑落后于或不适应经济基础发展的客观要求时，则会对经济基础起到阻碍作用。这一矛盾运动导致社会革命或改革的发生，通过变革使上层建筑适合经济基础的状况和需要，这一矛盾运动是法律制度及与之相应的思想观念变革的巨大动力和根源。

二、变迁的深层根源

根据马克思主义经济基础与上层建筑的关系，经济基础对法制变迁具有最终决定作用。

（一）经济基础决定法律内容

关于法律的来源，在历史上有不同的认识，马克思和恩格斯揭示了法律的基础是现实的物质生活关系。在《德意志意识形态》中他们批驳了将权力和意志作为法的基础的观点，提出国家的基础是人们的生产方式和交往方式，"那些决不依个人'意志'为转移的个人的物质生活，即他们的相互制约的生产方式和交往方式，是国家的现实基础，而且在一切还必需有分工和私有制的阶段上，都是完全不以个人的意志为转移的。这些现实的关系绝不是国家政权创造出来的，相反，它们本身就是创造国家政权的力量"②。法律中所体现的占统治地位的人的意志也是由这一关系所决定的，即"在这种关系中占统治地位的个人除了必须以国家的形式组织自己的力量外，他们还必须给予他们自己的由这些特定关系所决定的意志以国家意志即法律的一般表现形式"③。他认为法律的内容决定于其所存在的经济关系及其要求，他说："其实，只有毫无历史知识的人才不知道：君主们在任何时候都不得不服从经济条件，并且从

---

① 参见赖亦明、汪荣有主编：《马克思主义基本原理解析》，安徽大学出版社 2007 年版，第 147 ~ 148 页。
② 《马克思恩格斯全集》（第 3 卷），人民出版社 1960 年版，第 377 ~ 378 页。
③ 《马克思恩格斯全集》（第 3 卷），人民出版社 1960 年版，第 378 页。

来不能向经济条件发号施令。无论是政治的立法或市民的立法，都只是表明和记载经济关系的要求而已。"① 马克思恩格斯的这些论述深刻揭示了经济基础对法律的基础和决定性作用。

刑事法制作为法律制度的一部分也完全决定和服务于经济基础的要求，任何一个国家刑事司法制度的特点都与其所处的历史背景和社会现状密不可分，法律不能超越、不能不受客观现实条件的制约。在以封建生产方式为主的社会中，维护封建所有权制度和人身关系的刑法处于法律体系的核心，刑法的适用以封建等级为依据，刑罚具有不平等性和残酷性，刑事司法的模式也主要以维护强权统治为根本，具有秘密性，漠视人的权利，刑讯具有合法的地位，不同等级的人在刑事司法过程中地位不同，待遇不同。以生产资料私人所有和商品交换为基础的资本主义生产关系下，则对法律提出了不同的要求，这一阶段的法律以保护商品交换所要求的私有财产神圣不可侵犯、平等、自由为主要内容，民商事法开始在法律体系中占据重要地位，刑事司法中也开始强调对权利的保护，强调法律面前人人平等，强调法律及其适用的公开，摒弃残暴的刑罚方式，提倡刑罚适用的理性与人道。这些变化归根结底在于经济基础及其要求的变化。

（二）法制变迁具有客观依据

法制变迁的客观依据是经济基础发展的要求，法律制度的变迁取决于一定经济基础的变迁。

马克思通过罗马法的复兴这一过程揭示了法律发展变化的客观依据。罗马法是适应古罗马时期调整商品生产关系而发展起来的较为完善的法律体系，在欧洲中世纪初期，罗马法在封建社会时期没有什么地位，沉寂多年。但是中世纪后期，随着意大利等地工业和商业的进一步发展，当时的法律状况不能适应已发展的商品经济关系，在这一背景下罗马法得到了复兴。随着资产阶级的逐步强大，罗马法在欧洲很多国家真正发展起来。在马克思看来，由于罗马人的生产方式没有发生改变，所以即使有成就极高的罗马法，并没有在工业和贸易方面引起进一步的后果。相反，封建经济排斥罗马法，而使罗马法沉寂多年。当商品经济开始发展，生产方式发生改变后，罗马法重新被人们所认识并取得了权威的地位，其中的根源在于生产力的发展与生产方式的变化。② 经济领域的变化比较直接反映在有关经济法律与相关制度的变化之中，相比而言，刑事司法领域的相关制度具有较强的独立性，但也必然随着变化了的社会经济结构

---

① 《马克思恩格斯全集》（第4卷），人民出版社1958年版，第121~122页。
② 参见付子堂：《马克思主义法律思想研究》，高等教育出版社2005年版，第56~57页。

而进行调整。

法制变迁的客观依据，从另一个角度理解也可以说是法对社会变迁的反映。社会变迁会促进新的法律制度或规范的产生，或使一些旧的法律制度消亡，促使法律观念和意识形态发生变化。如在古日耳曼法中对于公开杀人、伤害身体、抢夺妇女等行为认为是侵权行为，起初实行血亲复仇制度，由于血亲复仇所造成的纷争与仇杀对部族造成巨大损失，随着私有财产的形成，人们日益注重经济利益，因而出现了赎金制度，在日耳曼的成文法时代，已普遍实行了赎金制度。① 近现代法律中的自由、权利观念随着资本主义自由贸易的发展而逐步占据主导地位，并要求在法律上予以确认和保护。

司法改革必须重视物质生活的现实和要求，改革的程度与进程应当与社会经济基础的发展进程保持基本同步。"法律不能创造或废除经济规律，而只能适应和反映经济规律。……各民族在求助于这些法令之前，至少必须彻底改变他们在工业上和政治上的一切生存条件，也就是要彻底改变他们的整个生活方式。"② 我国清末司法改革的失败也可以说明法律的发展不能超越其现实经济基础所决定的社会条件。清末占主导地位的仍是以自给自足为主要特征的封建经济，以皇帝为代表的封建地主享有生产资料的所有权，农民附着于土地，并具有对地主的人身依附关系，与此相应，法律必然以保护封建地主的土地所有权和人身依附关系为主要特征。这一社会形态与西方摆脱了人身依附关系的资本主义经济关系完全不同，以确认私有财产神圣不可侵犯，强调契约自由和法律面前人人平等为主要特征的资本主义法律与当时中国仍强调封建的土地所有制和以人身依附、等级森严为主要特征的封建宗法关系完全不相容。经济基础的差异决定了修律变法失败的最终命运。

法制状况与经济基础相适应，能够起到维护、促进经济基础巩固发展的作用，法制状况落后于经济基础的要求，则会对经济基础的发展造成阻碍或破坏作用。经济基础的变革要求作为上层建筑的法律制度与其相适应，自然会引起司法改革。经济基础的变革通过社会主体的需要和愿望以各种方式表达出来，要求从法律上予以保护和确认，形成新的法律秩序，或快或慢，或早或晚，促使国家通过法律或制度的变革以适应变化了的经济基础。当经济基础的某一个或几个环节发生了变化，会引起法律的局部变革，当经济基础发生了根本性的变化，如从封建制经济向资本主义经济的转变，法律的性质和内容都将发生根本性的变革，会导致司法改革在不同程度上的展开，通过废止、修改不适应现

---

① 参见林榕年、叶秋华主编：《外国法制史》，中国人民大学出版社 2008 年版，第 115 页。
② 付子堂：《马克思主义法律思想研究》，高等教育出版社 2005 年版，第 51 页。

存经济基础的法律和相关制度，制定和完善有益于促进经济基础的法律及相关制度，实现对经济基础的促进和保护作用。如商品经济的发展产生出要求平等、自由的观念和对私有财产保护的要求，从而导致法律的根本性变革。在我国计划经济向市场经济转变的过程中，社会成员开始具有经济上独立的利益，具有自由进行生产和交换的权利，这种新的经济秩序如果没有相应法律的保障，必然会受到伤害，因此，改变计划经济体制下的社会治理方式，提高司法在社会控制中的地位，并不断完善法律和司法机制，创造平等竞争、保护权利的法律环境便成为司法改革的目标和必然内容。

（三）司法改革对经济基础的作用

司法改革对经济基础的作用主要源于法律对经济基础的反作用，即法律服务于经济基础。

司法改革通过对法律及相关制度的变革，摧毁旧的经济基础或对其予以改造，对与之相适应的经济基础予以引导、促进和保障。当某种社会关系的发展到了非由法律来调整，否则就不能保持社会稳定与和谐时，对相应的法律适时地进行补充性的规定与条款、及时地修改或废止不适应社会发展要求的旧规范与旧条款就是必要的；而当某种社会关系尚处于萌芽和初创阶段，但富有成长和发展的趋势时，就应该研究其规律，在作出科学预测和判断的基础上，作出适时的超前立法。① 其作用的具体方式包括：

司法改革通过确立新的社会主体行为的自由与纪律，提供新的行为模式，"引导经济关系朝着有利于掌握政权的阶级的要求方面发展"②；通过确立新的法权关系，建立更有效的纠纷解决机制，为其所体现和保护的经济基础创造发展环境，从而促进与之相适应的经济基础的巩固和发展。如法国大革命后建立的资产阶级六法体系所确立的新的法律原则、权利义务关系、诉讼形式对于形成与巩固资本主义经济基础起到了巨大作用；通过新的制度安排，形成新的社会秩序，保障与之相适应的经济基础的发展。如随着社会经济的发展，犯罪的概念和范围，刑罚的方式会发生相应的变革。人类早期社会的犯罪主要集中于侵犯人身、财产、家庭等方面，刑罚则严酷而落后，其目的在于维护奴隶制经济基础，尤其是奴隶主对奴隶的人身占有关系。进入封建社会，体现维护封建经济关系、人身依附关系、等级制度的犯罪出现并增多，如我国古代刑法中关于"十恶"的立法，将危害君权、父权、神权和夫权封建专制制度核心的行为列为最严重的犯罪，在刑罚方面有维护封建宗法关系的"准五服以制罪"，

---

① 李瑜青等：《法律社会学导论》，上海大学出版社 2004 年版，第 113 页。
② 沈宗灵主编：《法理学》，高等教育出版社 1994 年版，第 133 页。

体现刑罚不平等性的"官当"、"八议"等规定，封建的五刑制度也主要以肉刑为主。这些封建性的制度在资本主义经济关系发展并占据主导地位后即遭到了批判和抛弃，资本主义法律制度中对侵犯私有财产，破坏经济秩序的行为更多地纳入犯罪的范围，而纯粹道德性的行为则逐步被非犯罪化，提倡刑罚的人道性，废除肉刑，开始发展罚金刑等新型的刑罚方式。通过犯罪与刑罚的范围与种类的改革，实现对其所服务的经济基础的维护和保障作用；通过司法改革使法律与相应的政治、文化相协调，共同推动经济基础的变革。法律制度是上层建筑的一个组成部分，上层建筑中还包括国家、政治、道德、宗教、哲学等其他内容，法律与这些制度之间存在互相制约、互相促进的关系，通过司法改革，使法律与上层建筑的其他部分相协调，从而共同推动经济基础的发展和变革。

三、决定作用的表现形式

法律制度的内容及其变迁以经济基础为基础，但这种决定性应当从"归根结底"的意义上来理解。并非只有经济状况才是法制变迁的唯一原因，经济基础也不会自动作用于法制的变迁，恰恰相反，经济基础对法制变迁的决定性作用的表现方式则具有间接性，在经济基础与法制变迁之间通过一定的中间环节实现其决定作用。

（一）法律制度的形成和变迁需要通过国家这一中介

在《德意志意识形态》中，马克思和恩格斯对法的本质和特征进行了科学探讨，分析了根源于社会经济关系的法律具有国家意志的形式。"在这种关系中占统治地位的个人除了必须以国家的形式组织自己的力量外，他们还必须给予他们自己的由这些特定关系所决定的意志以国家意志即法律的一般表现形式。"① 国家是一个政治范畴，是一种"地位极为特殊、作用十分强大的社会组织形式"②，法律是由国家所认可或制定的规范，法律的本质是"国家意志"，法律是国家意志的表现形式，作为统治者的个人通过法律来实现自己的意志，但法律不是单个人意志的反映，而是作为统治者整体的共同意志，法律的形成过程即是统治者共同意志形成的过程。这一共同意志反映并决定于他们的生产关系。

对此，马克思和恩格斯指出，"这种表现形式的内容总是决定于这个阶级的关系，这是由例如私法和刑法非常清楚地证明了的。这些个人通过法律形式

---

① 《马克思恩格斯全集》（第 3 卷），人民出版社 1960 年版，第 378 页。

② 赖亦明、汪荣有主编：《马克思主义基本原理解析》，安徽大学出版社 2007 年版，第 131 页。

来实现自己的意志，同时使其不受他们之中任何一个单个人的任性所左右……他们的个人统治必须同时是一个一般的统治。他们个人的权力的基础就是他们的生活条件，这些条件是作为对许多个人共同的条件而发展起来的，为了维护这些条件，他们作为统治者，与其他的个人相对立，而同时却主张这些条件对所有人都有效。由他们的共同意志所决定的这种意志的表现，就是法律。"①因此，在经济基础和法律制度的制定与变迁之间以国家作为中介，将在社会上占统治地位的那部分人的利益通过国家法律予以固定、神圣化。这一过程，反映着统治阶级与被统治阶级的关系，充满了统治者内部各个政治集团、派别的利益和观念之争，因而使得法律制度的变迁带有了政治的形式，带有政治集团、政治利益斗争的因素。

（二）法律制度的变迁需要文化和意识形态系统为支撑

从人类法律制度变迁的历史来看，变迁的物质动因并不是显而易见的，相反，常常是由于形成某些占据主导地位的法律改革思想，并为决策者所采纳、实行时才引起相应的法律制度变革。这里我们借用现代西方马克思主义者葛兰西关于市民社会的定义，来阐释经济基础决定法制变迁所需的中间环节及其作用机制的复杂性。

与马克思将市民社会理解为社会的经济结构和经济基础不同，葛兰西认为市民社会主要指非国家的、不属于国家的社会组织，它代表着社会的舆论，它可以通过民间社会组织，如学校教育组织、政党组织、教会组织等文化传播团体，向人们传播本阶级的意识形态和文化价值观。市民社会具有形成社会文化价值和道德形态的功能，体现的是一种意识形态和文化关系。②这是相对独立于经济结构和政治社会之外的一个系统，市民社会使经济基础对上层建筑的决定作用通过采取人们认为合理的方式和契约式的、民主程序而发生，并通过对知识分子的培养在"智识"、文化、伦理和意识形态上的领导而实现政治系统对其他社会系统的影响，使政治统治获得"合法性"或"正当性"。

具体到法律制度领域，法律所规定的内容可抽象为"人们行为的自由与纪律"③，这种自由与纪律必须为当时的文化和意识形态所认可，即承认其是"自然的"、"正当的"的行为，对其存在具有价值上的确认。通过文化或意识形态对一定历史条件下权利与义务的确认，使之具有合法性和正当性，从而获得统治阶级的认可和社会公众的接纳。

---

① 《马克思恩格斯全集》（第3卷），人民出版社1960年版，第378页。
② 郑杭生、刘少杰：《马克思主义社会学史》，高等教育出版社2006年版，第189页
③ 参见孙国华、朱景文主编：《法理学》，中国人民大学1999年版，第39页。

第三节　制约和影响刑事司法改革的因素

作为制度变迁的方式和过程，在刑事司法领域的改革必然会受到各种因素的制约和影响，在此有必要引入制度主义的几个概念和原理，以解释内部外部、历史和现实因素对刑事司法改革的影响。

一、路径依赖

（一）路径依赖的含义

"路径依赖"（Path - Dependence）是制度变迁研究中普遍使用的一个概念，最初用来描述技术演进过程的自我强化、自我积累的性质。道格拉斯·C. 诺斯（North）将这一概念用以分析经济制度的演化变迁，"路径依赖是分析和理解长期经济变迁的关键。"[1] 在经济发展中，制度的变迁存在着"路径依赖"问题。他认为，在制度变迁中，同样存在着报酬递增和自我强化机制。这种机制使得制度变迁一旦走上某条路径，它的既定方向就会在以后的发展中得到自我强化，从而形成对制度变迁轨迹的路径依赖。[2] 其后，路径依赖理论扩展到社会学、政治学、历史法和法学等领域，用以分析这些领域的制度变迁问题。路径依赖理论强调先前选择对其后选择的制约作用，强调过去对未来的决定作用，强调制度的变迁是政治、经济、文化、社会等各方面因素综合作用的结果，人们在面临制度选择时是受局限、受制约的，"路径依赖在概念上缩小了选择的范围，并且将不同时期的决策联结在了一起"[3]。人们只有充分面对和考虑这些制约因素，才能做出相对正确的选择。

保罗·皮尔森（Pierson）关于政治领域中存在的路径依赖的解释，可以帮助我们理解为何在制度变迁过程中会存在路径依赖的问题，也有利于我们理解包括刑事司法制度变迁在内的法律制度变迁中，在不同的国家有不同的道路和形态，理解为什么相同的制度或改革措施在有的国家取得成功并逐步发展，

---

[1] 道格拉斯·C. 诺斯：《制度、制度变迁与经济绩效》，杭行译，韦森译审，格致出版社、上海三联书店、上海人民出版社 2008 年版，第 154 页。

[2] 韩毅：《"路径依赖"理论与技术、经济及法律制度的变迁》，载《辽宁大学学报（哲学社会科学版）》2008 年第 3 期。

[3] 道格拉斯·C. 诺斯：《制度、制度变迁与经济绩效》，杭行译，韦森译审，格致出版社、上海三联书店、上海人民出版社 2008 年版，第 135 页。

而在有的国家则被异化或因难以实行而被迫取消。他认为政治领域中存在的路径依赖，是几种反馈机制的结果，由于存在这些反馈机制，行动者如果还是以过去的方式行事，就会获得日益递增的回报。其结果是，制度以及与这些制度相联系的行为，逐渐被锁定于某种独特的历史发展路径。第一，政治制度需要很高的创立成本，并且一旦被创立，行动者就不太可能试图改变它们，特别是如果他们察觉到其他行动者由于考虑到相关的成本而改变它们的可能性日益变小时，更是如此。第二，有时政治家会故意以一种使新创立的制度难以消除的方式创立制度。他们可能设立程序性障碍，阻止其他人以后改变他们所创立的制度。第三，一种特殊的政策风格或决策方法一旦被制度化，行动者就会积累起其如何运转的相关知识。他们对之越是熟悉和相合，那么他们就越难以试图背离之。第四，那些从既有法律或制度获得特权或好处的人，会强化那些有利于他们的收益的制度化行为。[①] 由此可见，在政治和法律领域内制度变迁的路径依赖主要源于对变革成本的权衡、制度运行所需知识的积累、现行制度下利益获得者的维护，由于这些原因使得一项制度一旦确立，对其进行变革的成本会很高，制度的变迁只能在原有的路径上依据一定的惯性发展，而较难改变，甚至难以根据变化了的环境及时作出调整，使制度变迁或者进入良性循环，并不断优化，或者陷入恶性的发展轨道，难以脱身。

（二）路径依赖原理在法律制度领域的适用

从同处于王权上升时期的英国与欧洲大陆国家所发展出的不同刑事诉讼模式可以看出路径依赖对于刑事司法变革的制约和影响。欧洲大陆在12、13世纪随着王权的兴起，对秩序和安全的要求，原适用于教会法中的纠问式诉讼程序开始适用于世俗法院，14世纪法国建立专司控诉职能的检察制度，到15世纪确立了纠问式诉讼程序。同一时期的英国也经历了王权的兴起，并出现了纠问式因素增长的现象，但与欧洲大陆国家不同，英国最终形成了对抗式的诉讼模式，其原因在于两者具有不同的制度发展路径。从其历史背景来看，欧陆国家与英国王权统一的状态及斗争的形势不同。西欧大陆国家在中世纪中后期处于小国林立、战争频繁的封建割据状态，法国15世纪末实现统一，而德国和意大利于19世纪才趋于统一。王权的加强代表统一、秩序和安全，因此随着王权的加强，作为加强王权手段的纠问式诉讼模式逐渐取得了统治地位。与之相反，英国自诺曼征服之后，就开始建立了中央集权国家，作为加强王权的普通法法院也随之出现。对抗制诉讼形式是贵族为了限制王权，与王权抗衡，借

---

① 参见［美］约翰·L. 坎贝尔：《制度变迁与全球化》，姚伟译，上海人民出版社2010年版，第66～67页。

助中世纪遗留下来的议会、普通法所形成的拥有专门技术的法官和律师、陪审团而形成的诉讼形式。从法律传统来讲，英国法律与欧洲大陆国家的法律传统不同，英国的法律主要靠法官的判决形成判例，由法官创造规则，不像大陆法国家以制定法规则为主。法院的法官以及律师在英国特有的普通法基础上成长起来，并成为一种社会力量，由于其继得利益与信念，同议会一道与王权作斗争，成功维护了法律至上和司法独立的法治传统，这是对抗式诉讼模式所不可或缺的人才条件。与之同时期的欧洲大陆国家则通过建立国王代理人的检察制度，加强王权统治，法官与检察官同质化特征明显，服务于王权的特征也很明显，没有形成独立的社会力量。因此，由于不同的历史背景、政治力量对比、法律传统，英国形成了与欧洲大陆国家截然不同的刑事诉讼模式。

同样，由于社会基础不同，大革命后试图引进英国对抗式诉讼模式的法国最终没能取得成功，而是形成了含有较多纠问色彩的职权主义诉讼模式，从另一个角度体现了路径依赖在制度变迁中的重要作用。

法国在大革命时期，在要求自由民主的口号下，曾以英国作为改革刑事司法的模式，尤其是要建立以政治自由为基础的陪审制度，1791 年 9 月 26 日至 29 日的法律规定对重罪的审判实行陪审团制度，以此为蓝本，取消了盛行 5 个多世纪的纠问式诉讼形式，建立了体现人道与理性的对抗式诉讼形式。然而，这一在革命热情鼓舞之下建立的陪审团制度并没有将法国的刑事诉讼带向自由与文明。相反，从 1795 年开始，书面的、秘密的预审在诉讼中的地位重新得到加强。1801 年重新确立了检察机关主动追诉犯罪的权力，设立了拘留证，规定询问证人时被告不能在场，大陪团审理的程序由言词形式改为书面形式，纠问式诉讼形式抬头。陪审团则沦为政治斗争的工具，他们以合法的形式判决其同谋犯无罪，以合法的形式屠杀他们的敌人，陪审制度不能实现社会控制的目标，且人们认为陪审制度与法国的民族性格不一致，从而最终取消了大陪审团。法国革命后最终建立起适合自己的混合式诉讼制度。第二次世界大战以后，预审法官制度曾因其"强纠问式"色彩和"超级警察"形象广受诟病，导致法国在 1993 年一度取消了预审法官批准临时羁押的权力，改由委托法官行使该权力，但是这一改革马上遭到了预审法官的强烈反对并一度引发了游行抗议。也有人提出，预审法官决定临时羁押是继续侦查、收集证据的需要，并已有制度上的制约。于是数月之后，法律又恢复了原来的制度。① 法国预审法官制度的存废与陪审团制度的引入及其失败，在一定程度上能够反映出路径依

---

① 参见汪海燕：《刑事诉讼模式的演进》，中国人民公安大学出版社 2004 年，第 141～152 页；马贵翔、胡铭：《正当程序与刑事诉讼的现代化》，中国检察出版社 2007 年版，导言，第 2 页。

赖对一国刑事司法制度变迁的制约与影响作用。

一国原有的制度传统、文化习得、民族性格往往会在很大程度上影响改革的方向与成败，一个国家最初形成的在经济、政治、文化、思维等方面的路径，往往会在以后的发展过程中成为或明或暗影响其制度变迁的重要因素，甚至成为制约其彻底实现转型的力量。

（三）制度重组与刑事司法改革

制度的变迁遵循一定的方式。诺斯认为，通过在先前制度安排基础上的连续的边际调整会导致逐渐的制度变迁。约翰·L. 坎贝尔（Campbell. J. L）则明确提出，制度重组是制度以路径依赖的方式进行演化的重要方式。他认为，制度提供了一系列已经存在的制度原则与实践做法，行动者可以利用这些原则与实践做法来进行创新。行动者常常在制度"重组"这种创新过程中，把他们的一套制度要素进行重新组合，并形成新的制度性解决方案，通过这种重组产生的制度，不同于旧的制度但类似于旧的制度。之所以将制度重组的过程归之为是一种路径依赖的过程，是因为行动者进行创新时的选择范围或多或少是由他们的一套处理原则和实践所设定的。这个过程之所以是演化性的，是因为通过把来自已经存在的一套制度原则与实践的要素进行重组，行动者建立起新的制度，而这种新的制度类似于旧的制度——因为实质上新的制度包括了很多旧的制度要素。[①] 他讲的制度重组是一种在原有制度基础上的创新，是对旧有的原则与做法进行重新合从而产生新的制度效应。

改革过程即是一种制度重组的过程，它必然受路径依赖的制约，但同时，改革也是一种创新，是对原有的制度原则与实践要素进行重新组合创新的过程。如果行动者能正确认识、利用旧有的制度原则与实践要素，并使之以更有效率、更符合目的的方式进行重组，那么改革成功的可能性就大，就易为实践所接受和运用，并能取得制度设计之初的目的。

二、制度扩散

（一）制度扩散的含义

制度扩散也是制度主义者所使用的一个术语，它特指制度原则或实践在较少被修正的情况下向一群行动者扩散。[②] 制度扩散也可以理解为是制度的传

---

① ［美］约翰·L. 坎贝尔：《制度变迁与全球化》，姚伟译，上海人民出版社 2010 年版，第 68 ~ 69 页。

② ［美］约翰·L. 坎贝尔：《制度变迁与全球化》，姚伟译，上海人民出版社 2010 年版，第 75 ~ 76 页。

播，指某项制度被不同的公司、企业、民族、国家所借鉴使用，最初属于某一主体的制度为其他主体或众多主体所使用，这一过程即是制度扩散的过程。有的学者，如迈耶（Meyer）认为，制度扩散会导致制度的同质化，即各个国家使用相同的制度。坎贝尔进一步解释了民族—国家之间的制度扩散以及同质化的因果关系与过程。他借用一些学者（如 Barley & Tolbert）的论述提出，制度扩散是一种过程，包括了几个阶段，而制度实施是其中一个重要阶段，在这个阶段新制度原则在已经存在的制度背景中被推行和实践。那么制度扩散是如何发生的呢？坎贝尔指出，当制度原则从一个地方向另一个地方移动时，其接受者会以不同的方式来实施，这多多少少要取决于他们的地方社会与制度环境。新的思想常常是与既有制度实践结合在一起，因此被转化到地方实践的程度是不同的，这种转化也是以与重组相似的过程和方式进行的。[①] 因此，制度扩散之所以能发生，是由于制度的接受者与制度的输出者之间存在某种共同的基础，而且，制度的接受者在多大程度上接受这一制度，以何种方式实施这一制度，以及实施的效果是否与制度输出者实施所产生的效果相同，均取决于制度接受者本身的社会状况、制度基础。

制度转化涉及通过扩散从外部获得并接受的新要素，与从本地继承的、过去的要素之间的结合。制度主义研究者认为，制度转化过程要受到当地制度环境的制约，正在扩散的思想被转化进当地实践的程度，以及因此导致制度变迁的程度，均取决于当地制度背景、权力斗争、领导支持和实施能力。[②]

（二）制度扩散原理在法律制度领域的适用

制度扩散的原理可以适用到法律制度和刑事司法改革领域。从世界法律发展的历史来看，制度扩散的现象屡见不鲜，正是这种不断的制度扩散，提高了法制文明的程度，丰富了法制文明的内容。意大利法学家萨科（R. Sacco）认为，在所有的法律变化中，也许只有千分之一是首创性革新。[③] 尤其社会发展到现在，一国之内不同地区之间的交往，国与国之间的交往，不同国家公民之间的交往日益频繁，相互之间的影响也日益加深，没有一国的法律制度的概念、规则、法律意识和法律实践等各方面的因素完全是具有独创性的，法律领域内制度的相互吸收借鉴也更为常见，制度扩散在法律制度领域成为一个具有普遍性的现象。

---

① 参见 ［美］约翰·L. 坎贝尔：《制度变迁与全球化》，姚伟译，上海人民出版社 2010 年版，第76页、第78页。

② 参见 ［美］约翰·L. 坎贝尔：《制度变迁与全球化》，姚伟译，上海人民出版社 2010 年版，第80页。

③ 沈宗灵：《法理学》，北京大学出版社 1999 年版，第112页。

我国封建社会的中华法系曾对远东国家产生过相当的影响。产生并形成于公元前 6 世纪至公元 6 世纪古罗马时期的古代罗马法随着罗马帝国的灭亡而失去国家法律的效力，但罗马法中所包含的法律概念、法律制度却深深地影响了两大法系。罗马法中关于公法和私法的划分以及人法、物法、诉讼法体系一直成为大陆法系各国民事立法的依据。① 从 12 世纪罗马法复兴开始，欧洲各国结合自己的实际接受罗马法，罗马法的适用范围远远扩大，超过了当初古罗马帝国的范围，不仅适用于西欧各国，对与西欧大陆具有不同发展道路的英国也产生了重要影响，吸收了罗马法的基本原则和思想。17 世纪后，随着欧洲各国的扩张，罗马法又传播到这些国家的殖民地。

随着资本主义国家的兴起和发展，与之相配套的国家统治形式、法律制度、司法形态以及意识形态也逐步取得了在全球的统治地位。从刑事司法领域来看，发源于英国的对抗式诉讼程序在 18 世纪曾对大陆法系的法国产生影响。随着英国的对外殖民扩张，将英国的普通法传统和与之相应的诉讼形式带到殖民地国家。美国在英国法律制度和诉讼传统的基础上，建立起了自己的法律制度，从法律的分类、法律的渊源，到诉讼的模式、法官与律师在诉讼中的地位，刑事司法中重要的法律原则和制度均源自于英国法。二战后，由于英美法系的对抗式诉讼模式对程序正义和被告人权利的保障而受到褒赞，也由于美国在世界经济政治中所占据的领先位置，英美法系刑事司法原则、制度、模式的影响面和传播程度更为广泛，大陆法系国家在刑事司法改革中也更多地吸收了当事人主义的因素。

法国法曾在历史上对欧洲以至亚洲等国家的刑事司法改革产生过重大影响。如法国大革命后所形成的六法体系深刻影响了欧洲大陆国家的立法。"整个 19 世纪在欧洲大陆各国普遍展开了一个前所未有的广泛的立法活动，这一活动的基本形式就是编纂法典，即所谓的法典化运动。在法国六法的影响下，到 20 世纪初，欧洲大陆各国通过编纂法典先后建立了本国现代法律体系。"② 德国受法国六法的影响创立了其完善的六法体系。以法德为代表的大陆法模式在法国大革命的影响及欧洲殖民主义扩张的推行下，传播到欧洲以外的其他地方。如日本明治维新时期的刑法典和刑事诉讼法典完全以德国法为模板，稍作改动即适用于资本主义兴起时期的日本。而我国清末在修律时则主要以日本的制度为蓝本进行新型法律的制定。我国建国后曾受到苏联法律制度的影响，建立了类似于苏联的司法制度和法律制度。

---

① 林榕年、叶秋华主编：《外国法制史》，中国人民大学出版社 2008 年版，第 98 页。
② 林榕年、叶秋华主编：《外国法制史》，中国人民大学出版社 2008 年版，第 312～313 页。

　　随着经济发展和国家间交往的增加，法律制度领域内的合作和统一的趋势也更为明显。作为法律一体化代表的欧洲联盟法无疑对成员国的国内法律制度产生了深刻影响。在刑事司法领域，表现为一系列刑事司法准则的确立。二战后建立的联合国吸收了各国，主要西方法治发达国家在刑事司法领域中保障人权的制度设置，确立了联合国刑事司法准则体系。这一系列刑事司法准则的确立对世界各国的刑事立法和司法实践有着重要影响。一方面，签署或加入相关条约需受条约的约束，在国内立法中需作出相应的修改或完善，以完成其国际承诺。另一方面，即使尚未签署或加入某方面的条约或准则，这些准则作为世界公认的标准也在理念确立、制度改革的倾向方面产生不可估量的影响。这是制度扩散的典型范例之一。近年来我国刑事司法改革过程中以联合国刑事司法准则为参照来改革我国刑事司法的主张在学术界和实践中占据了一定的地位，在改革的价值追求和具体制度设计上均形成了强有力的影响。

（三）制度扩散与法律移植

　　在法律制度领域与制度扩散相关的一个概念是"法律移植"。法律移植是指一个国家的法律制度的某些因素是从另一个国家的法律制度或许多国家的"法律集团"中输入的。输出国是这些法律制度因素的母国，具有典型意义。①法律移植是制度扩散的一种表现形式，但二者在维度上有所不同。制度扩散从制度传播的角度来讲，其外延更广，不仅包括法律制度，也包括经济制度、教育制度、文化制度等各类制度，其主体也不限于主权国家或具有相对独立性的地区，也包括公司、企业、社团等不同层次的主体。法律移植主要指国与国之间在法律制度方面的吸收和借鉴，主要从制度接受者的角度来讲。法律移植主要是通过直接或间接的模仿而完成的。模仿又分为两种情况：一种是外力强加，如一国征服另外一个国家或地区后强行将本国法律在被征服国家推行；另一种是某一国法律因其具有较高质量而为他国学习借鉴，而自愿实行。现实的情况往往更为复杂，存在外力强加与自愿实行两者兼具的情形。如明治维新时期日本的法律变革与我国清末的修律活动，同时存在外部压力与内部要求维新的强烈愿望。②

　　我国目前的刑事司法改革过程中不可避免要面对制度扩散与法律移植的问题。其一，是由于我国已融入市场经济的世界化趋势之中，国内市场与国际市场接轨，生产、贸易、投资、技术的国际化，要求一国具有较好的法律环境，借鉴和引进别国的法律，特别是世界各国通行的法律原则和规范，将有利于推

① 孙国华、朱景文主编：《法理学》，中国人民大学出版社1999年版，第79页。
② 沈宗灵主编：《法理学》，北京大学出版社1999年版，第112页。

动我国经济发展，提高国际地位。其二，我国社会从总体上要实现现代化，法制现代化是实现总体社会现代化的基本内容和重要助力，而关起门来自己从头搞起，必然代价很高，且效果不一定好，不利于法制现代化的实现，法律移植正是实现法制现代化的一个过程和途径。其三，我国系发展中国家，在经济和法制建设方面也处于相对落后的状态，为促进社会经济发展，结合本国情况移植先进国家的某些法律制度也实属必要。历史上也不乏成功借鉴先进国家法律而促进本国繁荣强盛的例子。

与迈耶认为制度扩散会导致同质或同形结果不同，坎贝尔认为，被扩散与实施的原则与实践，被转化到地方实践中时，极有可能被转化、修正或改变。当新的思想、原则与实践扩散到某个地方后，被转化成实践的程度越高，变迁就越有可能倾向于革命性而非演化性。而最有可能被转化的实践，是那些能够与采纳者的制度预期相一致的实践，特别是与其文化——认知性制度预期相一致的实践，或者是那些在技术上直白易懂的，并且不涉及政治敏感问题的实践；或者某种实践的转化和采纳成本较低时，他们会首先转化和采纳这种实践。① 理解这一点有益于我们正确理解刑事司法改革过程对国外制度的借鉴吸收。

三、思想观念

从直观的现实我们可以看到，思想观念对制度的变迁有一定的影响。制度主义者深入探讨了思想观念如何作用于制度的变迁。坎贝尔指出，思想观念可能制约也可能促进制度的变迁。有时思想观念可能——以引导制度沿着演化轨迹进行变迁或完全阻止其变迁的方式——制约变迁。有时思想观念则可能——以导致制度转向更为革命性的变迁轨迹的方式——促进变迁。思想观念在多大程度上起着制约或促进革命性或演化性的制度变迁的作用，取决于何种思想观念在特定决策阶段起着多大的作用。②

（一）关于思想观念的界定

坎贝尔认为，思想观念可能是同在于决策争斗背景（后台）中基础性的、被视若当然的假定，也可能是位于决策争斗前台中的概念和理论。思想观念可能是认知性的，如各种描述和理论分析，用以说明原因—结果之间的关系，也可能是规范性的，包括价值观、态度和身份。因此，他将足以影响制度变迁的

---

① ［美］约翰·L. 坎贝尔：《制度变迁与全球化》，姚伟译，上海人民出版社 2010 年版，第 81 页、第 78 页、第 83 页。

② ［美］约翰·L. 坎贝尔：《制度变迁与全球化》，姚伟译，上海人民出版社 2010 年版，第 89 页。

思想观念区分为四类，即认知范式、公共情感、程序和规范框架。范式是认知性的假定，范式通过界定决策精英所能够想到的，并认为是有用和值得考虑的替代方案的范围，进而制约决策与制度变迁；公共情感是一种规范性的背景假定，这种假定会通过限定决策精英可能想到的、对于其支持者和自己来说都可接受的和合法的程序之范围，进而制约决策和制度变迁。坎贝尔特意强调了公众意见、价值观念和规范、身份，以及其他"集体共同期待"等因素。他提到，强调公共情感重要的学者，也十分强调文化的作用，他们认为决策会受到关于什么行为是适当的理解的引导，这一点与他们对成本—收益的计算同等程度的重要；程序是认知性的概念和理论，它处于决策争斗的前台，程序通过规定和说明决策者如何解决具体的问题，而对决策、制度变迁产生使能或促进作用。制度主义者非常强调程序的作用，他们将程序作为关键变量，认为程序在大多数情况下会直接决定制度实际上如何变迁。有些学者（如 Campbell、Woods、Goldstein）提出，决策者最可能支持相对简单的和容易理解的程序，若程序提供了清楚的"路线图"，能够为人们走出某个困境提出可靠的方向，或者能够提供足以吸引人们建立联盟、获得政治支持的"聚集点"时，这些程序更有可能被采纳。而贝尔斯（Blyth）认为，决策者更愿意实施向决策者提供斗争武器，并获取权力与资源的程序；规范框架是一种规范性概念，它们有助于精英们把他们的程序在支持者当中合法化，有时也有助于在程序精英内部实现合法化。规范框架也处于决策争斗的前台。[1]

坎贝尔对这四类思想观念的地位进行的归纳，他认为，认知范式和公共情感是第一层次的思想观念，它们建构了基础性的思想观念。程序和规范框架则属于第二层次的思想观念，它们都要以认知范式和公共情感为基础。同时，认知范式和公共情感是一种制约因素，它们制约决策者在试图为解决问题而进行制度变迁时所能进行的意见选择。当决策者试图使这些程序、规范框架与由既有的认知范式、公共情感所形成的支配性制约相适应时，他们就会更积极地直接参与程序和规范框架的建构。[2]

（二）思想观念作用于制度变迁的机制

不同的思想观念会对决策和制度变迁形成不同的影响，尤其是处于决策前台的思想观念（如程序、框架）常常会促进或激发制度变迁，但这些思想观

---

[1]　参见［美］约翰·L.坎贝尔：《制度变迁与全球化》，姚伟译，上海人民出版社 2010 年版，第 92~98 页。

[2]　参见［美］约翰·L.坎贝尔：《制度变迁与全球化》，姚伟译，上海人民出版社 2010 年版，第 98 页。

念不会自动出现或发挥作用，因此，不得不关注"行动者"及其对思想观念的作用。在坎贝尔那里，行动者包括以下几类型人：（1）决策者。他认为，决策精英是影响决策和制度变迁之思想观念最密切的承载者和传递者。在政治生活中，这些精英是政府立法与执行部门中关键的政策制定者。（2）理论家。如专业的学术研究者和其他知识分子。理论家通过从基础性的认知范式中提取特定程序而发挥作用，并有助于这种范式的散播与维持。理论家还可能改变他们的范式，并对认知范式产生巨大影响。（3）规范框架的制定者。即以他们认为的支持者或选民能够接受的方式来建构程序的人。这是由于程序必然符合主流的认知范式，符合支配性的规范、价值观和其他公共情感，以获得决策者们对程序的支持。规范架构者会策略地、有意识地运用思想观念，还会通过制度重组的过程，创造性地将不同思想混合在一起来建构其框架。（4）支持者。支持者是指赞同和支持某种范式或某种制度变迁的人，可能是普通公众，也可能是决策精英。程序和制度的变迁，必须符合支持者的公众情感。（5）中间人。即将不同思想观念结合起来或者将思想观念从一个思想领域转移到另一个思想领域的人。如民意调查专家在界定公众情感，并将其传递给政治框架建构者的过程中，就发挥了关键作用。在政治领域，思想库与政治研究机构是重要的中间人。在国际层次上，各种社群或共同体，即知识分子网络、学术界、专家和政府人员，以及国际非政府组织等都可能是思想观念的中间人。①

对思想观念作用于制度变迁的机制，坎贝尔进行了更为深入的分析。他认为，程序的影响是直接而明显的，关键决策者支持新的程序，即以把它们传播到决策场合并改变制度的方式来实施它们。同时，程序的实施还会影响制约后来的变迁。首先，程序一旦被制度化，会产生支持者，这些支持者会保卫这些程序，从而抵制后来提出的替代性程序。其次，制度化的程序常常导致形成一套具体的实施能力，这种能力限制了决策者在将来可以进行的意见选择；认知范式实施影响的重要机制是通过建构作用的话语，即由语言、概念与逻辑规则所构成的系统，通过这个系统人们进行交流。如果在理解过程中我们被限制只能说什么，如果只有某种思想观念——作为主流话语可以获得的有限概念、比喻（Metaphor）、符号、类推与评议规则的结果——能够被说出或阐明，那么范式就会通过限制首先能够想到与说出的程序之范围，而影响决策与制度的变迁；公共情感会制约决策者认为可能被公众接受的政策与制度的范围，也会影响集体行动者对他们利益的认知和理解，坎贝尔说，在这种意义上，公

---

① 参见［美］约翰·L. 坎贝尔：《制度变迁与全球化》，姚伟译，上海人民出版社 2010 年版，第 99～104 页。

共情感对决策会起到"规范之锁"的作用。思想观念对制度变迁程度的影响，取决于思想观念是如何嵌入周围的制度之中的，如正式与非正式的制度渠道调节着程序地决策与制度的影响。同时，制度也会对思想观念形成影响。①

（三）思想观念对法律制度及刑事司法改革的影响

总的来说，思想观念对法律制度的影响可以从制约和促进两方面来认识。从促进法律制度变迁或司法改革的角度来说，思想观念的变化往往成为改革的前提，为改革提供了理论的准备、方案的设计、公众的支持，从而使法律制度方面的改革获得成功。在法律领域较为明显的例子是近代启蒙思想家对近代资本主义国家法律制度的建立所起到的思想理论先导作用。

近代启蒙思想家关于自然状态与社会契约的论述成为近现代资本主义国家宪政制度的思想基础。17、18 世纪资产阶级革命时期的思想家均对自然状态进行了描述，他们对自然状态的描述不尽相同，但其理论结论一致，即为了克服自然状态的缺陷，人们通过相互协议，自愿放弃单独执行自然法的权力，将这部分权力交给社会，由社会委托给专门的人员或机构来行使，订立"社会契约"，从而进入政治社会，建立国家和政府，制定法律。社会契约理论以及与之相辅相成的主权在民原则成为资产阶级推翻封建残暴统治并建立新国家的理论武器，也作为资产阶级建国后在宪法中确立的重要原则。如美国宪法序言中的措辞使用的完全是社会契约的用语："我们，合众国的人民……为美利坚合众国制定和确立这一部宪法"②；近代启蒙思想家关于分权原则的论述成为近现代资本主义构建司法独立制度的思想基础。洛克和孟德斯鸠均提出了三权分立的思想，此后经美国宪法起草者的发展，三权分立原则成为政治现实。美国宪法起草人之一汉密尔顿提出，在分权政府中司法部门的权力最小，职能最弱，因此，法院不仅要独立，而且要扩大它的权力以确保法治的实施。在美国宪法里规定了法院有权宣布立法机关制定的法律违背宪法而不能生效，法院有解释宪法的权利。并确立了法官独立的诸项原则，如使法官的终身任职得到保障，使其薪俸固定。③ 这些思想被转化到近代资本主义国家的宪法法律规定之中，并成为国家政治生活的实践；近代启蒙思想家关于法治原则的论述成为近现代资本主义国家奉行法治的思想基础。启蒙思想家对民主、自由、法律进行

① 参见［美］约翰·L. 坎贝尔：《制度变迁与全球化》，姚伟译，上海人民出版社 2010 年版，第 105~107 页、第 108 页、第 108~111 页。

② 张乃根：《西方法哲学史纲》，中国政法大学出版社 1993 年版，第 127 页。

③ 王哲：《西方政治法律学说史》，北京大学出版社 1988 年版，第 250~251 页。

了诸多论述，强调应当按照法律进行统治，提出较为彻底的法治原则，包括法律面前人人平等，法律应具有明确性等原则。在刑事司法领域，确立了罪刑法定主义、罪刑相适应原则、刑罚的人道主义、无罪推定等观念，如英国 1628 年的《权利请愿书》和 1689 年的《权利法案》，美国 1776 年《独立宣言》和 1776 年《弗吉尼亚权利法案》以及 1787 年《联邦宪法》，1789 年的法国《人权宣言》均对罪刑法定都作出了阐述和规定。法国 1791 年和 1810 年的刑法典对罪刑法定作出明确规定，使其成为一项重要的刑法原则，此后，其他主要资本主义国家的刑法典如德国、意大利、日本等也都对罪刑法定作出了明确的规定。关于无罪推定原则，经贝卡利亚等人的阐述和传播，1789 年法国《人权宣言》以根本大法的方式将无罪推定原则转化为确定的法律原则，1791 年的法国宪法在其序言第 9 条中再次予以确认，1791 年获得批准的美国联邦宪法第 5 条也对无罪推定原则作了相应的表述。之后，无罪推定原则继续为近代各国资产阶级的立法包括各主要的国际公约、条约所肯定和确认。而由孟德斯鸠、贝卡利亚、边沁、康德和黑格尔等人所充分论述的罪刑相适应思想，也为法国《人权宣言》及以后近代西方刑事立法机关所确认。1789 年美国联邦宪法以及 1791 年通过的前 10 条宪法修正案以及法国的《人权宣言》对刑罚的人道主义原则作了明确规定，近代刑罚的种类和结构向轻缓化发展。① 这些思想观念由理论家提出，被广大公众所接受，并为胜利了的资产阶级政府所采纳，从而深刻地影响了这一时期包括刑事司法在内的法律制度的变革，推动了刑事法治向保护自由、保障人权方向的发展。同时，这些变革后的制度又进一步强化了这些思想观念，使这些思想观念得到进一步深化和传播，并成为西方国家乃至世界其他国家近现代刑事司法改革的重要范式。

一般来说，范式与公共情感的稳定性相对较强，在范式与公共情感保持稳定的情况下，会以路径依赖的方式制约着法律制度的变迁。在范式与公共情感没有发生相应变化的情况下，移植或引入某些制度，会招致实践的抵制或使制度变迁成为象征性变迁，以及出现异化的现象。如我国清末所进行的修律变法运动，虽然在形式上规定了与西方国家相差无几的法律制度，但由于并无相应的公众认同，缺乏必要的社会基础，西方法律的观念虽被引入了国门，但却被拒之于国人的观念之外，修订后的法律只具有形式上的象征意义。1906 年制定的《大清刑事民事诉讼法》，规定了具有近代资本主义法律特征的有关诉讼主要制度和程序，当这部法律在制定后征求各地官员的意见时，招致了极力反对，从现存的史料来看，几乎找不到持肯定态度的奏折，根据有关资料，反对

---

① 参见何勤华：《关于西方刑法史研究的几个问题》，载《河北法学》2006 年第 10 期。

意见主要集中在：我国不具备颁行诉讼法的条件，应当先制定实体法；西方法律确立的"个人权利至上"不适用于我国，应当以纲常伦理至上；反对建立西方的律师制度，认为只能导致"扛帮唆讼，颠倒是非，贻害罔极"；反对设立西方的陪审制度，认为凡参加陪审的人员"非干预词讼之劣绅，即横行乡曲之讼棍"，无益于"公堂秉公行法"，等等，从而导致这部具有近代性质的法律未及颁布即告流产，以不了了之而结束。① 清末虽然建立了近代的检察制度，在法律上确立了检控分离的原则，为北洋政府沿用较多条文的《大清刑事诉讼律草案》也确立了告劾式程式的审判程序，也即西方的抗辩式诉讼，但与国人从上到下的思想观念相差过远，司法独立的过程举步维艰，1914 年北京政府公布、施行了《县知事兼理司法事务暂行条例》，开始实施县知事兼理司法制度，从而使县级政权体制中行政、司法合一，行政包揽司法的体制合法化，重回司法行政合一的状态。1915 年、1918 年北京政府公布《陆军审判条例》、《海军审判条例》，确立了军法机关对各类案件进行会审的制度，军人干预司法制度化，对司法独立原则造成巨大破坏和倒退。②

第四节　刑事司法改革的价值追求

刑事司法改革的动力与根源在于社会物质生活条件的发展与要求，其内容与方向受客观物质生活条件的制约和影响，具有客观性。但同时，刑事司法改革是人们适应客观发展的需要处理和变革社会关系的实践过程，是主体作用于客体，体现人的主体能动性的过程。价值是连接主客体关系的重要范畴，"价值问题虽然是一个困难的问题，但它是法律科学所不能回避的"③，影响与制约刑事司法改革方向与内容的因素以人们不易直观看到的方式对刑事司法改革起作用，而价值问题则以直观显性的方式反映了刑事司法所致力追求的理想，预设和框定了刑事司法改革发展、完善的目标与方向，也是对改革进行衡量和评价的标准。

不同的学科对价值有不同的定义。从一般意义上讲，"各种各样的价值现

---

① 参见张维新：《清末司法改革管窥——以三个诉讼法律文件为视角》，载《司法》2009 年第 4 辑。

② 参见李春雷：《中国近代刑事诉讼制度变革研究》，北京大学出版社 2004 年版，第 63 页、第 224 ~ 225 页。

③ ［美］庞德：《通过法律的社会控制》，商务印书馆 2010 年版，第 50 页。

象的共同特征，各种形式价值表达的共同含义，都是指一定的对象（事物、行为、过程、结果等）对于人来说所具有的现实或可能的意义。简言之，价值就是事物对于人，更确切地说，是客体对于主体的'意义'"。价值关系是一定历史发展阶段上的具体的社会关系，具有社会历史性和客观性，同时，由于价值因主体不同而不同，价值具有多元性的特点，而同一主体又具有多维性或全面性，因此，价值具有多维性的特点。价值可以有不同的分类，依据所满足的需要在主体生存发展中的整体性质和地位，有目的价值和手段价值之分，依据对物质需要、精神需要和物质精神的综合需要划分，可分为物质价值、精神价值和物质—精神综合价值。①

人类发展法律制度，运用法律制度治理社会，并通过改革的形式不断完善法律制度是为了通过法律制度满足或实现某些对人类具有重要意义的目的，"任何值得被称之为法律制度的制度，必须关注某些超越特定社会结构和经济结构相对性的基本价值。……有关这些价值的重要性序列可能会因时因地而不同，这完全取决于一个法律制度在性质上是原始的、封建的、资本主义的还是属于社会主义的。再者，所有法律制度都主张上述价值应当服从有关公益方面的某些迫切需要的考虑，而赋予公益的范围和内容则在各种形式的社会组织中相去甚远。"② 本节主要探讨刑事司法中的目的性价值，即人们所追求的，由刑事司法所能中介的一些价值。在人类历史发展的现阶段，刑事司法所表征、中介的价值主要有社会秩序、个人自由、公正以及效率。

一、秩序

（一）秩序的内涵与意义

秩序（Order），从汉语的词义上讲是指"有条理，不混乱的情况"。③ 秩序与无序相对，从法律领域的视角看，秩序指"在自然进程和社会进程中都存在着某种程度的一致性、连续性和确定性。"④ "无序则表明存在着断裂（非连续性）和无规则性的现象，亦即缺乏智识所及的模式——这表现为从一个

---

① 李德顺著：《价值论》，中国人民大学出版社 2007 年版，第 37 页、第 102 页、第 109 页、第 125 页、第 133 页。
② ［美］E. 博登海默：《法理学：法律哲学与法律方法》，邓正来译，中国政法大学出版社 2004 年版，作者致中文版前言，第 5 页。
③ 《现代汉语词典》，商务印书馆 1999 年版，第 1624 页。
④ ［美］E. 博登海默：《法理学：法律哲学与法律方法》，邓正来译，中国政法大学出版社 2004 年版，第 227~228 页。

事态到另一个事态的不可预测的突变情形。"① 秩序的首要特征在于稳定性、可预期性和确定性。哈耶克（Hayek）认为，对秩序的需求是人与人类社会的最基本的需求，社会也必然以一定秩序的存在为其合理存续和良性发展的基本前提和必要条件。美国法学家博登海默（Bodenheimer）认为，"从最低限度来讲，人之幸福要求有足够的秩序以确保诸如粮食生产、住房以及孩子抚养等基本需要得到满足；这一要求只有在日常生活达致一定程度的安全、和平及有序的基础上才能加以实现，而无法在持续的动乱和冲突状况中予以实现。"② 恩格斯在《家庭、私有制和国家的起源》中详细考察和总结了希腊、罗马和日耳曼人古代社会的基本特征和国家起源的基本形式，阐述了国家与秩序的关系，指出国家是秩序的要求，也是维护秩序的重要工具。"国家是表示：这个社会陷入了不可解决的自我矛盾，分裂为不可调和的对立面而又无力摆脱这些对立面。而为了使这些对立面，这些经济利益互相冲突的阶级，不致在无谓的斗争中把自己和社会消灭，就需要有一种表面上凌驾于社会之上的力量，这种力量应当缓和冲突，把冲突保持在'秩序'的范围以内；这种从社会中产生但又自居于社会之上并且日益同社会相异化的力量，就是国家。"③ 法律与国家一样，从其产生之初就体现并为了维护一定的社会秩序，人们发展、制定具有普遍性的法律规则的首要目的，就在于维护社会秩序，使社会成员的人身和财产有保障、有安全，使社会在稳定的状态下发展前进。

（二）秩序是刑事司法的基本价值目标

刑事司法的内在规定性决定了秩序是其基本的价值目标。犯罪的存在是对社会秩序以及法律秩序的严重破坏，因此，对犯罪现象和行为进行预防、惩罚和打击即成为恢复社会秩序和法律秩序的重要手段。刑事司法是处理犯罪与刑罚的问题，实现国家刑罚权的有关诉讼活动。通过发现、证实犯罪，对犯罪人适用刑罚从而维护社会安全与基本秩序，是一个国家设立刑事司法系统的最基本的动因。从其所依据的实体法来看，刑法作为人类历史上最早出现的部门法类型，以刑罚为后盾，当国家所认可和保护的规范遭到破坏时，动用国家刑罚权予以恢复，因此，不仅其本身代表了一种秩序，而且其首要目标即在于维护社会秩序，满足社会及其成员对安全和稳定的需要。刑事司法的过程亦是依据

---

① ［美］E. 博登海默：《法理学：法律哲学与法律方法》，邓正来译，中国政法大学出版社 2004 年版，第 228 页。

② *Law and Order Reconsidered：Report of the Task Force on Law and Law Enforcement of the National Commission on the Causes and Prevention of Violence*（Washington，1970），p.3. 转引自［美］E. 博登海默：《法理学：法律哲学与法律方法》，邓正来译，中国政法大学出版社 2004 年版，第 318 页。

③ 《马克思恩格斯选集》（第 4 卷），人民出版社 1972 年版，第 166 页。

一定的诉讼程序追究、打击、遏制犯罪，适用国家刑罚权的过程，其基本目的在于通过打击犯罪，恢复因犯罪而导致的无序状态，维护社会基本的秩序。

从刑事司法发展的历史来看，秩序是刑事司法与生俱来的价值目标，刑事司法最初产生以及早期的发展，均源于人们对秩序的追求。人类历史上最早出现的刑事诉讼模式——弹劾式诉讼模式，系为了防止因人们的私力救济所导致的无休止的斗争和冲突给社会秩序造成的巨大破坏，而由国家以裁判者的角色介入到双方的争端之中而生的。意大利著名的罗马法学者朱赛佩·格罗索（Giuseppe Grosso）在叙述罗马法诉讼的产生时指出："城邦执法官干预私人纠纷不是因为认为国家的职能是主持正义，而是为了维护公共的安宁，阻止各行其是；这种各行其是，在发生冲突时，在初期意味着群体之间的暴力斗争，意味着依靠武力来确立自己的法。""诉讼（Actio）的起点产生于各行其是，产生于强力行为和随后导致的斗争，在最初阶段，权利享有者正是通过这种方式来实现自己的权利。这种斗争受到限制，执法官把私人行动引导到以和平方式解决问题的道路上来。"① 由被害人举证追究犯罪常常存在效率低下的现象，犯罪难以得到有效追究，被害人权利也较难得到保障，国家统治秩序遭受犯罪的威胁，为此，开始由国家代替被害人承担追诉犯罪的职能，从而使刑事诉讼的模式转为纠问式诉讼模式，通过采取秘密的侦查审问，残酷的刑讯制度，压抑了被告人和被害人的主体地位及权利，实现对整体社会秩序的保护。这一时期的刑法以保护不平等的身份关系为特点，其调整的范围涉及社会和个人生活的各方面，刑罚残酷而恣意，无平等、无自由、无人道，维护统治秩序成为前资本主义社会刑事司法的唯一价值目标。

虽然随着人类社会的进步，自由、平等、人权等价值理念进入到刑事司法中，刑事司法的价值呈现出多维度的特征，但秩序仍然是刑事司法最基础、基本的价值，体现着刑事司法的内在规定性。

在不同的历史阶段，秩序的具体含义不尽相同，社会生活也是一个旧的秩序不断被打破，新的秩序不断创立的过程，因而，现时期刑事司法改革所追求的秩序价值不同于高压统治社会下低犯罪率的秩序，而应当是具有必要张力和活力的秩序，"能够具有承受、吸纳、化解犯罪的能力并通过法律程序化的方式使犯罪得到惩治，使遭受侵害的权益得到补救，也使犯罪人的合法权益得到保障并在此过程中强化法治的权威从而达到新的秩序"。②

---

① ［意］朱赛佩·格罗索：《罗马法史》，黄风译，中国政法大学出版社 2009 年版，第 92 页。
② 蔡道通：《犯罪与秩序——刑事法视野的考察》，载《法学研究》2005 年第 5 期。

二、自由

（一）自由的内涵及地位

自由是刑事司法领域内与秩序相对应的一个概念。近代以来，秩序价值不再是刑事司法的唯一价值取向，自由价值的地位逐渐凸显。自由（Freedom、Liberty），从字面上讲是"不受拘束，不受限制"[①]之意。在哲学上，"自由"是指人、主体的充分自我实现和充分发展状态，即人能够依据自身和外部世界的必然性来支配自己和外部对象，使之在体现和发展人的能力方面，达到高度的统一与和谐。自由被看作是人的生存和全面发展需要得到满足的价值，是一种最高的价值。[②]作为法律重要价值目标的自由不同于哲学上的自由，主要指一定社会制度、政治制度下的个人自由。

自由作为人们所追求的重要价值并非自古即有，对自由的追求源于对人及其存在价值和尊严的尊重。重视人本身的存在与价值发端于欧洲 14—16 世纪以人文主义为核心的文艺复兴运动，人文主义者以"人性"反对"神性"，用"人权"反对"神权"，反对封建等级制度，重视人性，充分肯定人的价值，主张个性解放和平等自由。这一运动的根源在于资本主义的萌芽和民族国家的产生，正是由于意大利的米兰、威尼斯、弗罗伦萨等地最早出现了资本主义商品经济萌芽，出现了新兴城市，这些城市在经济和政治上逐步取得自主后，形成了相对独立的市民社会及其法律制度，在这种相对自由的氛围下孕育产生了文艺复兴运动。因此，可以说对自由价值追求的根源在于资本主义商品交换及其所要求的进行商品交换的自由。随着资产阶级启蒙运动的兴起，自由的价值受到前所未有的重视，对自由价值予以保护成为近代以来资本主义法律制度的重要内容之一，并随着对自由的追求得到了进一步的发展。

自由是法律的重要价值，是法律的前提和目的，法律是对自由的界定、确认和保护。资产阶级革命时期启蒙思想家一般都从自然状态中的自由引申出政治社会中自由的概念，从而标榜自由的重要性。洛克是资产阶级自由主义的奠基人，他认为，在法律与自由的关系上，自由固然要受法律的约束，但法律的目的不是废除或者限制自由，而是保护和扩大自由，指出了法律的重要价值取向，他说："法律按其真正的含义而言与其说是限制还不如说是指导一个自由而有智慧的人去追求他的正当利益，它并不在受这法律约束的人们的一般福利范围之外作出规定。……法律的目的不是废除或限制自由，而是保护和扩大自

[①]　《现代汉语词典》，商务印书馆 1999 年版，第 1669 页。

[②]　李德顺：《价值论》，中国人民大学出版社 2007 年版，第 147 页。

由。这是因为在一切能够接受法律支配的人类的状态中，哪里没有法律，哪里就没有自由。这是因为自由意味着不受他人的束缚和强暴，而哪里没有法律，哪里就不能有这种自由。"① 在这一时期德国的康德和黑格尔更是以自由作为其法律思想的基本范畴，将自由作为法律的中心问题，康德在《法律哲学》一书中提出了自己对法律的定义，他认为法律就是"那些使一个人的专断意志按照一般的自由律与他人的专断意志相协调的全部条件的综合。"② 黑格尔认为，"法的基地一般说来是精神的东西，它的确定的地位和出发点是意志。意志是自由的，所以自由就构成法的实体和规定性。至于法的体系是实现了的自由的王国。""任何定在只要是自由意志的定在，就叫作法。所以一般来说，法就是作为理念的自由。"③ 法律是意志自由的体现，自由意志是法律的实质。④ 这些有关自由作为法律重要价值的思想是近代以来的主流思想，直接影响到西方国家法律制度，包括刑事司法方面的法律制度的设置。随着这些思想被贯彻到刑事法律领域，刑事司法完成了从封建纠问式诉讼程式向近现代职权主义和对抗式诉讼方式的转变，这一转变的最重要特征就是对在刑事司法中增强对犯罪嫌疑人、被告人的人权保障，如确立无罪推定的原则，建立控审分离的制度，此后这一趋势不断加强，被告人的辩护权不断获得加强，确立了不必自证其罪原则，赋予被追诉者以沉默权，等等。在刑法领域则确立了罪刑法定原则、罪责刑相适应原则、刑罚人道性原则。

自由作为法律制度的重要价值为很多学者所认识，但正如亚伯拉罕·林肯所言："世界上从不曾有过对自由一词的精当定义……尽管我们都宣称为自由而奋斗，但是在使用同一词语时，我们却并不意指同一物事。"⑤ 自由的内容在不同社会制度下、不同的历史时期，对处于不同社会地位的人而言具有不同的内涵。在某一时期占主导地位的自由应当是一定经济条件、客观条件下所产生的人们的"行为自由"，这一行为被这一时期主流社会意识确认是"正当的"行为，在这一意义上，自由即是"正当的"权利，因而获得法律的规定性，成为法定的"权利"。

（二）权利保障和权力制约

对自由价值的追求一般通过两种方式实现：一是通过法律赋予公民权利，

---

① ［英］洛克：《政府论》（下篇），商务印书馆 1964 年版，第 35~36 页。

② *Metaphysik der Sitten*, ed. K. Vorläander（Leipzig, 1922），pp.34—35. 转引自 ［美］E. 博登海默：《法理学：法律哲学与法律方法》，邓正来译，中国政法大学出版社 2004 年版，第 80 页。

③ ［德］黑格尔：《法哲学原理》，商务印书馆 1982 年版，第 10 页、第 36 页。

④ 张宏生、谷春德主编：《西方法律思想史》，北京大学出版社 2000 年版，第 261 页。

⑤ ［英］哈耶克：《自由秩序原理》，邓正来译，上海三联书店出版社 1997 年版，第 3 页。

并通过法律程序予以保障；二是对国家权力的行使予以限制，防止其对个人自由的不当伤害。

权利与自由密切相关，由社会条件所决定的人们的行为自由反映到社会意识中，就被确认为是"正当的"，是"权利"。这种被占统治地位的观点认为是"正当的"行为，恰巧体现了在这种物质生活条件下在社会中占统治地位的阶级的权利观，统治阶级通过国家政权制定法律，把他们认为是"正当的"（权利）行为自由，确认为法定权利。①

在西方历史上，斯宾诺莎、霍布斯、康德、黑格尔等思想家均对权利与自由的关系进行了论述，认为权利以自由为转移，或者说自由是权衡权利的标准。如康德认为，"公正的普遍法则可以表述如下：外在行为需要这样：根据普遍法则，你的意志自由行使能够和所有其他人的自由并存。"② 黑格尔则提出，"法的基地一般说来是精神的东西，它的确定的地位和出发点是意志。意志是自由的，所以自由就构成权利的实体和规定性。至于法的体系是实现了的自由的王国，是从精神自身产生出来的、作为第二天性的那精神的世界。"③ 从刑事司法的实践来看，为保护自由，资产阶级革命后，各国纷纷确立了刑事司法中涉诉公民应受保护的一系列基本权利，并随着社会的发展而不断予以增加或强化。包括"法无明文规定不为罪，法无明文规定不处罚"，"未经审判证明有罪确定前，推定被控告者无罪"，加强犯罪嫌疑人、被告人的防御权，赋予其有获得律师帮助的权利，并不断扩大辩护律师的活动空间；确立刑事司法中公民免于不合理的搜查与扣押的权利；对于严重侵犯个人自由权利的证据进行排除；确立公民免受过度严厉的刑罚和罚款的权利，等等。这些法律所赋予和保障的权利是公民自由的保证。

自由与对国家权力的限制密切相关，国家从其产生的根源来看是社会矛盾达到不可调和的产物，必然要对个人自由进行限制。孟德斯鸠把自由同国家政制相联系，认为如果想要保障人们的自由，必须对政府的权力予以限制，防止权力的滥用和腐败。在《论法的精神》中他所提出限制权力的著名论断，其出发点正是为了保障人民的自由。他说，"政治自由只在宽和的政府里存在，不过，它并不是经常存在于政治宽和的国家里，它只在那样的国家的权力不被滥用的时候才存在"。他提出"一切有权力的人都容易滥用权力"，而"从事物的性质来说，要防止滥用权力，就必须以权力约束权力。我们可以有一种政

---

① 孙国华、朱景文主编：《法理学》，中国人民大学出版社 1999 年版，第 65 页。
② 转引自张宏生、谷春德主编：《西方法律思想史》，北京大学出版社 2000 年版，第 242 页。
③ ［德］黑格尔：《法哲学原理》，商务印书馆 1961 年版，第 10 页。

制，不强迫任何人去做法律所不强制他做的事，也不禁止任何人去做法律所许可的事。"① 对政府权力的制约，除了政治制度中以权力分立和制衡建筑国家权力体系外，在法律范围内，通过设置严格而公正的程序，使国家权力运行遵循严格的程序以限制国家权力恣意，防止其侵犯公民自由，从而达到对公民自由的保护。

（三）刑事司法中自由与秩序的关系

1. 秩序是自由的基础，二者互相促进

秩序是社会正常运行的基础，也是自由的前提和基础。自由主义思想家均不否认自由应当是有限制的自由，强调法律对于自由的界定和限制，承认自由必然是在一定秩序基础之上的自由。"任何社会都不会允许其成员享有不受人类自制的完全自由，如果每一个人都可以不顾他人的利益而自由地追求自身利益，那么一些人就会征服另一些人，并把自由作为一种压迫其他人的手段。"② "只有糟糕的社会秩序才是和自由对立的。自由只有通过社会秩序或在社会秩序中才能存在，而且只有当社会秩序得到健康的发展，自由才可能增长。只有在构造较为全面和较为复杂的社会秩序中，较高层次的自由才有可能实现……"③

自由为社会的发展提供动力和活力，自由的发展使社会在更高的层次上达到秩序，在这一过程中秩序服务于自由，成为实现自由的手段，并决定了个人自由的范围。秩序对于个人来讲是一种环境，"宽松的外部环境为人们按照自由的欲求去选择与众不同的生活方式提供了条件；不利的环境含有强迫、限制、束缚因素，它可能强迫一个人去做他所不愿去做的事，或者限制人们的选择范围，使一个人只能在限定的范围内进行选择。"④ 因此，二者相互促进，不可偏废，贬抑秩序的保障作用会加速自由的灭亡，贬抑自由的地位，则会使维护秩序的功能非理性地扩张，从而导致强权和压迫。

2. 秩序是自由的限制，二者互相冲突

秩序是刑事司法最基本的价值取向，但在国家追究犯罪以维护社会秩序的过程中，必然涉及对个人自由和权利予以限制。"一项旨在保护一般安全的法律必然会削弱自由，而一项旨在扩大个人自由的法律可能会减少公众在免受犯罪行为的侵犯方面的安全。" "若加强了对某一价值的保护则对另一个价值的

---

① ［法］孟德斯鸠：《论法的精神》上册，商务印书馆1982年版，第154页。
② ［英］彼得·斯坦、约翰·香德：《西方社会的法律价值》，王献平译，中国人民公安大学出版社1990年版，第173页。
③ ［美］库利：《人类本性和社会秩序》，包凡一译，华夏出版社1989年版，第278页。
④ 张建伟：《刑事司法：多元价值与制度配置》，人民法院出版社2003年版，第6～7页。

关注程度大为降低，必然导致价值实现过程中的冲突。"[1] 在司法实践中，采取限制甚至侵犯个人自由的手段常有利于及时有效地发现和追究犯罪，恢复和稳定秩序，但这种做法必然损害个人权利，对个人自由造成造成巨大的威胁和伤害。而过分尊重个人自由，对个人自由予以充分保障，则无疑会导致国家在追究犯罪的过程中的手段和力量不足，削弱控制犯罪的效果，不利于维护社会秩序，有损社会正义的实现，使公民的人身、财产和其他合法权利受到侵害而无法得到及时的救济，危及个人自由。为维护社会秩序对个人自由的限制实属必然，但仅仅为实现控制犯罪的目的，而无节制地限制和剥夺个人自由，则使秩序成为对自由无原则的压服，会扼杀社会活力，积聚社会矛盾，从而使社会矛盾最终以爆发式的方式予以解决，使社会陷入更大的无序之中。而过于尊重个人自由，忽视恢复秩序的要求，也会使自由受到实质损害。因此，通过合理的方式，确定限制自由的合理范围和合理程序成为协调秩序与自由之间关系的关键。

与西方国家不同，以人身依附和等级观念为主要特征的封建制度在我国历史上存在时间较长，缺乏对个人自由的认识和尊重，因此自由价值在我国缺乏思想和文化基础。但随着经济体制的转变，以市场经济为基础的自由和权利观念逐步萌生并发展，刑事司法改革中需进一步关注并重视这一价值，使之与作为基本价值目标的秩序相协调，使对自由的保障符合一定秩序的要求，而秩序的建构应以保护自由为其重要目的之一。

三、公正

(一) 公正的内涵

公正、公道、正义、公平等词均表达了人类所追求的一种理想状态，但由于公正、公平问题在很大程度上是人们的一种主观判断和评价，对于何为公正，则不同的人、不同的学派有不同的认识。

公正从字面上理解是"不偏私，正直"之意。我国古代对公正的理解常常与"私"相对立，强调超越自我小利，不偏不党，去私立公之意。如韩非子曾讲："背私为公。正，是也，不偏不倚"。[2] 有学者提出，与现代意义上的公正相近的词包括公、平、中、正、道、义等。如《今文尚书·洪范》中有"无偏无陂，遵王之义；无有作好，遵王之道；无有作恶，遵王之道。无偏无

---

① 左卫民：《价值与结构——刑事程序的双重分析》，四川人民出版社 1994 年版，第 77 页，转引自王霞：《自由：我国刑事诉讼法理想的终极价值目标》，载《社会科学辑刊》2002 年第 1 期。

② 《韩非子·五台篇》。

党，王道荡荡；无党无偏，王道平平；无反无侧，王道正直。"无偏陂、无好恶、不结党营私，不违反法度，即纠偏匡正的方法，王道荡荡、王道平平、王道正直则是一种社会的理想状态。"平平""正直"均含有公平、正直之意。《尚书·酒诰》中有言："尔克永观省，作稽中德"，此处的"中"即代表正道、正直之意。①

在西方思想家那里，对于公正、正义的理解也不尽相同，但总的来说，公正体现的是人与人之间的关系，体现了资源在人们之间的分配关系，在特定社会关系之下，人们取得了应当归属于自己的事物，则获得人们所认可的"公正"。

公正可以是对秩序的确认，如柏拉图强调"当个人的每个组成部分各司其职的时候，个人就会是正义的"②，"三个阶层中的每一个——劳动者、辅助者和卫士——都发挥其各自的作用，在城邦中做自己的工作，这就是正义，而且它造就了正义的城邦。"③ 更多的时候，人们将公正或者正义与"平等""自由"相联系，古希腊哲学家亚里士多德指出，"按照一般的认识，正义是某种事物的'平等'（均等）观念。"④ 亚里士多德关于正义的分类具有一定的代表性，他将正义分为普遍正义和个别正义，个别正义又分为分配的正义和矫正的（平均的）正义。分配正义强调事实上的价值和利益的合理分配，是一种实质正义，矫正的正义主要是在物品交换过程中形成的一种契约性的正义原则，强调形式上的平等。⑤ 康德将公正的研究对象界定为：可以由外在的立法机关公布的一切法律的原则。他认为，法律是"一些条件之总和，在那些条件下，一个人的意志能够按照普遍的自由法则同另一个人的意志结合起来。"⑥ 从而将自由作为公正的基本要素。斯宾塞所理解的正义是"每个人都可以自由地干他所想干的事，但这是以他没有侵犯任何其他人所享有的相同的自由为条件的"⑦，将正义与自由紧密相连。对正义观念予以全面详尽论述的当属美国学者罗尔斯（John Bordley Rawls），他探讨了作为社会制度基础的正

---

① 参见李大华：《论先秦中国社会的公平观念》，载 http://wenku.baidu.com。
② ［古希腊］柏拉图：《理想国》，中国社会科学出版社 2009 年版，第 129 页。
③ ［古希腊］柏拉图：《理想国》，中国社会科学出版社 2009 年版，第 120 页。
④ ［古希腊］亚里士多德：《政治学》，商务印书馆 1981 年版，第 148 页。
⑤ 参见谷春德主编：《西方法律思想史》，中国人民大学出版社 2000 年版，第 35 页。
⑥ Immanuel Kant, The Metaphysidcal Elements of Justice, transl. J. Ladd (Indianapolis, 1965), p.34. 转引自［美］E. 博登海默：《法理学：法律哲学与法律》，邓正来译，中国政法大学出版社 2004 年版，第 265 页。
⑦ Herbet Specer, Justice (New York, 1891), p.46. 转引自［美］E. 博登海默：《法理学：法律哲学与法律》，邓正来译，中国政法大学出版社 2004 年版，第 264～265 页。

义原则，即"社会正义"原则，这一原则"提供了一种在社会的基本制度中分配权利和义务的办法，确定了社会合作的利益和负担的适当分配。"① 罗尔斯提出了正义的两个原则，第一个原则是每个人对与其他人所拥有的最广泛的基本自由体系相容的类似自由体系都应有的一种平等的权利，即所谓平等的自由原则。第二个原则是社会的和经济的不平等应这样安排，使它们适合于最少受惠者的最大利益；并且依系于在机会公平平等的条件下职务和地位向所有人开放。即机会公平、平等原则和差别原则的结合原则。罗尔斯认为，第一个原则优先于第二个原则，即对平等自由制度的违反不可能因较大的社会经济利益而得到辩护或补偿。财富和收入的分配及权力的等级制，必须同时符合平等公民的自由和机会的平等。②

由此可见，公正、正义作为一种观念上的东西，仍有其客观基础，是一定生产方式的观念形态。恩格斯曾指出，"这个公平则始终只是现存经济关系的或者反映其保守方面，或者反映其革命方面的观念化的神圣化的表现。"③ 认识到公正、正义观念的历史性、相对性和客观性，并不排斥这些观念所具有的一般标准和普遍意义，正是这样的正义观念推动人类社会从野蛮走向文明和进步。

（二）公正是刑事司法的理想状态

公正与法律、司法有着密切的关系。从词源上看，"公正"一词与法律、司法有着密切的联系。在很多民族的语言中，公正、司法、法官、法院、执法等词使用的是一个词汇或同一词根。在西方，"正义"（Justice）一词来源于拉丁语"justitia"，由"jus"一词演变而来，在字面上具有正直、公平、公正、不偏不倚等含义④，拉丁文的"jus"一词是法的概念，同时包含了法律、权利义务、审判的含义。在我国古代关于"法"的象形文字，也展示了法与公平的密切联系。公平、公正、正义这些词与法律、司法有着密切的关联，法律被赋予了实现这些价值的重要职能。

自古及今，人们将公正视为法律的当然之义。如我国先秦时期思想家荀子曾提出"公平者，职之衡也；中和者，听之绳也。"⑤ 认为公平、公正是审判

---

① ［美］约翰·罗尔斯：《正义论》，何怀宏、何包钢、廖申白译，中国社会科学出版社1988年版，第2～3页。

② ［美］约翰·罗尔斯：《正义论》，何怀宏、何包钢、廖申白译，中国社会科学出版社1988年版，第56页、第57页、第59页、第62页、第71页、第73～74页、第79页。

③ 《马克思恩格斯选集》（第3卷），人民出版社1995年版，第212页。

④ 王利明：《司法改革研究》，法律出版社2000年版，第13页。

⑤ 《荀子·王制》。

的标准。墨子提出国家和法律的产生，是为了"一同天下之义"。先秦时期的法家也强调法是公平的标准，商鞅曾提出，"法者，国之权衡也"①，将法律作为判断是非功过和行使赏罚的公平标准，要求君主以法而不以个人好恶来进行判断。先秦法家的另一位代表人物慎道提出"法者，所以齐天下之动。至公大定之制也。故智者不得越法而肆谋。辩者不得越法而肆议。士不得背法而有名。臣不得背法而有功。"② "法制礼籍，所以立公义也，凡立公所以弃私也"③。在封建社会统治阶层也有不少有识之士强调公平执法的重要性，如唐朝的太宗李世明，宋代的包拯、王安石都强调"事须画一"，"一断于律"。

在古希腊、罗马很多思想家将公正、正义与法律相联系。亚里士多德的法律观即是正义的法律观，他说"法律只是'人们互不侵害对方权利的（临时）保证'而已——而法律的实际意义却应该是促成全邦人民都能进于正义和善德的（永久）制度"。④ 在他看来，法律具有公正的属性，用来衡量事物是否合乎正义或公平。在古罗马的法学家那里，常常将法定义为正义、公平、公道的表现，如杰尔苏说："法乃是善良和公正的技艺"。⑤ 到资产阶级革命时期，启蒙思想家更是将法律与公正紧密联系在一起，作为推翻封建法律制度和司法体系的武器。20 世纪 60、70 年代兴起的新自然法学派将法律问题与道德问题、公正问题在新的基础上予以联系和统一。尤其是罗尔斯关于正义的理论充分体现了正义原则对法律、司法的重要价值。他用四个阶段的序列阐明正义原则的运用，将正义原则与立法司法等法律活动联系起来。他认为，在立宪阶段，平等的自由构成了立宪会议的主要标准。个人的基本自由、良性和思想自由应得到保护，政治过程在总体上应是一个正义的程序。在立法阶段，第二个原则发生作用，它表明社会、经济政策的目的是在公正的机会均等和维持平等自由的条件下，最大限度地提高最少获利者的长远期望。在法律适用阶段，法官和行政官员把制定的规范运用于具体案例，而公民则普遍地遵循这些规范。⑥ 罗尔斯提出正义原则与法治相联系，"它们（正义准则——作者注）是这样一些准则：任何充分体现了一种法律体系观念的规范体系都要遵循它们。……在其他条件相同的情况下，如果一种法律秩序较完善地实行着法治的准则，那

---

① 《商君书·修权》。

② 《慎子·逸文》。

③ 《慎子·威德》。

④ ［古希腊］亚里士多德：《政治学》，吴寿彭译，商务印书馆 1981 年版，第 138 页。

⑤ 参见谷春德主编：《西方法律思想史》，中国人民大学出版社 2000 年版，第 49 页。

⑥ ［美］约翰·罗尔斯：《正义论》，何怀宏、何包钢、廖申白译，中国社会科学出版社 1988 年版，第 184 页、第 188 页。

么这个法律秩序就比其他法律秩序更为正义。"① 他提出一个法律制度只有大体上满足法律的可行性、类似案件类似处理、法无明文规定不为罪、自然正义观，用以保持司法过程正确的这四条正义原则才可称为法治。②

司法公正是一种价值判断，是司法为满足主体需要的一种有用性，其基本内容是司法主体将法律适用于具体案件而得出结果满足主体权利要求所产生的主观判断。但这种主观判断有其客观基础，即法律公正和平等对待。司法公正是"司法权运作过程中各种因素达到的理想状态，包括与司法权运作有关的各种因素，从主体到客体、从内容到形式、从实体到程序，从静态到动态，均达到合理而有序的状态"。③

公正是司法的目的追求，司法公正是解决纠纷、保障个人权利的基本要求，也是实现社会公正的重要基础，我国刑事司法改革无疑应当以提升司法公正为价值目标。实现司法公正有两个环节，一是立法阶段体现公正的价值观念，要求作为司法前提的法律应当是"公正"的法律；二是在适用法律阶段实现公正的价值观念，即要求法律的适用过程中的实体公正和程序公正。同时，司法公正需要一定的制度构造为前提，如司法权能够独立行使，抵御来自政治、社会等外部力量的干预；司法权的行使受到外部权力的制约；司法具有公开和民主的制度设计，得到民众的认同，等等。

四、效率

（一）效率的内涵与意义

效率（Efficiency）来源于经济学，"效率"指的是这样一种状态，任何偏离该状态的方案都不可能使一部分人受益而其他人不受益，这就是帕累托准则。效率描述的是一个特殊的均衡点。效率就是资源配置最优状态的结果。④简言之，效率是指"从一个给定的投入量中获得最大的产出，即以最少的资源消耗取得同样多的效果，或以同样的资源消耗取得最大的效果"⑤。法律及司法实践涉及人、财、物和时间的投入与司法结果之间的关系，因此，也涉及效率的问题。20 世纪 60 年代出现的经济分析法学派主要使用微观经济学的观

① ［美］约翰·罗尔斯：《正义论》，何怀宏、何包钢、廖申白译，中国社会科学出版社 1988 年版，第 226 页。
② 参见谷春德主编：《西方法律思想史》，中国人民大学出版社 2000 年版，第 234～236 页；张宏生、谷春德主编：《西方法律思想史》，北京大学出版社 2000 年版，第 428～429 页。
③ 张德森、周佑通：《论我国当前实现司法正义的条件和途径》，载《法学评论》1999 年第 1 期。
④ 转引自钱弘道：《论司法效率》，载《中国法学》2002 年第 4 期。
⑤ 张文显：《法学基本范畴研究》，中国政法大学出版社 1993 年版，第 273 页。

点和方法，对法律制度的内容、功能和效果等方面进行分析和评价，并提出促进实现经济效益的途径。这种对法律领域中效率问题的分析摆脱了一般人对效率的感性认识，从科学实证的方式对法律领域内的效率问题作了更详尽深刻的阐述。考察经济分析法学关于法律领域内效率的主要观点，有助于我们进一步理解刑事司法领域的效率问题。

经济分析法学的理论前提和基本框架是科斯定理（Coase Theorem）。20 世纪 70 年代经济分析法学家波斯纳提出：正义的第二种含义——也许是最普通的涵义——是效率。[①] 他说，"我们会毫不惊奇地发现：在一个资源稀缺的世界，浪费是不道德的行为。"[②] 从而将效率问题引入到法律领域。

波斯纳不仅对与经济问题直接相关的财产法、合同法，进行了经济分析，而且将这一方法运用到与经济无直接关联的刑法、程序法领域，提出在这些领域通过完善制度提高效率的方法。波斯纳认为，犯罪是一种在特定的程序中将受特殊惩罚的行为。刑罚的作用在于对犯罪行为施加额外的成本。他以每一个罪犯都是一个理性计算者（Rational Calcultor）为出发点，提出刑罚应当设法使罪犯感到实施犯罪行为得不偿失，在刑罚的具体运用上，波斯纳认为："从经济学的角度看，我们应该鼓励适用罚金而不是徒刑。原因不仅是因为徒刑不为国家创造岁入，而罚金创造了岁入，还在于徒刑的社会成本要高于从有偿付能力的被告处征收罚金的社会成本。"[③] 在程序法的分析方面，波斯那认为，法律程序像市场过程一样也受效益最大化原则的制约，他认为成文法的立法成本大于判例法，对抗式的法律程序的实行主要依靠以经济上自我利益为动力的私人而不是利他主义或官员，可以节省警察、检察官等官员的力量，因而他认为对抗式的诉讼效率更高。在波斯纳看来，民事程序和刑事程序的目标，从经济上看是为了减少错误判决的代价和直接的程序代价。[④]

市场经济条件下，对资源的配置需由法律制度予以完成，以尽可能少的资源消耗取得尽可能多的收益是社会生活的基本价值取向之一，在资源有限而案件数量不断增加的情况下，优化资源配置，提高诉讼效率成为司法的必然要

① ［美］理查德·A. 波斯纳：《法律的经济分析》，蒋兆康译，中国大百科全书出版社 1997 年版，第 31 页。

② ［美］理查德·A. 波斯纳：《法律的经济分析》，蒋兆康译，中国大百科全书出版社 1997 年版，第 31 ~ 32 页。

③ ［美］理查德·A. 波斯纳：《法律的经济分析》，蒋兆康译，中国大百科全书出版社 1997 年版，第 297 页。

④ 参见戴桂洪：《波斯纳及其经济分析法学述评》，载《现代管理科学》2005 年第 4 期；谷春德主编：《西方法律思想史》，中国人民大学出版社 2000 年版，第 290 ~ 292 页。

求。因此，法律制度设置决定了资源是否能得到高水平的配置，在司法过程中能否以较小的投入完成公正司法的目的。

司法效率就是通过对司法资源的优化配置，对司法过程中权利义务的合理安排，以最少的人力、物力和财力的投入，在最短的时间内，完成司法目的，最大限度地满足人们对司法公正的需求。司法效率低下会损害司法的正义。司法的拖延会对查明案件真相造成更多障碍，犯罪行为无法即时得到惩处，使被害人的伤害难以得到平复，被告人的命运则长期处于不稳定状态，影响法律关系、社会秩序的恢复，影响公正的实现。

司法效率内涵有时间方面的要求，这是司法效率最直观、最基本的体现。要求制度的设置能使争端或案件迅速有效得以解决或处理，尽可能快地恢复法律秩序。

司法效率涉及司法成本的节约，要求尽可能减少司法成本的耗费，这是司法效率最核心的表现方式。关于司法成本，波斯纳将之分为诉讼制度的运行成本和错误的司法判决的成本，诉讼制度的目的就是要使两类成本之和最小化。① 美国学者贝勒斯（Michael D. Bayles）对程序的经济成本和道德成本作了较为详尽的论述。他认为，"同任何其他工具一样，法律程序也被看作一种实现某一目的过程中产生的一种费用，因而程序法的目的是实现费用最小化。"② 他把经济成本分为直接成本和错误成本，应当使法律程序实现错误成本和直接成本的最小化，他强调指出，"我们的目的不在于只使其中一种成本最小化，而在于实现二者的总额最小化。倘若有人只想使直接成本最小化，则错误成本可能升得很高。同样，在成本变化的某一点上，追求判决准确所增加的直接成本超过了其所减少的错误成本。"③ 贝勒斯同时对道德成本也进行了分析，他认为，"错误成本除了包括经济损害成本或纯粹损害成本外，还有道德成本。因而，法律程序的目的可表述为实现经济和道德错误成本及直接成本最小化。"④ 在配置制度与司法资源时，应当兼顾这三种司法成本，从社会整体的资源配置角度来看待司法效率的问题，而不能仅仅只顾及司法的直接成本。

① ［美］理查德·A. 波斯纳：《法律的经济分析》，蒋兆康译，中国大百科全书出版社1997年版，第717页。
② ［美］迈克尔·D. 贝勒斯：《法律的原则——一个规范的分析》，张文显、宋金娜、朱卫国等译，中国大百科全书出版社1996年版，第23页。
③ ［美］迈克尔·D. 贝勒斯：《法律的原则——一个规范的分析》，张文显、宋金娜、朱卫国等译，中国大百科全书出版社1996年版，第23页。
④ ［美］迈克尔·D. 贝勒斯：《法律的原则——一个规范的分析》，张文显、宋金娜、朱卫国等译，中国大百科全书出版社1996年版，第28页。

（二）司法效率与司法公正的关系

1. 司法效率与公正具有同一性

从上文的考察我们知道，公正的内涵具有历史性和物质基础，当代社会经济发展的主题在于最大限度地优化利用和配置资源①，以最少资源耗费取得最大收益成为社会生活的基本价值取向之一。因此，当代社会中公正内涵的确定在某些方面要借助于效率评价，对资源的有效利用成为公正内涵所不可或缺的一部分。刑事司法活动以公正为其基本价值取向，同时具有了追求效率价值的内涵，也即波斯纳所讲的"正义的第二种意义"，在这一意义上公正与效率是相互包容的，既公正又有效率的法律制度是改革所追求的理想。其次，效率有利于公正的实现。如果司法程序效率低下，当事人的权利和法律的目的难以在合理时间内得到实现，或者以较高的成本得以实现时，人们对公正的追求也就大打折扣了，司法效率以经济的方式实现公正，促进公正的实现。而且，"如果从现实出发看待二者的关系，并非在所有的案件中解决公正都是第一位的。在司法实践中，或由于案件本身的因素，或由于当事人的主观需求，有些案件效率问题比公正问题更为突出更为迫切。"②

2. 坚持公正优先，兼顾效率的原则

正如波斯纳所言："但是，正义并不仅仅具有效率的涵义。……在评价本书的规范性主张时，读者必须牢记：经济学后面还有正义。法律的经济分析的解释力和改进力都可能具有广泛的限制。"③ 公正和效率问题不属于同一位阶的价值范畴，效率作为一种价值引入司法领域并成为一种实践，其功能应在于更加有效地实现公正，不能为了追求效率而对实现公正造成损害，这一点在刑事司法领域尤其突出。刑事司法领域涉及与人身密切相关的自由与权利，这些权利从本质上来讲是一种利益，但这些基本的自由与权利更多地带有伦理道德色彩，不能简单还原于可以进行量化的利益，更不能通过市场的规则进行交易。正如罗尔斯所说："正义是社会制度的首要价值，正像真理是思想体系的首要价值一样。……某些法律和制度，不管它们如何有效率和有条理，只要它们不正义，就必须加以改造和废除。"④ 公正系更高层次的价值，不能简单以

① 顾培东：《法学与经济学探索》，中国人民公安大学出版社1994年版，第13页。
② 顾永忠：《刑事案件繁简分流的新视角——论附条件不起诉和被告人认罪案件程序的立法建构》，载《中外法学》2007年第6期。
③ ［美］理查德·A.波斯纳：《法律的经济分析》，蒋兆康译，中国大百科全书出版社1997年版，第32页。
④ ［美］约翰·罗尔斯：《正义论》，何怀宏、何包钢、廖申白译，中国社会科学出版社1988年版，第1页。

效率计算和替代。刑事司法改革必须在制度设计时考虑如何优化资源的配置，通过提高司法效率更好地实现社会公正。改革是权利重新分配和利益调整的过程，如何更好地实现社会公正是首先应当予以考虑的问题。

这四项价值均是刑事司法中所不可忽视并应积极予以追求的，没有一项价值具有完全高于其他价值的绝对地位，而应当互相协调。当然，在不同的时期，不同国家其在社会生活中所处的位阶不尽相同。博登海默认为，"一个旨在实现正义的法律制度，会试图在自由、平等和安全方面创设一种切实可行的综合体和谐和体。……在努力寻求具体解决方法时，人们不得不考虑大量的变量和偶然情形。更有进者，有关合理调整上述三个价值间关系的方法，在各个国家是不相同的，在一国历史发展的各个阶段是不相同的，而且在不同的政治、社会和经济条件下也是不尽相同的"①。在刑事司法改革过程中，对制度、程序和规则的设计，应当在认真考量我国政治、社会和经济条件的基础上，兼顾多维度、多方面的价值，并力求使之达成平衡状态。

本章小结

刑事司法改革作为制度变迁的一种方式和过程，其深层根源和基础在于经济基础的变革，经济基础的发展为变革提供了深层的动力，也决定了变革的方向与内容。但经济基础对刑事司法改革的影响并非直观易现的，而是要以国家为中介，以一定的文化和意识形态作为支撑。因此，刑事司法制度及其变革在不同国家和地区必然呈现更为丰富的形式和状态，受到其历史背景、政治力量对比、文化传统等诸多方面的影响和制约。改革是制度重组与创新的过程，改革的决策者、实施者只有正视和研究这些影响和制约的因素，才能真正寻找到合适的变革方向，以适应社会发展的要求，使制度向良性循环的轨道上发展。

刑事司法改革是一个既具有客观性，同时体现主体性的过程，价值作为联结主体与客体之间关系的范畴，无疑在这一过程中具有重要作用，它体现了人们对变革客观基础的深刻洞察，同时以直观显性的方式反映了人们所致力追求的理想，引导着刑事司法改革发展、完善的目标与方向，并成为衡量和评价改革是否成功的标准。现阶段，刑事司法所表征、中介的价值主要有社会秩序、

---

① ［美］博登海默：《法理学：法律哲学与法律方法》，邓正来译，中国政法大学出版社 2004 年版，第 323 页。

个人自由、公正以及效率。处理和平衡这些价值是刑事司法改革的核心。秩序是社会的基础，也是自由的保障，无论何时，维护一定的社会秩序是刑事司法的首要目标。但秩序并非唯一的价值，现代社会中，自由是重要的价值目标，它体现了人的尊严与价值，是社会发展的活力与动力源泉。自由与秩序既有统一性，在一定时期、一定条件下具有矛盾性，存在"此消彼长"的关系，刑事司法改革要在仔细考量经济基础、政治、文化、社会发展、公众情感等各种因素之上，努力寻求使二者达成统一的途径。公正是刑事司法长久以来追求的目标，虽然人们对公正的看法在不同历史时期和条件下不尽相同，但在一定时期、一定条件下具有稳定性和基本规定性，现代社会的司法公正要求是有效率的公正，效率是公正的重要内容，但在某些情况下会存在效率与公正的冲突，涉及价值取舍。刑事司法改革要通过制度的重组与创新，实现有效率的公正，实现二者冲突时的价值取舍。

第二章 我国刑事司法改革的历史进程

制度的变迁受经济、政治、文化的综合作用，常常会遵循一定的路径和轨迹。制度沿着既定的路径发展，或者进入良性发展的状态，得以优化，能够适应形势的需要。制度也可能顺着错误或无效的路径发展，甚至"锁定"于某种无效率的状态下，无法对形势的需要予以有效的回应。这时往往外生的变量或者政权的变化，会扭转原有的发展路径。[①] 本章将就我国近代以来刑事司法改革的历史进程予以考察，以探究我国刑事司法制度发展变迁的路径、实现路径扭转或突破的因素。

第一节 刑事司法近代化转型的开端

中国近代化，是指近代中国社会资本主义化的历史进程。[②] 20世纪前的中国一直沿袭中华民族传统的司法制度，民刑不分、诸法合体、礼法混杂、讼实合一。19世纪末20世纪初的清王朝在外忧内患的情势下，以维护其统治为直接目的，进行了为时十年的修律变法运动。这一运动直接导致中国传统封建法律体系和司法制度开始解体，近现代法律体系和司法制度开始建立。这一时期的刑事司法改革在法律形式、制度、原则与理念上均对中国后来的刑事立法司法实践产生了重大而深远的影响。

一、清末刑事司法改革的基本内容

1902年清政府颁布修律上谕，委派沈家本、伍廷芳为修订法律大臣，开

---

① 参见王芬、郑曙村：《我国民主政治发展的路径依赖及路向选择——基于路径依赖理论的分析视角》，载《桂海论丛》2010年第5期。

② 尤志安：《清末刑事司法改革研究——以中国刑事诉讼制度近代化为视角》，中国人民公安大学出版社2004年版，第1页。

启了十年之久的清末刑事司法改革。清末刑事司法改革在立法、司法制度、司法原则、诉讼制度方面参照西方大陆法系国家的模式，尤其是德国、日本的模式，对我国传统的刑事司法制度进行了改造。

（一）具有近代化特征刑事法律的起草与颁布

在司法组织方面，清末司法改革期间主要颁布了《大理院审判编制法》、《各级审判厅试办暂行章程》和《法院编制法》等法律法规，通过贯彻实行这些法律，使中国近代化的司法体系逐步建立起来。

1906 年 12 月清政府拟定了我国第一部正式的法院组织法——《大理院审判编制法》，开始建立近代意义上专司审判的审判机关，该法将全国审判机构划分为四级，初步确立了四级三审制，但其适用范围仅限于京师地区。1907 年 12 月又颁布了《各级审判厅试办暂行章程》，这是指导地方各省建立审判机构、检察机构以及诉讼程序的规定，该章程颁行后，新式的审判机构开始建立。1907 年在《大理院审判编制法》基础上编纂完成了《法院编制法》，于 1910 年 2 月予以颁布。这是中国历史上最早一部全国各级法院的统一组织法，体例上类似于日本的《裁判所构成法》，分为审判衙门通则、初级审判厅、地方审判厅、高等审判厅、大理院、司法年度及事务分配等 16 章，规定了四级审判机关，三级终审制，独任制、合议制的审判方式，司法官考试任用，检察制度等内容，该法的颁布和施行是中国司法组织近代化的起点和重要标志。[①]

在刑事实体法方面，1902 年开始修订《大清律例》，1910 年 5 月清政府颁布了《大清现行刑律》，其后又于 1911 年 12 月颁布了中国历史上第一部近代意义的专门刑法典《大清新刑律》。《大清现行刑律》是一部过渡性法典，在律典结构上取消了旧律例按吏、户、礼、兵、刑、工六部职权而设立的六律总目，对纯属民事的条款不再科刑，废除了如凌迟、枭首、戮尸、刺字等残酷的刑罚，确立了以罚金、徒刑、流刑、遣刑、死刑等为主要内容的新的刑罚体系。适应形势的需要增设了如妨害国交、破坏交通等犯罪。《大清新刑律》摒弃了中国传统的"诸法合体"的法律编纂形式，按照近代大陆法系国家刑法的体系，采用总则、分则的结构形式，使用了西方的法律术语和概念，将刑罚改为主刑和从刑两类，废除了封建五刑制度，是中国历史上第一部专门规定犯罪与刑罚的刑事法典。[②]

在刑事程序法方面主要有 1906 年的《大清刑事民事诉讼法草案》、1907

---

① 参见张维新：《清末司法改革管窥——以三个诉讼法律文件为视角》，载《司法》2009 年第 4 辑。
② 参见廖颖：《清末刑法改革及其现实意义》，载《江苏警官学院学报》2009 年第 3 期；贾孔会：《清末刑法制度改革刍议》，载《学术论坛》2003 年第 2 期。

年开始制定并于1909颁行的《各级审判厅试办章程》以及1910年拟定而未及颁行的《大清刑事诉讼律草案》。

　　1906年《大清刑事民事诉讼法》编纂完成,这是中国历史上第一部程序法。《大清刑事民事诉讼法草案》分总纲、刑事规则、民事规则、刑事民事通用规则、中外交涉案件五章,明确规定废止刑讯逼供和各种酷刑,大量采用了当时通行的西方资本主义国家的诉讼法原则和制度,如审判公开原则、强制措施和证人作证等制度,设立了陪审制度和律师制度。这部法律草案因遭到地方官员的强烈反对而未能实施,但其开启了我国实体法与诉讼法相分离的先声。1907年颁布的《各级审判厅试办章程》实际上是中国历史上第一部诉讼法规,设总纲、审判通则、诉讼、各级检察厅通则以及附则五章。在审级制度上,实行三审终审制,规定了公诉制度,确立了控审分离的原则,对诉讼进行了起诉、预审、公判、上诉、执行等各阶段的划分,规定了证人作证制度和鉴定制度,规定了较为灵活的公判程序。这部法规符合了当时的实际需要,一直实行到民国十年(即1921年),大大推进了中国刑事诉讼制度的近代化进程。1911年编纂完成的《大清刑事诉讼律草案》设总则、第一审程序、上诉、再理、特别诉讼程序、裁判之执行六编,在审判方式上采取了告劾式程式,采纳了罪刑法定、审判公开、自由心证等当时西方资本主义国家所通行的刑事诉讼原则,对刑事诉讼进行了全面规定。这是我国历史上第一部专门的刑事诉讼法草案,对后世形成了重大而深刻的影响。[①]

(二)　近代刑事司法体制的初步建立

　　我国古代实行行政与司法合一的制度,行政主理司法。在清末官制改革之前,实行由刑部、都察院、大理寺(称"三法司")为主负责案件的审理,中央许多机关,如议政衙门、内阁、军机处等均可兼理司法,对重大案件实行会审制度,实行的是行政与司法、检察与审判合一的制度。1901年清廷颁布新政上谕,1906年开始官制改革,传统行政司法合一的司法体制开始改变,以控审分离为特征的近代司法体制开始建立,这一时期所确立的司法体制框架为后世所继承和借鉴。

1. 近代警察机构的建立

　　1901—1905年清政府实行的"新政"中有一项关于编练新军与举办警政的改革,其设立巡警的目的在于"安民去蠹,巩固内政"。八国联军占领北

---

① 参见尤志安:《清末刑事司法改革研究——以中国刑事诉讼制度近代化为视角》,中国人民公安大学出版社2004年版,第93~99页;李春雷:《中国近代刑事诉讼制度变革研究》,北京大学出版社2004年版,第63页。

京、天津期间，为维护其殖民统治，在北京由"安民所"设巡捕，在天津由"都统衙门"设巡警。1902 年袁世凯依照西法创设了保定警务局，招募巡警，并设立警务学堂培养巡警骨干以推行警政，后来又创设了天津巡警总局、北洋警务学堂，1905 年设立了天津四乡巡警。北洋警察的建立与完备，成为中国警政的开端。当年，清政府设立巡警部，并谕令各省设立巡警，以北洋为模式办理警政。此后，各省相继举办警政。① 1907 年颁布了《法部等奏请司法警察职务章程》，就司法警察的职责、行使职权的程序等作了较为详细的规定，我国开始建立近代的警察制度。

2. 刑事审判机构的变革

中国传统刑事审判制度中，行政机关兼理刑事案件的审判，且审级繁多，审判权不统一。清末西方三权分立、司法独立的思想得到较为广泛的传播，1906 年开始进行官制改革，9 月 2 日慈禧颁发懿旨："刑部著改为法部，专任司法，大理寺著改为大理院，专掌审判。"② 在中央确立了以法部为司法行政机关，大理院为审判机关的格局。在地方一级改各省按察使司为提法使司，专管地方的司法行政，增设各级审判厅，专司审判。作为官制改革的重要内容，开始建立近代宪政民主意义上的刑事司法机构及制度。

1906 年出台的《大理院审判编制法》，规定了京师各审判机构的职责、人员设置、审判组织和办案程序，确立了四级三审制的审判制度，京师地区开始建立独立的审判体系。在筹备设立大理院时，爆发了"部院之争"，即法部和大理院的管辖权之争。"部院之争实际上是新旧司法体制的直接交锋。……改革的结果，似乎是两者的职责进行了交换，大理院成为最高审判机关，法部则成为监督机关。"③ 1907 年制定了《京师高等以下各级审判厅试办章程》，其后又制定了《补订高等以下各级审判厅试办章程》、《各省城商埠各级审判检察厅编制大纲》指导设置各省的审判厅。1910 年《法院编制法》及其附件《法官任用考试暂行章程》、《司法区域分划暂行章程》、《初级及地方审判厅管辖案件暂行章程》的施行，为中国近代化司法体制的设立提供了较为完善的法律依据。1907 年在天津设立了我国历史上第一个高等审判厅和地方审判厅，后又在城乡设立四处乡谳局。地方上 22 个省份相继设立了 22 所高等审判厅，

---

① 参见尤志安：《清末刑事司法改革研究——以中国刑事诉讼制度近代化为视角》，中国人民公安大学出版社 2004 年版，第 51 ~ 54 页。

② 《大清新法令》（第 1 卷），商务印书馆 2010 年版，第 39 页。

③ 尤志安：《清末刑事司法改革研究——以中国刑事诉讼制度近代化为视角》，中国人民公安大学出版社 2004 年版，第 72 页、第 73 页。

2 所高等审判分厅，56 所地方审判厅，88 所初级审判厅。① 近代意义上法院制度开始建立。

3. 检察制度的创立

自夏朝以来我国一直实行纠问式诉讼模式，由兼理司法的行政官员全权负责案件的侦破和审理，无专司控诉职能的官员。1906 年颁布的《大理院审判编制法》第一次创设了中国近代检察制度，并确立了检察官指挥警察的格局。其第 12 条规定："凡大理院以下审判厅局均须设有检察官，其检察局附属该衙门之内。检察官于刑事有起公诉之责，检察官可请求用正当之法律，检察官监视判决后正当施行。"第 45 条规定："各城谳局内附设检察局，城谳局内之检察官管辖地段内警察须听其指挥。"② 1907 年制定的《各级审判厅试办章程》详细规定了包括检察机关的职权、隶属关系、起诉制度以及检察监督制度在内的检察制度。1910 年《法院编制法》规定了检察厅和检察官的设置，并明确检察官的职权。该法第 90 条规定了检察官的职权，一是刑事：遵照刑事诉讼律及其他法令所定实行搜查处分、提起公诉、实行公诉并监察判断之执行；二是民事及其他事件：遵照民事诉讼律及其他法令所定，为诉讼当事人或公益代表人实行特定事宜。③ 规定在各级审判机关内设检察厅，确立了上级检察厅对下级检察厅的监督职责，同时规定总检察厅也受法部的监督，地方各级检察厅受各省提法使司的监督。

4. 律师制度的引入

中国传统司法中没有近代意义上的辩护制度，在商品经济较为发达的春秋战国时期和唐、宋、明、清等朝出现过"讼师"，但在厌讼、贱讼的社会环境下，"讼师"一直是法律所打击的对象。1906 年《大清刑事民事诉讼法草案》在"刑事民事通用规则"设"律师"一节，第一次引入了西方的辩护制度，以期保护被告人的利益，对沿袭已久的纠问式诉讼模式是一个巨大的冲击。这一制度遭到以张之洞为代表的清政府官员的反对，他们认为律师制度不适合当时中国的情况，由于中国没有合格的律师，"讼师奸谋适得尝试"，且如果双方一贫一富，富者请律师而贫者请不起律师，则贫者虽直必负，有违公正。④ 在《各级审判厅试办章程》中未再提及律师制度，规定了与律师制度略有相似的"代诉"制度，但学者评论，这一制度更类似于对古代"命夫命妇不恭

---

① 故宫博物院明清档案部编：《清末筹备立宪档案史料》（下册），中华书局 1979 年版，第 769 页，转引自李春雷：《中国近代刑事诉讼制度变革研究》，北京大学出版社 2004 年版，第 151 页。
② 怀效锋主编：《清末法制变革史料》（上卷），中国政法大学出版社 2010 年版，第 455 页、第 457 页。
③ 怀效锋主编：《清末法制变革史料》（上卷），中国政法大学出版社 2010 年版，第 498 页。
④ 张维新：《清末司法改革管窥——以三个诉讼法律文件为视角》，载《司法》2009 年第 4 辑。

坐狱讼"的继承与扩大。①《法院编制法》未对律师制度作专门规定,但规定
"律师在法庭代理诉讼,或辩护案件,其言语举动如有不当,审判长得禁止其
代理"②,对律师在刑事诉讼中地位予以了认可。《大清刑事诉讼律草案》中对
律师的权限、代理人数、介入的时间等作了较为详尽的规定。清政府灭亡后,
民国北京政府于1912年颁布了《律师暂行章程》,这是中国历史上第一部律
师法,标志着律师制度正式确立。

(三) 近代刑事司法原则的引入

1. 罪刑法定、法律面前人人平等、同罪同罚原则

《大清新刑律》第10条规定"法律无正条者,不问何种行为,不为罪"③,
全面废止了"比附援引"制度,在《大清刑事诉讼律草案》第76条也规定
"凡裁判均须遵照定律。若律无正条,不论何项行为,不得判为有罪"④,在我
国确立了罪刑法定原则,否定了罪刑擅断的传统。《大清新刑律》同时废除了
体现官民同罪异罚的"八议"、"官当"等特权法制度,改变了我国古代长期
存在的以身份定罪量刑、同罪异罚的封建刑法原则,吸收采用了西方文明中法
律面前人人平等原则、同罪同罚的原则。

2. 轻刑主义

《大清新刑律》改变了我国旧有的封建刑罚体系,废除了"笞、杖、徒、
流、死"的封建五刑制度和残害人体使其终身受辱的刺字刑,从而在法律上
终止了不人道的酷刑制度。《大清新刑律》又全面采用了近代刑罚制度,将刑
罚分为主刑和从刑。这部法律中规定的主刑包括死刑、无期徒刑、有期徒刑、
拘役和罚金,从刑包括褫夺公权和没收,规定了缓刑、假释、时效制度,这些
都体现了近代资本主义刑法的轻刑主义原则。

3. 司法独立原则

1906年《大理院审判编制法》第一次从制度上对审判独立予以确立。其
第6条规定:"自大理院以下,及本院直辖各审判厅、局,关于司法裁判权,
全不受行政衙门干涉,以重国家司法独立大权而保人民身体财产。"⑤ 1907年
颁布的《钦定宪法大纲》第2条规定"(皇帝)委任审判衙门,遵钦定法律
行,不以命令更改废止";第3条规定"惟已定法律,非交议院协赞奏经钦定

---

① 尤志安:《清末刑事司法改革研究——以中国刑事诉讼制度近代化为视角》,中国人民公安大学出版社2004年版,第98页。
② 怀效锋主编:《清末法制变革史料》(上卷),中国政法大学出版社2010年版,第496页。
③ 曾代伟:《中国法制史》,法律出版社2001年版,第265页。
④ 怀效锋主编:《清末法制变革史料》(上卷),中国政法大学出版社2010年版,第441页。
⑤ 怀效锋主编:《清末法制变革史料》(上卷),中国政法大学出版社2010年版,第455页。

时，不以命令更改之"①，以宪法预案的形式确立了皇帝授权下的审判权独立。1907 年 12 月颁布的《各级审判厅试办暂行章程》对独立审判制度予以具体化。1910 年开始实行《法院编制法》，并同时颁行了《法官任用考试暂行章程》，《法院编制法》强调行政主官、检察官"不问情形，不得干涉推事之审判，或掌理审判事务"。② 此后清政府同意了沈家本上奏的《变通秋审得核旧制诏》，废止了会官审录制度，最终在制度上确立了法官独立审判制度和法官选任资格制度，沿袭几千年的封建司法官和行政官合一的制度被正式废除。③

4. 无罪推定原则

我国古代纠问式诉讼模式下，实行有罪推定，刑讯制度合法化。1906 年《大清刑事民事法草案》从证据的角度表述了无罪推定的一些思想内核。其第 74 条规定："承审官确查所得证据已足证明被告所之罪然后将被告按律定拟。"第 75 条规定："被告如无自认供词而众证明白确凿无疑，即将被告按律拟。"第 86 条规定："凡证据难凭或律师事务所无正条或原告所控各节间有疑窦者，应即将被告取保释放，仅其日后自行检束。"这些规定淡化了被告人口供的作用，免除了由被告人对自己是否有罪进行举证的责任，吸收了无罪推定原则，后来制定的《大清刑事诉讼律草案》设立了"告劾程式"的诉讼模式，规定了被告人享有作为无罪推定重要内容之一的辩护权。④ 这两部法律草案均未颁行，其所吸收和确立的无罪推定原则也不尽完善，但较之以往的刑事诉讼模式已是巨大的进步，而且到民国时期，这一原则得到了进一步继承和发展。

5. 公开审判原则

审判公开是维护被告人程序权利和实体利益，保证司法公正的重要原则。《大清刑事民事诉讼法草案》第一次明确规定了公开审判制度，其第 13 条规定："凡开堂审讯，应准案外之人观审，不得秘密举行。但有关风化及有特例者，不在此限。"该法律未获颁行。1907 年颁布的《各级审判厅试办章程》规定有"公判"一节，对公判时的各环节乃至判决宣判也作了较为详细的规定。其第 26 条明确规定实行审判公开："凡诉讼案件，经检察官或豫审官，送由本厅长官分配后，审判官得公判之。"⑤ 1910 年的《法院编制法》也就诉讼辩论公开和判决公开均作出规定，1911 年的《大清刑事诉讼律草案》规定了

---

① 张维新：《清末司法改革管窥——以三个诉讼法律文件为视角》，载《司法》2009 年第 4 辑。

② 《法院编制法》第 95 条。见怀效锋主编：《清末法制变革史料》（上卷），中国政法大学出版社 2010 年版，第 498 页。

③ 李春雷：《中国近代刑事诉讼制度变革研究》，北京大学出版社 2004 年版，第 151 页。

④ 参见李春雷：《中国近代刑事诉讼制度变革研究》，北京大学出版社 2004 年版，第 70~71 页。

⑤ 怀效锋主编：《清末法制变革史料》（上卷），中国政法大学出版社 2010 年版，第 459 页。

"公判"一章。

（四）近代刑事诉讼制度的初建

1. 侦查制度

我国古代没有独立的侦查机构和侦查制度，侦查权配置分散，独立性差，侦查中适用刑讯较为普遍。1905 年清政府在全国推广建立近代警察制度。1906 年的《大理院审判编制法》第 7 条规定："大理院及直辖各审判厅局，关于证据事件须调查者，可随时径由本院会商民政部所辖巡警，厅使，巡警单独或协同本院以下直辖检察官调查一切案件。平时亦可由本院会同该厅委派警察官为司法警察官，以备侦探之用"[①]，并赋予检察官对警察的指挥权。1907 年地方官制改革在地方设三级审判组织，并在各级审判厅内附设检察厅局，由其行使侦查权。1907 年的《各级审判厅试办章程》对检察官的侦查指挥权作了较为具体的规定，列举了"指挥司法警察官逮捕犯罪"、"调查事实，搜集证据"等侦查职权，并就侦查程序文书、侦查主体、侦查权限、侦查行为等予以规定。1907 年颁布的《司法警察职务章程》进一步确立了检警一体化的格局。1910 年的《大清刑事诉讼律草案》规定了侦查、预审合一的侦查程序，规定了严格而细致的证据调查程序规范。[②] 这些规定影响到民国时期的侦查制度，在此基础上进一步发展，摆脱了纠问式诉讼模式的近代侦查制度初步建立。

2. 控审分离制度

清末官制改革建立了相对独立的审判机构，《大理院审判编制法》、《各级审判厅试办章程》对审判机构和检察机构的设置和职权作出较为详细的规定，对刑事诉讼的程序进行了阶段划分，打破中国传统司法控审不分的格局，建立了近代意义上的检察制度，由检察官负责公诉案件的侦查起诉事宜，法官负责案件的审理。《各级审判厅试办章程》第 46 条规定，"凡刑事案件，因被害者之告诉、他人之告发、司法警察之移送或自行发觉者，皆由检察官提起公诉。但必须亲告之事件，如胁迫、诽谤、通奸等罪不在此限"，[③] 并规定检察官不得干预审判事务，初步建立起了控审分离的制度。1911 年制定的《大清刑事诉讼律草案》以告劾式程序为基本诉讼模式，将刑事诉讼中的控诉、审判和

---

① 怀效锋主编：《清末法制变革史料》（上卷），中国政法大学出版社 2010 年版，第 455 页。
② 参见倪铁：《中国传统侦查制度的现代转型》，华东政法大学 2008 年博士学位论文，第 80 页、第 85 页、第 95 页、第 101～102 页；李春雷：《中国近代刑事诉讼制度变革研究》，北京大学出版社 2004 年版，第 112 页。
③ 怀效锋主编：《清末法制变革史料》（上卷），中国政法大学出版社 2010 年版，第 460 页。

辩护职能予以分离，形成了全新的审判结构。虽然该法未经颁布实施，但其确立的刑事诉讼基本框架被民国时期沿用，控审分离原则从此确立，如北洋政府1921 年颁布的《刑事诉讼条例》中第 282 条明确规定，"法院不得就检察官未经起诉之行为审判"。①

3. 控辩式庭审方式

我国古代长期实行纠问式诉讼，侦查、控诉、审理集于负责审判的官员一身，普遍实行刑讯制度，被告人基本处于无权地位。清末修律引进了司法独立原则、控审分离、律师制度，建立了检察制度，在庭审方式上也逐步有所转变，从单纯的纠问式庭审方式向告劾式程式转变。1906 年《大清刑事民事诉讼法草案》规定了律师制度，庭审方式是"在法官主持下，刑事案件的审理由原被告双方当庭对质、互为诘问"，该草案未付实施，其庭审方式也未获实行。1907 年《各级审判厅试办章程》对审判方式作了灵活的规定，即"凡审判方法，由审判官相机为之，不加限制"，② 因而在实践中仍较多以传统的纠问式诉讼方式进行审理。1911 年的《大清刑事诉讼律草案》明确规定了"告劾式"诉讼，法官居中裁判，初步确立近代控辩式的庭审方式。③

4. 近代证据制度

我国传统纠问式诉讼形式下，重视口供的作用，"无供不成案"，由于对口供作用的高度重视而使刑讯制度合法化。清末修律在证据制度上逐步实现了从传统口供裁判主义向证据裁判主义的转变，确立了近代意义上以法官自由心证原则为核心的证据制度。

《大清刑事民事诉讼法》和《各级审判厅试办章程》对证据制度作了较为简略的规定，仅规定"证人"和"鉴定人"，未提及其他证据方法。在《大清刑事诉讼律草案》中则规定了人证、鉴定、检证等证据，规定了关于证据的搜索与扣押，被告人口供的讯问与采信的规范，形成了较为完整的证据制度。

1906 年《大清刑事民事诉讼法草案》第 73 条规定，"承审官应细心研究下列证据及事实：（1）两造各证人之名誉若何，所供是否可信；（2）两造所呈之证据；（3）每造前后各供，有无自相抵牾之处；（4）权衡两造供词之轻重；（5）权衡两造情节之虚；（6）权衡证据是否足定被告之罪；（7）证据已足是否为法律所准"。④ 由此可见，对证据的判断是法官作出裁判的基础。

① 李春雷：《中国近代刑事诉讼制度变革研究》，北京大学出版社 2004 年版，第 98 页。
② 《各级审判厅试办章程》第 33 条。见怀效锋主编：《清末法制变革史料》（上卷），中国政法大学出版社 2010 年版，第 459 页。
③ 李春雷：《中国近代刑事诉讼制度变革研究》，北京大学出版社 2004 年版，第 192～193 页。
④ 怀效锋主编：《清末法制变革史料》（上卷），中国政法大学出版社 2010 年版，第 441 页。

1911 年《大清刑事诉讼律草案》第 326 条规定，"认定事实应依证据。证据证明力任推事自由判断"；① 第 66 条规定："讯问被告人禁用威嚇及诈罔之言"；② 第 346 条第 4 款规定："犯罪不能证明即被告人之行为不为罪者，谕知无罪。"③ 明确废止了沿用几千年的刑讯逼供旧制，否定了传统司法体制中的被告实际上负有对自己无罪的证明责任的做法，确立了近代以法官自由心证为核心的证据制度。④

二、清末刑事司法改革的特征

（一）以西律为鉴

清末刑事司法改革并非经济社会自身发展的自然要求，当时占统治地位的仍是封建小农经济和建立在其基础之上的宗法社会，因而传统固有的法律调整方式仍占主导地位，社会内部并未发展出可推动法律变革的力量。但由于外国列强的入侵、西方法律文化的冲击、救国图存的政治需要催生了变法修律运动，因而其发展道路必然是借鉴和移植。

从指导思想来看，洋务派所主张的"中体西用"思想在修律问题上占主导地位。1901 年清政府变法上谕称"盖不易者三纲五常，昭然如日星之照世。而可变者令甲令乙，不妨如琴瑟之改弦"，"懿训以为取外国之长，乃可补中国之短"⑤，同意变法修律。1902 年又发布谕旨："现在通商交涉，事益繁多，著派沈家本，伍廷芳将一切现行律例，按照交涉情形，参酌各国法律，悉心考订，妥为拟议，务期中外通行，有裨治理。"⑥ 此后于 1905 年、1906 年和 1909 年发布的有关上谕中反复强调修律要"参考列邦之制度，体察中国之情形"。⑦ 在具体的修律过程中贯彻了沈家本等人提出的"参考古今，博稽中外"⑧ 的具体修律方针，参照西方法律进行变法修律成为变法的重要途径。

在清末刑事司法改革过程中，主要参考、借鉴、移植了近代西方的刑事法律，在刑法方面，吸收了西方罪刑法定原则，改革了刑法的体例，采用了总则

---

① 怀效锋主编：《清末法制变革史料》（上卷），中国政法大学出版社 2010 年版，第 529 页。
② 怀效锋主编：《清末法制变革史料》（上卷），中国政法大学出版社 2010 年版，第 512 页。
③ 怀效锋主编：《清末法制变革史料》（上卷），中国政法大学出版社 2010 年版，第 531 页。
④ 参见蒋铁初：《中国近代证据制度研究》，中国政法大学 2003 年博士学位论文，第 38 页、第 50 页、第 54 页、第 141 页；李春雷：《中国近代刑事诉讼制度变革研究》，北京大学出版社 2004 年版，第 187 页。
⑤ 秋风：《清末〈变法上谕〉评注》，载 http：//www.china - review.com/sao.asp？id =25780。
⑥ 《大清新法令》（第 1 卷），商务印书馆 2010 年版，第 16 页。
⑦ 《大清新法令》（第 1 卷），商务印书馆 2010 年版，第 16 页。
⑧ 百度百科，沈家本，载 http：//baike.baidu.com/view/218852.htm。

和分则的立法体例，改革刑罚制度，废除酷刑，学习西方国家建立了以主刑和从刑为主要内容的近代刑罚体系。在诉讼制度方面，改革行政主司司法的传统，建立了检察制度，引入律师制度，实行控审分离，回避制度，改革刑讯制度，建立了近代以"心证"为主的证据制度，这一切都是我国传统司法中所没有的，是移植西方法律文本的结果。

　　清末刑事法律编纂的基本路径是取法日本，继受大陆法系。1905 年清政府下达"考察政治谕"，派五大臣对德、日、英、美、法等国进行了考察，考察结束后五大臣提交了《奏请以五年为期改行立宪政体折》，提出"各国政体，以德意志、日本为近似吾国"，从而确立了当时政治体制改革的总体思路，也明确了刑事司法改革取法日本，继受大陆法系的基本方向。

　　由于地理位置上的毗邻，语言、文化、历史上的近便，以及日本基于本国利益需要而提供了积极帮助，清末修律更多地取法于日本，一方面翻译了不少有关日本刑法、刑事诉讼法的法律和著作，另一方面在修律过程中聘请了较多日本专家参与并指导清末的刑事司法改革。日本学者冈田朝太郎和松冈义正参与了《法院编制法》及其他有关新法院系统法律的起草工作，仿照日本法院系统设计了中国的法院组织。《大清新刑律草案》系日本学者冈田朝太郎以《日本改正刑法》为蓝本编纂而成，其内容和篇章体例都采用了日本刑法的成果。《大清刑事诉讼律草案》主要参照了 1890 年《日本刑事诉讼法》制定。①日本明治维新之后所制定的法律多借鉴大陆法系德国法，因而德国法亦对中国清末修律有着间接的影响。从总体上讲，清末刑事司法改革效仿近代大陆法系国家，建立了法典化的近代刑事司法体系、较多纠问色彩的刑事诉讼模式。

（二）通融中西与内在矛盾性

　　清末刑事司法改革是西方刑事司法制度本土化的过程，在改革过程中，经过慎重考虑，选择了与中国在国家制度、法律传统上有一定相似性的德日为模仿对象，这一过程本身就是一个对中西传统、国情进行比较，融通中西的过程，国家主义的法律理念、法典化的法律编纂模式、具有较多纠问式色彩的诉讼模式，缺乏法律职业人士等因素均成为变革者在选择取法对象时考虑的对象。1902 年修律上谕确立了"总期中外通行"的修律方针，沈家本据此确定了以"参考古今，博辑中外"、"汇通中西"的修律指导思想。② 在修法过程

---

① 参见李春雷：《中国近代刑事诉讼制度变革研究》，北京大学出版社 2004 年版，第 33 页；周峰：《清末法律改革中的日本因素》，苏州大学 2007 年硕士学位论文，第 40 页；汪海燕：《刑事诉讼模式的演进》，中国人民公安大学出版社 2004 年版，第 396~397 页。

② 张晋藩：《中国法律的传统与近代转型》，法律出版社 2005 年版，第 384 页。

中，立法者也努力调整西方制度以适应中国的情势。

但清末刑事司法改革也是新旧两种势力相互斗争、相互妥协的过程，制定颁布的法律充满了内在矛盾性。首先表现在清政府在修律指导思想上的前后矛盾。1902 年修律上谕要求"按照交涉情形，参酌各国法律，悉心考订，妥为拟议，务期中外通行，有裨治理。俟修完呈览，俟旨颁行"①。1909 年所发上谕则称："中国素重纲常……良以三纲五常……实为数千年相传之国粹、立国之大本。……凡我旧律义关伦常诸条，不可率行变革……"② 一方面想要固守建立自然经济之上，维护君主集权的三纲五常，另一方面为与外国列强交涉，收回治外法权，又不得不借鉴西方国家的法律制度，因而在其指导思想上充满了矛盾。其次，反映在《大清新刑律》的内容上。在刑律的修订过程中，由于较多运用了西方国家通行的法理，主张贯彻个人本位的国家主义原则，遭到了坚持家族主义立法宗旨的"礼教派"的猛烈攻击，"礼法之争"以法理派的妥协和退让而告终，导致在新刑律正文中保留了大量的体现君主专制、封建家庭伦理的条文，对侵犯皇帝权威、违反宗法伦理行为设立了许多特别的规定。特别是在律文之后附有 5 条《暂行章程》，《暂行章程》规定，"对危害乘舆、内乱、外患、杀害尊亲属等罪被判处死刑的仍用斩刑；对发掘坟墓，尤其是发掘尊亲属坟墓及强盗等罪可加重处罚直至死刑；无夫妇女与人和奸仍为犯罪；对尊亲属不得正当防卫"③。反映了礼法结合的封建法律体系和重刑主义传统，与《大清新刑律》所确立的资本主义刑法原则相违背。④ 此外，也反映在刑事程序法的拟定上。1906 年拟定的《大清刑事民事诉讼律》草案系我国历史上第一部程序法，引入了律师制度、陪审员制度，确定了直接审理原则，在发往各地征求意见时，遭到了猛烈攻击和反对，最终搁浅。这些矛盾反映了变革势力与保守势力之间的矛盾与斗争，反映了我国法制近代化的艰难与曲折。

（三）被动性与急功近利性

清末刑事司法改革是在急于挽救清王朝的统治、取消领事裁判权的背景下进行的，因此其改革具有明显的被动性和急功近利性。表现之一，未经过西方国家所经历的在资本主义经济不断发展条件下数百年的理论变迁，自由、民主、平等观念的自然积淀以及制度运作所必要成长阶段，仅是在法律文本上进

---

① 《大清新法令》（第 1 卷），商务印书馆 2010 年版，第 16 页。

② 《大清法规大全·法律部》，卷首第 1 页。转引自周少元：《从〈大清新刑律〉看中西法律的冲突与融合》，载《江苏社会科学》1997 年第 2 期。

③ 周少元：《从〈大清新刑律〉看中西法律的冲突与融合》，载《江苏社会科学》1997 年第 2 期。

④ 贾孔会：《清末刑法制度改革刍议》，载《学术论坛》2003 年第 2 期。

行简单的移植。表现之二，未深入考查权衡中国的实际状况，法律文本严重与实践脱节。鸦片战争以后，虽然有以民主、自由、宪政、法治、宪政等西方先进思想传入中国，但在小农经济仍占统治地位、宗法纲常为社会主要行为准则的社会基础上，清末所起草或颁布的法律仅在涉及洋人诉讼、向西方列强展示其改革成果时有一定作用。在《大清刑事民事诉讼法》征求各地方官员意见时所招致的各种反对，导致最后的不了了之即可说明其社会基础的严重薄弱。表现之三，编纂时间仓促，法律文本简单粗糙。在短短十年期间完成涉及司法体制、实体法、诉讼法、刑民商等各部门的法律文本，很多规定和制度未经过深入的论证和推敲，有些制度，如当事人制度、审级制度等规定粗陋，有些条文和术语的使用上存在含混之处，有些重要的制度如证据制度中除证人以外的书证、物证等其他证据种类，举证责任、证据的提交和采信等制度未提及。[1]在编纂《大清刑事民事诉讼法》时，沈家本曾上奏文解释"考欧美规制款目繁多，于中国情形未能尽合，谨就另现时之程度，同商定简明诉讼法"。[2] 在这样背景下建立的法律制度，并非中国社会自然发展的结果，是将"西方人生活经验累积得出的一些规则形式活生生地强加于中国社会"[3]，因而其只能实现中国法制形式上的近代化转型。

三、清末刑事司法改革的原因分析

（一）社会经济发展是清末刑事司法改革的基础

近代化，首先是指生产方式上向资本主义的转化。清末资本主义经济因素发展的要求是刑事司法变革的基础与巨大内因。鸦片战争以后，中国被迫开放通商口岸，外国资本侵入中国，自然经济基础遭到了破坏。一方面是帝国主义把中国作为其原料来源地和商品、资本输出地，加快了资本渗透。另一方面在外国资本的刺激下，近代民族资本主义产生并有所发展。从19世纪60、70年代始，洋务派开始创办近代军事企业、民用企业，与此同时，中国社会还出现了一些商办企业，尤其是《马关条约》签订后，清政府放宽了对民间设厂的限制，国内厂矿企业和资本总量迅速增长。虽然自然经济仍广泛存在，但资本主义的发展，必然引起社会结构和人们思想观念的变化，而旧有的中华传统的

---

① 张维新：《清末司法改革管窥——以三个诉讼法律文件为视角》，载《司法》2009 年第 4 辑。
② 谭金土：《法林春秋》，载 http://www.tcpf.sou.cn，转引自张维新：《清末司法改革管窥——以三个诉讼法律文件为视角》，载《司法》2009 年第 4 辑。
③ 张建飞、张海峰：《法律自身的成长与修律变革的冲突——对清末修律指导思想的分析》，载《法学杂志》2007 年第 3 期。

诸法合体、实体程序合一、行政审判合一，法律不公开等特征与新的社会结构产生冲突，无法解决新的社会结构下的矛盾，社会内部已产生了进行政治制度，包括刑事司法制度改革的要求和基础。① 但资本主义经济因素在整个社会中所占比重不大，"资产阶级的贡赋……在 1910 年厘金在政府财政预算中所占的份额也只不过 9.43%。1908 年，全国共有商会组织 262 处，会员 7784 人，不及成年男子的万分之一"②。因而，中国近代资本主义因素的发展没有强大到足以推翻原有制度，建立新的政治制度、法律制度产生的程度，但由于在外国列强入侵、西方法律文化广泛传播的条件下，在清政府"救亡图存"的功利目的下，这一因素的作用得到了最大限度的发挥。③

（二）西方法律文化的冲击为清末刑事司法改革创造了必要的条件

随着外国资本主义国家的军事入侵，经济、政治、文化方面的侵入也不可避免，"领事裁判"与"公审会廨"制度的出现及报纸对一些以西方诉讼程序进行审理案件的报道，促进了中国人对近代西方诉讼法律文化的了解。救国图存的民族责任感引起了国内很多知识分子对西方文明的考察与研究。随着对外交往的增多，清政府外派留学生到西方国家学习，并专门派员出国考察国外律法情况，使中国人对西方国家的政治法律制度有了更深的了解。与此同时，法律书籍的翻译也使西方法律文化进一步传播，清末设立了译书局，十几年间"西学的影响极大扩展并深入到中国社会的各个层面。其中译书的数量极大，由日文、英文、法文等翻译的书至少有 1599 种……超过此前九十年译书总数的两倍"，"其内容则由以自然科学、应用科学为主转为社会科学所占比重较大"，当时翻译和出版了《论法的精神》等法学名著和《独立宣言》、《法国律例》、《日本刑事诉讼法》、《德意志裁判法》、《日本监狱法》、《日本裁判所构成法》等法律文献和汇编，数量较多且更加系统，使中国人了解到了近代西方的法律思想和法律制度，为修律变法创造了思想基础，并直接影响了清末有关刑事法律的制定。④ 此外，清政府聘请国外法学家讲学授课，参与新订新

---

① 参见尤志安：《清末刑事司法改革研究——以中国刑事诉讼制度近代化为视角》，中国人民公安大学出版社 2004 年版，第 2~3 页；李春雷：《中国近代刑事诉讼制度变革研究》，北京大学出版社 2004 年版，第 16~17 页；廖颖：《清末刑法改革及其现实意义》，载《江苏警官学院学报》2009 年第 3 期。

② 转引自赵虎：《清末修律之动因与意义分析》，载《山东农业大学学报（社会科学版）》2004 年第 1 期。

③ 李春雷：《中国近代刑事诉讼制度变革研究》，北京大学出版社 2004 年版，第 18 页。

④ 李春雷：《中国近代刑事诉讼制度变革研究》，北京大学出版社 2004 年版，第 18 页；汪海燕：《刑事诉讼模式的演进》，中国政法大学 2003 年博士学位论文，第 217 页。

律等活动，也使西方法律文化对清末的中国造成较大影响。

由于西方法律文化的传播和影响，清末一些知识分子如郭嵩焘、何启、胡礼垣、郑观应等都提出过学习西方，改革中国法律的思想。对外交往的实践和西方法律文化的传播也影响到清政府的一些官员，使之认识到学习西方，改革中国律例的重要性。如1901年张之洞、刘坤一、袁世凯所上《会奏变法三折》提出了参照西方修改中国律例的建议，对清末修律产生了重大影响。①

（三）巩固清王朝的统治地位是清末刑事司法改革的直接动力

鸦片战争之后，国内一些有识之士呼吁变法，但保守的清政府坚守"祖宗成法不可变"的观念，将力量放在镇压国内农民起义之上，而1898年的"百日维新"也因以慈禧为首的保守势力镇压而以失败告终。然而，义和团运动、八国联军入侵后又签订的《辛丑条约》、国内革命党人通过各种活动对清王朝形成巨大压力，在内忧外患的重压之下，清政府意识到不变法无以为继，为缓和社会矛盾，安抚人心，维持其岌岌可危的统治，1901年流亡西安的慈禧太后下诏变法。因此，清末的刑事司法改革纯属一种救亡之举，带有强烈的功利目的。

邻国日本的兴盛也促使清政府变法图强。日本原与中国一样同属中华法系，但在1868年明治维新学习和借鉴西方政治、法律制度，主要学习大陆法系国家改革其法律制度后，获得了极大的成功，国力日益强盛，并于1899年收回了治外法权，这对当时的中国是一个莫大的刺激和鼓舞。因而，效仿日本进行改革，也成为清政府在统治危亡之际的无奈选择。

取消领事裁判权的要求加速了清末刑事司法改革的进程。1840年鸦片战争后有19个国家借口中国法律残酷和审判不文明，在中国取得了领事裁判权，这是对中国主权的严重侵犯，同时也暴露中国传统法制无法适应近代发展需要的弊端。随着西方法律文化的传播，从知识分子到清政府的官员中逐步产生了要学习西方法律改革中国律例，以减少对外交往中的法律矛盾，从而取消领事裁判权的要求。而固守传统法律制度仍为帝国主义国家继续保有治外法权提供借口，因此，取消领事裁判权成为清政府被迫修律的重要因素之一。1902年清政府与英国签订了《中英追加通商航海条约》，经过谈判，在其中第十二款载明："中国深欲整顿本国律例，以期与各西国律例改同一律。英国允愿尽力协助以成此举。一俟查悉中国律例情形及其审断办法，及一切相关事宜皆臻妥

---

① 参见陈亚平：《〈中英续议通商行船条约〉与清末修律辨析》，载《清史研究》2004年第1期。

善，英国即允弃其治外法权。"① 随后的中美、中日和中葡续订商约重申了同样的内容。② 这一取消领事裁判权的条约规定，成为主张修律变法人士与保守势力进行斗争的政治借口，加速了清末修律的进程。

清末刑事司法改革以清政府的灭亡而告失败，其仿照西方国家制定的《大清刑事民事诉讼法》以及《大清刑事诉讼律草案》均未能颁行，且很多法律仅停留在形式上，保留了大量维护封建专制和宗法制度的因素。但清末刑事司法改革所留下来的法律内容、法律制度影响了民国时期的立法和实践，对新中国成立以后的刑事法制也有潜在的影响。《大清新刑律》的颁布，改变了"诸法合体"的法律传统，《大清刑事民事诉讼法草案》打破了实体法和诉讼法不分的法律传统，促进了中华法系的解体，开始建立以资产阶级"六法"为基本构成的法律体系；根据《大理院审判编制法》、《各级审判厅试办章程》和《法院编制法》，建立了近代意义上的审判机构和检察制度，司法行政开始分离，形成了近代中国司法机关的雏形；引进了罪刑法定、司法独立、无罪推定、控辩式审理等近代西方刑事司法理念与制度，改变了传统的诉讼原则和方式。清末刑事司法改革标志着中华法系的解体，是中国近代刑事司法制度变革的渊源和基础，是我国法制近代化的开端。

四、简评

清末的刑事司法改革无疑具有极大的进步性，它打破了中国延续数千的法制传统，使中国的法制道路在形式上发生了转轨，建立了新的法制模式，民国时期的法律发展基本上以此为基础继续发展。它引入了新的诉讼模式，制定了体现人道主义的法律制度，对野蛮落后的封建法制是一个巨大的冲击，改变了过去以完全以追求封建统治秩序为核心刑事司法运行系统，民主、人权的因素起码在形式上得到承认，自由的价值开始为一部分人所重视，有助于减少冤狱，增强诉讼的文明性。但这一改革运动是在国外列强入侵之下为"救国图存"而进行的不得已而为之的改革，缺乏社会基础和运行的政治文化条件，因而，形式上和文本上的改革并不能替代对社会生活真正起调整作用的行为规范，造成法律规定与实践的严重背离。由于法律规定的行为规范与实际作用的行为准则之间的距离或冲突，反而使法律制度作为统一行为规则的作用丧失，导致人们行为准则的混乱和不一致，使这些新制定的法律制度不仅不能发挥其

---

① 《光绪朝东华录》，中华书局 1958 年版，总第 4919 页，转引自陈亚平：《〈中英续议通商行船条约〉与清末修律辨析》，载《清史研究》2004 年第 1 期。

② 参见陈亚平：《〈中英续议通商行船条约〉与清末修律辨析》，载《清史研究》2004 年第 1 期。

对自由价值的保护作用，亦无力承担起法律作为统一行为规则所应有的维护社会秩序与安全价值的功能。

　　清末刑事司法改革的成果与失败反映了经济基础对法律制度变革的最终决定性作用，当一个社会的经济基础尚未发展到一定的阶段时，超前的法律制度无法得到真正的实施。同时也提示我们"路径依赖"在法律制度变革中所起的重要作用，突破原有的发展路径进行的改革，代价高昂并难以发展出有效适应形势需要的制度。诺思指出，"路径依赖仍然起着作用，这也就是说我们的社会演化到今天，我们的文化传统，我们的信仰体系，这一切都是根本性的制约因素，我们必须仍然考虑这些制约因素。这也就是说我们必须非常敏感地注意到这一点：你过去是怎么走过来的，你的过渡是怎样进行的。我们必须非常了解这一切。这样，才能很清楚未来面对的制约因素，选择我们有哪些机会。"[1] 了解现实的基础和要求，了解制度变迁的过程和路径，才有可能清楚地面对制约因素，才可能积极对旧的制度予以重组和创新，对外来的制度予以吸收和改造，发展出能有效适应形势需要的制度、规范。

第二节　新中国刑事法制的初建与发展

一、新中国刑事法制的初建与波折

　　从 1949 年新中国成立至 1979 年第一部刑法、刑事诉讼法颁布，我国经历了 30 年没有刑事法律的时期，这一时期的刑事司法体制与刑事诉讼制度主要由《中国人民政治协商会议共同纲领》和《中央人民政府组织法》及人民法院、人民检察院试行、暂行组织条例规定。[2] 在法律不完备的情况下，主要依靠政策作为处理刑事案件的依据，有人称之为"政策法"[3]，这一阶段大体经历了以下几个时期：

---

[1]　道格拉斯·C. 诺思：《制度变迁理论纲要》，载《改革》1995 年第 3 期。

[2]　戴玉忠：《新中国刑事诉讼制度 60 年的回顾与展望——深化刑事司法体制改革与刑事诉讼法再修改》，载卞建林等主编：《深化刑事司法改革的理论与实践》，中国人民公安大学出版社 2010 年版，第 719～725 页。

[3]　李晓明：《中英刑事司法改革比较研究——重在从技术层面进行客观分析》，载《中外法学》2007 年第 3 期。

（一）新中国刑事司法原则的确立

第一次革命战争时期建立了革命审判机关，对有关审判原则和诉讼制度作了一些初步的规定，经过第二次国内革命战争时期、抗日战争时期和解放战争时期的发展，民主政权领导下的刑事司法制度在规定上趋于系统、完整，人权保障内容增多。随着全国革命的胜利，新政权的建立，法制领域必然发生革命性变化。"每一场社会变革乃至革命，都有变革、废除、摧毁旧法和旧法学的决策和举措"①，1949年2月22日中共中央发出了《关于废除〈六法全书〉和确定解放区司法原则的指示》指出，国民党的法律是"保护地主与买办官僚资产阶级反动统治的工具，镇压与束缚广大人民群众的武器。""应当把它看作是在基本上不合乎广大人民利益的法律。"据此提出，"在无产阶级领导的以工农联盟为主体的人民民主专政的政权下，国民党的《六法全书》应该废除"，并提出废除国民党《六法全书》后新的民主政权的司法活动原则，即"人民的司法工作不能再以国民党的《六法全书》做依据，而应该以人民的新的法律做依据，在人民的新的法律还没有系统地发布以前，则应该以共产党的政策以及人民政府与人民解放军所发布的各种纲领、法律、命令、条例、决议做依据。在目前，人民的法律还不完备的情况下，司法机关的办事原则，应该是：有纲领、法律、命令、条例、决议规定者，从纲领、法律、命令、条例、决议之规定；无纲领、法律、命令、条例、决议规定者，从新民主主义政策"②。由此，也确立了新中国建立初期的刑事司法活动的准则——"有法律从法律，无法律从政策"。从总体上来说，刑事司法活动应当"以人民的新的法律为依据"，具体而言应当贯彻两个原则：一是指在司法活动中，凡是有中国人民解放军和各级人民政府颁布的纲领、法律、命令、条例、决议规定者，从纲领、法律、命令、条例、决议之规定；二是指尚没有纲领、法律、命令、条例、决议规定者，从新民主主义的政策。这一准则"在相当长时期内引导着中国法制建设与司法工作的走向，对新中国的法律与司法发展产生了深远的影响"③。

1949年3月31日，华北人民政府主席发布了《废除国民党的六法全书及

---

① 何勤华：《论新中国法和法学的起步——以"废除国民党六法全书"与"司法改革运动"为线索》，载《中国法学》2009年第4期。
② 《中央关于废除国民党〈六法全书〉和确定解放区司法原则的指示》，载 http：//www. xj71. 2011/0930/631815. shtml。
③ 公丕祥：《当代中国司法改革的时代进程》，载公丕祥主编：《回顾与展望：人民法院司法改革研究》，人民法院出版社2009年版，第22页。

其一切反动法律》的训令，提出"要彻底地全部废除国民党反动的法律"①，标志着国民党旧的法律体系被废止，开始逐步建设社会主义法制。1949 年 9 月通过的《中国人民政治协商会议共同纲领》第 17 条明确规定："废除国民党反动政府一切压迫人民的法律、法令和司法制度，制定保护人民的法律、法令，建立人民司法制度。"②

《六法全书》废除后，人民政府制定了一批新的法律和法令。1951 年的《人民法院暂行组织条例》、《最高人民检察署暂行组织条例》、《各级地方人民检察署组织通则》等法律法规，规定了人民法院和人民检察院的组织原则和组织形式，规定人民检察院是国家的法律监督机关。确立了审判公开、以民族语言文字进行诉讼等原则以及就地审判、巡回审判、陪审等诉讼制度。在中央设立了最高人民法院、最高人民检察署，政务院设立了政治法律委员会、法制委员会、公安部、司法部等机构，分别行使国家的审判、检察、侦查、司法行政等职权，为刑事司法制度的建立和刑事司法活动提供了初步的法律依据。③作为党在长期革命斗争实践中积累起来的经验载体的政策和纲领成为建国初期指导刑事司法的重要准则。

这一时期，为镇压反革命，给审判反革命罪犯提供定罪量刑的标准，于 1951 年 2 月颁布了《惩治反革命条例》，全文 21 条，规定了反革命罪的概念，明确了重点打击的对象，规定了从轻、减轻或免予处罚的条件，刑罚的种类，数罪并罚及类推的原则。这部条例贯彻了惩办与宽大相结合的刑事政策，确立了一些基本的刑事原则和刑事制度，为新中国刑事立法的发展奠定了基础。④此外，还于 1951 年 4 月颁布了《妨害国家货币治罪暂行条例》、1952 年 4 月颁布了《惩治贪污条例》，是新中国成立初期较为重要的刑事法律。

（二）1952—1953 年司法改革运动

从 1950 年开始，在土改、镇反、"三反"、"五反"等运动中暴露出司法机关存在的一些严重问题，主要反映在组建人民法院时接收的国民党时期旧司法人员中存在的政治上、组织上以及思想上不纯，为了解决存在的这些问题，巩固人民民主专政，从 1952 年 6 月到 1953 年 2 月，在全国司法系统发动了一

① 《董必武政治法律文集》，法律出版社 1986 年版，第 45～46 页，转引自何勤华：《论新中国法和法学的起步——以"废除国民党六法全书"与"司法改革运动"为线索》，载《中国法学》2009 年第 4 期。
② 《中国人民政治协商会议共同纲领》，载 http：//news.qq.com/a/20111116/000896.htm。
③ 汪海燕：《刑事诉讼模式的演进》，中国人民公安大学出版社 2004 年版，第 420 页；黄文艺：《1952—1953 年司法改革运动研究》，载《江西社会科学》2004 年第 4 期。
④ 杨庆文：《当代中国刑法史研究》，浙江大学 2005 年博士学位论文，第 25 页。

场大规模的司法改革运动，以清除旧法观点和旧法作风，进一步从思想和组织基础上"摧毁旧法制、创建新法制"，是"受当时中国的政治与法律斗争所决定的、在当时中国法和法学发展中必然（或迟或早）要采取的法律改革运动"。①

经过司法改革运动，批判了"法律面前人人平等"、"既往不咎"、"司法独立"、"犯罪未遂"、"推事主义"、"不告不理"、"证据不足不理"等②反人民的旧法律观，用马克思列宁主义、毛泽东思想的国家观、法律观教育和改造司法干部；整顿了司法队伍，旧司法人员基本上被全部调离审判工作岗位，从其他党政部门，工人、农民中的积极分子，转业军人等行业调派了一大批人员充实司法人员队伍；批判了旧司法作风，确立了群众路线作风。这一司法改革运动"全面确立了新中国的司法传统"③，对当代中国司法，包括刑事司法有着深刻的影响，主要表现在：强化了党对政法工作的领导，要求各级党委指定一个常委管理司法工作，司法机关严格遵守请示报告制度，向党委反映情况，这一时期党对司法工作的领导作为一种体制正式确立。④ 经过这一时期的司法改革运动确立了我国政法合一的传统，将人民法院和人民检察院与公安、民政、司法行政机关统称政法机关，其机构设置、权力运行方式遵循行政权运行的模式；司法改革运动清除了旧法人员，使未受过专门法律教育的工人、农民、革命军人承担司法权，使我国的司法队伍走上了非职业化的道路；通过司法改革运动，确立了走群众路线的司法原则，确立了体现群众路线的就地审讯，巡回审判，公审制，人民陪审制度，调解等制度。⑤ 这些改革与变化创立了我国刑事司法运行的制度环境，此后刑事司法制度的发展基本在这一框架内进行。

（三）新中国司法体制和司法制度的建立

社会主义改造完成后，在中央提出的过渡时期总路线中提出了加强立法和司法工作的方针。1956 年党的八大提出要"着手系统地制定比较完备的法律，

① 何勤华：《论新中国法和法学的起步——以"废除国民党六法全书"与"司法改革运动"为线索》，载《中国法学》2009 年第 4 期。
② 参见何勤华：《论新中国法和法学的起步——以"废除国民党六法全书"与"司法改革运动"为线索》，载《中国法学》2009 年第 4 期。
③ 黄文艺：《1952—1953 年司法改革运动研究》，载《江西社会科学》2004 年第 4 期。
④ 公丕祥：《当代中国司法改革的时代进程》，载公丕祥主编：《回顾与展望：人民法院司法改革研究》，人民法院出版社 2009 年版，第 22~23 页。
⑤ 参见黄文艺：《1952—1953 年司法改革运动研究》，载《江西社会科学》2004 年第 4 期。

健全我们国家的法制"的任务。①

　　1954 年制定的第一部中华人民共和国宪法、法院组织法和检察院组织法，确立了人民法院、人民检察院的地位，人民法院依法进行审判、人民检察院依法律规定范围行使检察权的原则，规定了法院、检察院的设置、职权等内容，确立了新中国司法体制与司法制度的基本框架。宪法和法院组织法规定被告有获得辩护的权利，因此，有些地方开始逐步建立律师制度，并开始起草《律师暂行条例》。在公安工作制度方面，1955 年、1957 年分别出台了《公安派出所组织条例》、《中华人民共和国人民警察条例》，明确了警察队伍的性质、任务和职权，刑事司法体制逐步建立并完善。这些法律明确规定了由人民法院、检察院和公安机关分别行使审判权、检察权、侦查权；人民法院独立审判，只服从法律，对于一切公民在适用法律上一律平等；实行审判公开；被告人有权获得辩护等原则。②

　　在司法体制与刑事法制建设方面，这段时期全国人大出台了《关于死刑案件由最高人民法院判决或者核准的决议》，有效地改变了当时死刑标准不一致的状况，加强了对审判死刑案件的监督。制定了《逮捕拘留条例》，对逮捕、拘留的条件、执行机关、期限和程序予以规定。通过了《关于地方各级人民法院院长、检察院检察长可否兼任各级人民委员会组成人员问题的决定》、《关于不公开审理的案件的决定》、《关于被剥夺政治权利的人可否充当辩护人的决定》等有关法律解释。1955 年最高人民法院总结了民刑事案件的程序。这段时期全国人大常委会着手进行刑法、诉讼法的研究和起草工作，到 1957 年，刑法草案已有 22 稿，也制定了刑事诉讼法的草案。新中国开始创设社会主义类型的刑事司法制度。③

　　但从 1957 年开始，法律与司法虚无主义思潮广泛蔓延，社会主义法制开始遭到破坏，中经反复（如 1962 年完成了刑法草案第 33 稿，1963 年又形成了中华人民共和国刑事诉讼法草案），④ 到 "文化大革命" 期间，建国以后建立起来的国家司法系统和刑事法制被破坏殆尽。

---

① 参见顾昂然：《回顾新中国法制建设的历程》，载《中国人大》2004 年第 15 期；李红、王德中：《对五四宪法的回顾与思考——纪念五四宪法颁布 50 周年》，载《北京建筑工程学院学报》2004 年第 S1 期。

② 陈光中主编：《刑事诉讼法》，北京大学出版社、高等教育出版社 2002 年版，第 48～49 页。

③ 参见迟日大：《新中国司法制度的历史演变与司法改革》，东北师范大学 2003 年博士学位论文，第 13 页；顾昂然：《回顾新中国法制建设的历程》，载《中国人大》2004 年第 15 期；陈光中：《刑事诉讼立法的回顾与展望》，载《法学家》2009 年第 5 期。

④ 参见顾昂然：《回顾新中国法制建设的历程》，载《中国人大》2004 年第 15 期；陈光中：《刑事诉讼立法的回顾与展望》，载《法学家》2009 年第 5 期。

二、刑事法制的开创

（一）国家司法制度的重建与 1979 年刑法、刑事诉讼法的颁布

十年"文化大革命"给中国人民留下了惨痛的教训与思考。1978 年 12 月召开了党的十一届三中全会，这次会议提出了建设社会主义法制的指导方针，"为了保障人民民主，必须加强法制。必须使民主制度化、法律化，使这种制度和法律具有稳定性、连续性和极大的权威，做到有法可依，有法必依，执法必严，违法必究。从现在起，应当把立法工作摆到全国人民代表大会及其常务委员会的重要议程上来。检察机关和司法机关要保持应有的独立性；要忠实于法律和制度，忠实于人民利益，忠实于事实真相；要保证人民在自己的法律面前人人平等，不允许任何人有超于法律之上的特权"。① 这一指导方针的确立，有力促进了我国司法体制的恢复和重建，也在思想、政治和政策上为我国刑事法制的发展奠定基础。

1978 年 3 月，五届全国人大一次会议通过新的《中华人民共和国宪法》，基本上恢复了"文化大革命"前我国宪法对国家机关、人民权利的规定，恢复了人民检察院在国家政权体系中的地位，各级人民检察院重新建立。1979 年五届人大二次会议审议通过的《中华人民共和国人民法院组织法》、《中华人民共和国人民检察院组织法》，规定了人民法院的任务、审判制度、辩护制度和人民陪审制度，确定检察院国家法律监督机关的性质和上下级领导关系，按照"两院"组织法，我国建立了四级普通法院、检察院系统和专门法院、检察院系统。1979 年底律师制度开始恢复，1980 年全国人大常委会通过了《律师暂行条例》，确定了律师的性质、地位、工作原则和服务范围。② 我国的刑事司法组织和制度开始重新建立。

五届全国人大二次会议还通过了新中国历史上第一部刑法典和刑事诉讼法典——《中华人民共和国刑法》、《中华人民共和国刑事诉讼法》，结束了建国以来 30 年没有刑法、刑事诉讼法的历史，结束了多数刑事司法基本无法可依的状态，我国刑事法制正式创立。

（二）保证刑法、刑事诉讼法贯彻执行的 64 号文件

总结"文革"期间法制被践踏的经验教训，建设社会主义法制已成为全

---

① 《中国共产党第十届中央委员会第在次会议公报》，载新华网：《中国共产党十一届三中全会以来重要文献选编》，http://news.xinhuanet.com/ziliao/2005-02/05/content_2550304.htm。

② 迟日大：《新中国司法制度的历史演变与司法改革》，东北师范大学 2003 年博士学位论文，第 27 页；公丕祥：《当代中国司法改革的时代进程》，载公丕祥主编：《回顾与展望：人民法院司法改革研究》，人民法院出版社 2009 年版。

党和整个社会的迫切要求。虽然颁布了刑法和刑事诉讼法，但由于建国后很长一段时间党内外法律虚无主义盛行，存在严重的思想混乱。为澄清和解决党内外存在的错误思想和做法，保证已经制定的法律顺利实施，1979 年 9 月 9 日中共中央于发布了《关于坚决保证刑法、刑事诉讼法切实实施的指示》（中发〔1979〕64 号文件）（以下简称 64 号文件），这一文件的主要内容及成就表现在以下几方面：

1. 文件第一次提出了社会主义法治的概念，阐明保证法律实施对党和国家的意义。该文件明确指出，刑法、刑事诉讼法，同全国人民每天的切身利益有密切关系，它们能否严格执行，是衡量我国是否实行社会主义法治的重要标志。"在我们党内，由于建国以来对建立和健全社会主义法制长期没有重视，否定法律、轻视法律；以党代政、以言代法、有法不依，在很多同志身上已经成为习惯；认为法律可有可无，法律束手束脚，政策就是法律，有了政策可以不要法律等思想，在党员干部中相当流行。……如果我们不下决心解决这些问题，国家制定的法律难以贯彻执行，我们的党就会失信于民。"指出"这是一个直接关系到党和国家信誉的重大问题"。并提出要坚决改变和纠正一切违反刑法、刑事诉讼法的错误思想和做法，要求严格按照刑法和刑事诉讼法办事。①

2. 文件首次提出处理党的领导与尊重法律关系问题，明确党对司法工作的领导方式。（1）文件提出尊重和执行法律与坚持党的领导是统一的，"国家法律是党领导制定的，司法机关是党领导建立的，任何人不尊重法律和司法机关的职权，这首先就是损害党的领导和党的威信。……法律如果不能得到贯彻执行，我们的党就会失信于民"，从而强调了贯彻执行法律的重要性和迫切性。文件最后一部分重申了法律实施中与政策关系的处理原则，"今后，各级党组织的决议和指示，都必须有利于法律的执行，而不能与法律相抵触。如果某些法律的某些内容确已不适应形势发展的需要，应通过法定程序加以修改"；②（2）文件明确了加强党的领导与司法工作的关系。指出，"加强党对

---

① 《中共中央关于坚决保证刑法、刑事诉讼法切实实施的指示》（中发〔1979〕64 号），载 http：//blog. sina. com. cn/s/blog_ 705faab20100ta11. html；参见李雅云：《中国法治建设里程碑式的党的文件——纪念中共中央发布〈关于坚决保证刑法、刑事诉讼法切实实施的指示〉25 周年》，载《法学》2004 年第 9 期。

② 《中共中央关于坚决保证刑法、刑事诉讼法切实实施的指示》（中发〔1979〕64 号），载 http：//blog. sina. com. cn/s/blog_ 705faab20100ta11. html；参见刘政：《一个具有里程碑意义的法制文件——中共中央 1979 年 9 月 9 日〈指示〉》，载《中国人大》2005 年第 12 期；李雅云：《中国法治建设里程碑式的党的文件——纪念中共中央发布〈关于坚决保证刑法、刑事诉讼法切实实施的指示〉25 周年》，载《法学》2004 年第 9 期。

司法工作的领导，最重要的一条，就是切实保证法律的实施，充分发挥司法机关的作用，切实保证检察院独立行使检察权，法院独立行使审判权，使之不受其他行政机关、团体和个人的干涉。……党委与司法机关各有其职，不能互相代替，不应互相混淆。"明确了党对司法工作领导的方式主要是方针、政策的领导，提出要着重从了解、研究司法工作情况，检查、监督司法机关贯彻执行党的方针政策和国家法律的情况，挑选、配备司法干部，来加强党的领导；①
（3）文件提出取消党委审批案件的制度。在阐明加强党的领导与司法工作关系的基础上，文件进一步指明："为此，中央决定取消各级党委审批案件的制度。对县级以上干部和知名人士等违法犯罪案件，除极少数特殊重大情况必须向上级请示者外，都由所在地的司法机关独立依法审理。对于司法机关依法作出的判决和裁定，有关单位和个人都必须坚决执行；如有不服，应按照司法程序提出上诉，由有关司法机关负责受理。"②

3. 文件要求党的各级组织、领导干部和全体党员要带头遵守法律。文件特别强调，"我国的法律是在党的领导下，在广泛发扬民主的基础上，由最高国家权力机关制定的，它既反映了全国人民的意志和利益，又体现了党的政策和主张，具有极大的权威。因此，从党中央委员会到基层组织，从党中央主席到每个党员，都必须一体遵行。必须坚持法律面前人人平等的原则，绝不允许有不受法律约束的公民，绝不允许有凌驾于法律之上的特权"。③

这一文件从理论与实践的结合上，解决了建设社会主义刑事法制的政治保障问题，为刑法和刑事诉讼法的实施创造了条件。

（三）开创时期刑事法制的主要特征

1979 年刑法和刑事诉讼法在总结"文化大革命"教训的基础上，在系统

---

① 《中共中央关于坚决保证刑法、刑事诉讼法切实实施的指示》（中发〔1979〕64 号），载 http：//blog. sina. com. cn/s/blog_705faab20100ta11. html；参见崔敏：《64 号文件：官大还是法大》，载《炎黄春秋》2009 年第 12 期。

② 《中共中央关于坚决保证刑法、刑事诉讼法切实实施的指示》（中发〔1979〕64 号），载 http：//blog. sina. com. cn/s/blog_705faab20100ta11. html；参见刘政：《一个具有里程碑意义的法制文件——中共中央 1979 年 9 月 9 日〈指示〉》，载《中国人大》2005 年第 12 期；李雅云：《中国法治建设里程碑式的党的文件——纪念中共中央发布〈关于坚决保证刑法、刑事诉讼法切实实施的指示〉25 周年》，载《法学》2004 年第 9 期；崔敏：《64 号文件：官大还是法大》，载《炎黄春秋》2009 年第 12 期。

③ 《中共中央关于坚决保证刑法、刑事诉讼法切实实施的指示》（中发〔1979〕64 号），载 http：//blog. sina. com. cn/s/blog_705faab20100ta11. html；参见崔敏：《64 号文件：官大还是法大》，载《炎黄春秋》2009 年第 12 期；刘政：《一个具有里程碑意义的法制文件——中共中央 1979 年 9 月 9 日〈指示〉》，载《中国人大》2005 年第 12 期。

总结建国三十年来刑事立法、司法的经验之上，在法制基础薄弱、立法经验不足的情况下建设社会主义法制的探索，同时这两部法律建立在高度的计划经济、高度的集权政治基础之上，反映了这一时期的社会现状。其主要特征表现在：

1. 较大的历史进步性。1979 年刑法在结构上分为总则和分则两部分，总则规定犯罪与刑罚的基本原则，分则列举具体犯罪类型和刑罚幅度，共 192 条，规定了 130 种罪。贯彻了惩办与宽大相结合的刑事政策，体现了原则性与灵活性相结合。这部法律是我国刑法典从无到有的标志，结束了对公民滥施刑罚的历史，为定罪量刑提供了法律标准。1979 年刑事诉讼法规定了公民在适用法律上一律平等，确立了公开审判、被告人有权获得辩护以及剥夺公民人身自由的严格程序等制度，为及时准确地惩治犯罪，保障无罪的人不受刑事追究提供了程序规范。这两个法律的颁布是新中国法制的巨大进步。

2. 刑事司法模式近似于欧洲大陆法系模式。1979 年刑法主要在 1963 年刑法草案第 33 稿的基础上修改完成，1963 年刑法草案主要效法早期苏联刑法制定，较多地带有大陆法系刑法典模式的特点。从刑事诉讼模式来看，类似于职权主义诉讼模式，但又不完全等同于大陆法系德法的职权主义模式，控诉权更为强大，控审之间的关系更近，犯罪嫌疑人、被告人地位弱化，辩护权或其他权利相对较少，审判权具有行政性特点，权力因素在诉讼中更活跃，有人称之为强职权主义模式，即介于纠问式诉讼模式与职权主义诉讼模式之间。①

3. 立法科学性欠缺。由于立法经验缺乏，在立法的科学性上较为欠缺：一是条文简单粗糙。1979 年刑法仅有 192 条，130 种罪，是当代世界刑法典中条文最少的刑法。且很多罪状属空白罪状，存在把不同性质的犯罪、不同类型的犯罪规定在一个法律条文中的现象，不利于司法实践中准确地定罪量刑。二是刑法典对犯罪的规定不具体，表述含混不清，对犯罪定义包含较多的政治、道德和舆论色彩，如"寻衅滋事"、"流氓活动"、"投机倒把"、"民愤极大"等，可操作性低，导致刑法适用的随意性大。② 三是诉讼法对诉讼程序和证据制度的规定简单且不严格，有些必要的制度，如简易程序等没有规定。③

4. 强调社会保护功能，人权保障程度弱。主要表现在：（1）1979 年刑法和刑事诉讼法仍然体现出较强的阶级斗争色彩。如刑法典在分则第一章设立了

---

① 参见杨庆文：《当代中国刑法史研究》，浙江大学 2005 年博士学位论文，第 74 页；汪海燕：《刑事诉讼模式的演进》，中国人民公安大学出版社 2004 年版，第 430 页。

② 参见杨庆文：《当代中国刑法史研究》，浙江大学 2005 年博士学位论文，第 70 页、第 74 页。

③ 参见卞建林：《中国刑事司法改革探索》，中国人民公安大学出版社 2007 年版，第 16 页。

"反革命罪"类罪名。（2）刑法第 79 条规定，"本法分则没有明文规定的犯罪，可以比照本法分则最相类似的条文定罪判刑，但是应当报请最高人民法院核准"。从而规定了严重违背罪刑法定原则的类推制度。（3）1979 年刑法中有关投机倒把罪、流氓罪、玩忽职守罪等"口袋罪"的规定，也是造成了司法中的随意性大，不利于公民人权保护的因素。（4）对强制性侦查行为、检察机关的免予起诉权没有外部控制和充分的救济权，主要靠侦查和检察机关的内部行政控制，难以从中立立场，维护当事人的合法权益，尤其是公安机关有权自行决定实施的收容审查，可对公民的人身自由完全剥夺可达数月之久，而不受外部控制和监督。（5）刑事诉讼法未确定无罪推定原则，被告人在一定程度上承担自己是否有罪的义务。（6）辩护权弱，律师参与诉讼不充分。[①]

（四）20 世纪 80 年代对刑事法制的部分改革

从 20 世纪 80 年代开始，我国以经济体制改革为先导进入了深刻社会变革时期，这一时期犯罪现象日益突出，社会治安严重恶化，经济领域内的变化深刻影响到刑事法制保护和打击的内容，1979 颁布的刑法和刑事诉讼法刚执行不久就滞后于社会发展，从 1981 年开始对 1979 年刑法和刑事诉讼法通过各种形式进行修订。其主要趋势和特征表现为：

1. 扩大犯罪范围。随着经济社会的发展，很多行为因具有严重社会危害性通过单行刑法或附属刑法的形式纳入刑法调整的范围，立法机关从 1981 年至 1997 年先后通过了 25 部单行刑法，此外，还在 107 个非刑事法律中设置了附属刑法规范。经过这些不断补充，刑法中的罪名由 1979 年刑法中的 130 个增加到 263 个。增加了经济犯罪、破坏社会管理秩序、侵犯知识产权等方面的罪名，增加了单位犯罪的规定。[②]

2. 重刑主义倾向。主要表现在：（1）提高了不少罪的法定刑，适用死刑罪名增长较多。总体而言，单行刑法对一些罪的法定刑的规定较 1979 年刑法典高，对受贿、走私、盗窃、严重危害社会治安、拐卖、绑架妇女儿等罪最高法定刑增加规定了死刑，共增设了 49 种死罪。[③]（2）表现在刑法溯及力上有个别单行刑法采取了与 1979 年刑法第 9 条"从旧兼从轻"不同的原则。1982年《关于严惩严重破坏经济的罪犯的决定》，规定了有条件从新的原则，1983

---

① 参见赵秉志：《当代中国刑法中的人权保护（上）》，载《中共中央党校学报》2004 年第 4 期；蔡定剑：《刑事司法制度改革的人性化趋向》，载《团结》2009 年第 2 期。

② 参见高铭暄、赵秉志：《中国刑法立法之演进》，法律出版社 2007 年版，第 44~45 页。

③ 中国人民大学刑法律科学研究中心：《中国刑法学三十年（1978—2008）》，中国人民大学出版社 2008 年版。

年的《关于严惩严重危害社会治安的犯罪分子的决定》采取了"从新"原则，即该单行刑法的效力溯及既往。（3）在刑罚中增加了"加重处罚"的规定，1981年《关于处理逃跑或者重新犯罪的劳改犯和劳教人员的决定》规定了在两种情形下可突破法定最高刑，在法定刑的最高刑之上判处刑罚。

3. 强化打击犯罪功能，淡化程序保障。主要表现在：（1）适应"严打"的要求，对刑事程序制度进行调整。1983年全国人大常委会通过了《关于严惩严重危害社会治安的犯罪分子的决定》和《关于迅速审判严重危害社会治安的犯罪分子的程序的决定》，规定对严重危害公共安全应当判处死刑的犯罪分子，主要犯罪事实清楚、证据确凿、民愤极大的，应当迅速及时审判，不受刑事诉讼法第110条规定的关于起诉书副本送达被告人期限以及各项传票、通知书送达期限的限制，上诉期限和抗诉期限，由刑事诉讼法第131条规定的10日改为3日。（2）下放了部分死刑案件核准权。1983年六届全国人大常委会第二次会议修改人民法院组织法第13条，规定"死刑案件除由最高人民法院判决的以外，应当报请最高人民法院核准。杀人、强奸、抢劫、爆炸以及其他严重危害公共安全和社会治安判处死刑案件的核准，最高人民法院在必要的时候，得授权省、自治区、直辖市的高级人民法院行使。"最高人民法院于1983年9月7日发布了《关于授权高级人民法院核准部分死刑案件的通知》，将上述案件的死刑核准权授予各省、自治区、直辖市高级人民法院和解放军军事法院行使。此后又多次以通知形式授权高级人民法院和解放军军事法院行使部分死刑案件的核准权。（3）对刑事案件办案期限的补充规定。为解决刑事诉讼法实施中的一些特殊的、具体的问题，1984年第六届全国人民代表大会常务委员会第六次会议通过《关于刑事案件办案期限的补充规定》，对重大的犯罪集团案件和流窜作案的重大复杂案件、交通十分不便的边远地区的重大复杂的刑事案件等案件延长办案期限的时间和方式作出具体规定，并对侦查期间，发现被告人另有重要罪行、人民法院退回检察院补充侦查、二审人民法院发回原审法院重新审判等情形下重新计算侦查羁押期限等问题作出补充规定。

4. 授权国家安全机关办理危害国家安全刑事案件。国家安全部成立以后，第六届全国人大常委会第二次会议于1983年9月通过了《关于国家安全机关行使公安机关的侦查、拘留、预审和执行逮捕的职权的决定》，规定国家安全机关承担原由公安机关主管的间谍、特务案件的侦查工作，可以行使宪法和法律规定的公安机关的侦查、拘留、预审和执行逮捕的职权。

三、简评

从建国之初到 70 年代末、80 年代初，我国经历了一个从砸碎包括法律制度在内的旧国家机器，到重新重视法制、建设法制的过程。在人类历史上，政权的变更必然会引起对旧的法律制度的废除和变革，如我国历史上改朝换代之后常常会对前朝法律予以废止，并制定颁布新的法律。在西方国家历史中这样的情况也屡见不鲜，如法国大革命之后废除了封建法制，美国独立战争之后废除了英国法，即使是以演进方式进行改革的国家，如英国、德国等国也存在对旧法进行废除和变革的现象。① 革命意味着对旧秩序的摧毁，自然也包括对代表旧秩序的法律制度的摧毁。在革命时期法律制度没有重要的地位，但当政权稳定，涉及新的秩序的建立时则必然存在以法律的形式建立新的社会秩序的问题，当社会过渡到平稳时期，具有稳定性、统一性，为人们行为提供准则与规范的法律的地位必然得到彰显。这一过程涉及法的继承性问题，即以何种路径发展新性质的法，适应新的历史条件的法律。

由于建国初期特殊的国内外环境，我国中断了清末以来的法制化进程，也与世界主流法律文化相隔绝，在建国初期以苏联的政治体制和法律制度建构了我国的刑事司法制度的基本框架，因此，在经历了社会动荡和法律虚无主义盛行的时期之后，在重新意识到法制重要性而开始进行法制建设之时，以下几个因素对我国初创时期的刑事法制具有潜在的影响和制约：一是新中国成立之后经过 1952—1953 年司法改革运动所建立的党对司法工作的领导、政法合一、法律人员非职业化等制度。二是苏联法学以及在苏联影响下建立的中国刑事司法体制。三是我国历史上传统的制度和观念。这些因素影响了这一时期刑事法制的基本特征，同时奠定了我国刑事司法体制的基本框架，确立了一些重要制度，这些框架和制度成为我国日后刑事司法改革的基础和前提，深刻影响着改革的方向和路径。正如诺斯在分析美国西北法令所提供的框架主导了美国下一个世纪的扩张模式从而反映制度演化的路径依赖模式时所提到的，"发展路径一旦被设定在一个特定的进程（Course）上，网络外部性（Network Externalities）、组织的学习过程，以及得自于历史的主观模型，就将强化这一进程。"② "路径依赖在概念上缩小了选择的范围，并且将不同时期的决策联结在了一

---

① 参见何勤华：《论新中国法和法学的起步——以"废除国民党六法全书"与"司法改革运动"为线索》，载《中国法学》2009 年第 4 期。

② 道格拉斯·C. 诺斯：《制度、制度变迁与经济绩效》，杭行译，韦森译审，格致出版社、上海三联书店、上海人民出版社 2008 年版，第 134 页。

起。这并不是一个结局前定的故事——在其中，过去总是准确地预示着未来。"①

　　1978 年之后刑事法制的建设对不重视法律制度的动荡时期而言是一个巨大的进步，但这一时期我国的刑事法制建立在较为薄弱的基础之上，无论从立法技术，还是立法和司法理念，对犯罪形势与刑罚功能的认识都处于较为简单的状态。随着经济社会的发展以及改革开放的深入，社会经济基础和与之相应的社会结构发生了深刻的变化，有更多更新的因素影响到刑事法制的发展，从而引发对刑事司法体制的不断改进和发展。

第三节　20 世纪 90 年代中期的刑事司法改革

　　伴随经济社会方面深刻的发展变化，刑事法制也不断进行修改以适应变化了的经济社会形势与犯罪形势。进入 20 世纪 90 年代，我国的经济体制改革进一步深化，1992 年 10 月党的十四大将"建立社会主义市场经济体制"作为我国经济体制改革的目标。为适应发展市场经济的需求，进一步提出了健全社会主义法律体系的要求，其中包括刑事法律的完善。1996 年提出了依法治国，建设社会主义法制国家的方针，并在党的十五大上将"依法治国"提高到党领导人民治理国家的基本方略的高度。经济政治以及社会领域的变化与党的决策方针的变化直接影响到刑事法制的改革。在 90 年代中期，我国在刑事司法改革方面取得重大的进展：1996 年 3 月第八届全国人民代表大会第四次会议通过了《关于修改〈中华人民共和国刑事诉讼法〉的决定》，1997 年 1 月 1 日起正式施行。同时宣布《中华人民共和国逮捕拘留条例》、全国人民代表大会常务委员会《关于迅速审判严重危害社会治安的犯罪分子的程序的决定》、全国人民代表大会常务委员会《关于刑事案件办案期限的补充规定》废止。1996 年 5 月第八届全国人民代表大会常务委员会第十九次会议通过了《中华人民共和国律师法》。1997 年 3 月第八届全国人民代表大会第五次会议对《中华人民共和国刑法》予以修订，并自 1997 年 10 月 1 日起正式施行。

---

① 道格拉斯·C. 诺斯：《制度、制度变迁与经济绩效》，杭行译，韦森译审，格致出版社、上海三联书店、上海人民出版社 2008 年版，第 133 页。

一、1996 年修改后刑事诉讼法的主要内容和特征

1996 年《关于修改〈中华人民共和国刑事诉讼法〉的决定》对 1979 年刑事诉讼法的修改增补达 140 多条，从原来的 164 条增加到 225 条。其修改的主要内容包括：

（一）对刑事诉讼的任务与原则进行修改完善

1. 将立法宗旨修改为"为了保证刑法的正确实施，惩罚犯罪，保护人民，保障国家安全和社会公共安全，维护社会主义社会秩序，根据宪法，制定本法"。与计划经济时期对公民权利的认识不同，在市场经济条件下须对私有财产进行保护的情况下，在 1996 年刑事诉讼法第 2 条有关刑事诉讼法的任务中，增加了保护公民的财产权利的内容。

2. 在司法机关的职权上，较 1979 年刑事诉讼法关于公安机关职权的规定，增加了执行逮捕的规定，并明确了国家安全机关依法办理危害国家安全的刑事案件，行使与公安机关相同的职权。

3. 重申了宪法关于人民法院独立行使审判权，人民检察院独立行使检察权不受行政机关、社会团体和个人的干涉的原则，进一步强调了司法权的独立行使。并增加"人民检察院依法对刑事诉讼实行法律监督"的规定。

4. 吸收无罪推定原则的内容，新增加规定"未经人民法院依法判决，对任何人都不得确定有罪"的重要原则。

（二）调整了案件管辖

将人民检察院立案侦查的范围限于"贪污贿赂犯罪、国家工作人员的渎职犯罪以及国家机关工作人员非法拘禁、刑讯逼供、报复陷害、非法搜查的侵犯公民民主权利的犯罪"，"对于国家机关工作人员利用职权实施的其他重大犯罪案件，需要由人民检察院直接受理的时候，经省级以上人民检察院决定，可以由人民检察院立案侦查"。强化了人民检察院作为法律监督机关的特性。人民法院直接受理的案件限于自诉案件。其余案件的侦查则由公安机关负责。明确了军队保卫部门对军队内部发生的刑事案件行使侦查权，监狱对罪犯在监狱内犯罪的案件进行侦查。

（三）强化了犯罪嫌疑人、被告人的辩护权

1. 1996 年刑事诉讼法规定律师参加刑事诉讼时间提前。1979 年刑事诉讼法规定人民法院至迟在开庭 7 日以前，告知被告人可以委托辩护人。1996 年刑事诉讼法规定公诉案件、自诉案件移送审查起诉之日起，犯罪嫌疑人有权委托辩护人。并且规定，犯罪嫌疑人在被侦查机关第一次讯问后或者采取强制措

施之日起，可以聘请律师为其提供法律咨询、代理申诉、控告。犯罪嫌疑人被逮捕的，聘请的律师可以为其申请取保候审，把律师介入刑事诉讼的时间提前到侦查阶段，大大增强了犯罪嫌疑人的辩护能力。

2. 细化和强化了律师的会见、通信和阅卷权。1979 年刑事诉讼法规定辩护律师可以查阅本案材料，了解案情，可以同在押的被告人会见和通信。1996 年修改后刑事诉讼法提前了律师参与刑事诉讼的时间，规定受委托的律师有权向侦查机关了解犯罪嫌疑人的涉嫌罪名，可以会见在押的犯罪嫌疑人，向犯罪嫌疑人了解有关情况。律师会见在押的犯罪嫌疑人，侦查机关根据案件情况和需要，可以派员在场，但是，涉及国家秘密的案件，犯罪嫌疑人聘请律师、律师会见在押的犯罪嫌疑人，都应当经过侦查机关批准。辩护律师自人民检察院对案件审查起诉之日起，可以查阅、摘抄、复制本案的诉讼文书、技术性鉴定材料，可以同在押的犯罪嫌疑人会见和通信。辩护律师自人民法院受理案件之日起，可以查阅、摘抄、复制本案所指控的犯罪事实的材料，可以同在押的被告人会见和通信。

3. 规定了辩护律师的调查取证权。1996 年刑事诉讼法增加规定辩护律师经证人或者其他有关单位和个人同意，可以向他们收集与本案有关材料，也可以申请人民检察院、人民法院收集、调查证据，或者申请人民法院通知证人出庭作证。辩护律师经人民检察院或者人民法院许可，并且经被害人或者近亲属、被害人提供的证人同意，可以向他们收集本案有关的材料。

4. 增加了法律援助的适用。1979 年刑事诉讼法规定："公诉人出庭公诉的案件，被告人没有委托辩护人的，人民法院可以为他指定辩护人。被告人是聋、哑或者未成年人而没有委托辩护人的，人民法院应当为他指定辩护人。"1996 年刑事诉讼法进一步增加规定在三种情况下法院应当指定承担法律援助义务的律师为被告人提供辩护。即"被告人是盲、聋、哑或者未成年人而没有委托辩护人的，以及被告人可能判处死刑而没有委托辩护人的"。对公诉人出庭公诉的案件，被告人因经济困难或者其他原因而没有委托辩护人的，法院可以指定承担法律援助义务的律师为其提供辩护。

（四）对强制措施的修改完善

1. 1996 年刑事诉讼法将较为严格的逮捕条件"主要犯罪事实已经查清"，修改为"对有证据证明有犯罪事实，可能判处徒刑以上的刑罚的犯罪嫌疑人、被告人，采取取保候审、监视居住等方法，尚不足以防止发生社会危害性，而有逮捕必要的，应即依法逮捕"，以适应实际诉讼工作的需要。

2. 取消了作为行政强制措施的收容审查制度，将其吸收到拘留、逮捕措施中，以加强监督，保护公民人身权利。

3. 明确了适用取保候审、监视居住的条件、期限，对取保候审制度增设了财产担保的方式。此外，对延长羁押期限的程序等作了规定。对于拘留现行犯或者重大嫌疑分子，取消了原来规定的"罪该逮捕"的前提条件。赋予人民检察院对直接受理的案件的拘留决定权。规定人民检察院对公安机关提请逮捕的案件不批准逮捕的，应当说明理由。公安机关异地执行拘留、逮捕时，应当通知被拘留、逮捕人所在地的公安机关，被拘留、逮捕人所在地的公安机关应当予以配合。

4. 在侦查措施中规定，传唤、拘传持续的时间最长不得超过 12 小时。不得以连续传唤、拘传的形式变相拘禁犯罪嫌疑人。①

（五）取消了检察机关的免予起诉权

1979 年规定的免予起诉是人民检察院所拥有的定罪但不起诉的权力，具有实体和程序上的效力，但由于缺乏制约和救济，易侵害犯罪嫌疑人的权利，1996 年刑事诉讼法取消了检察机关免予起诉的权力，将其合理内容并入不起诉之中。

（六）在审判制度方面，弱化了审判机关的追诉色彩，强化其中立性

1979 年刑事诉讼法中，审判以检察机关移送的侦查卷宗为基础，法官在正式审判前全面阅卷，对案件进行实质性审查，这样易使法官"先入为主"，形成被告人有罪的心证，而且使得庭审虚置，特别是被告人的辩护权虚置。1979 年刑事诉讼法为了查明事实真相，赋予法院很多积极查明案件事实的职权，法院的追诉色彩很浓。1996 年刑事诉讼法进一步分离控审职能，审判机关更加中立化。具体表现在：

1. 扩大合议庭的权限，规定一般案件由合议庭依法判决，仅对疑难、复杂、重大案件合议庭难以作出决定的，由合议庭提请院长决定提交审判委员会决定。

2. 改革审前检察机关全卷移送制度，规定人民法院受理公诉案件，有明确指控犯罪事实并且附有证据目录、证人名单和主要证据复印件或者照片的，即应当决定开庭审判，庭前仅就公诉案件进行程序性审查。

---

① 参见缪世淮：《我国刑事诉讼制度的重要发展与完善——学习全国人民代表大会关于修改〈中华人民共和国刑事诉讼法〉的决定》，载《四川省公安管理干部学院学报》1996 年第 3 期；戴玉忠：《新中国刑事诉讼制度 60 年的回顾与展望——深化刑事司法体制改革与刑事诉讼法再修改》，载卞建林等主编：《深化刑事司法改革的理论与实践》，中国人民公安大学出版社 2010 年版，第 719 ~ 725 页。

3. 法庭调查和审理由以前法官为主导进行改为充分发挥控辩双方的作用，由公诉人、辩护人向法庭出示物证，并经审判长许可，公诉人、当事人、辩护人对证据和案件情况发表意见，互相辩论，以达到查明事实的目的。

4. 弱化合议庭的追诉职能。1979 年刑事诉讼法人民法院认为案件证据不充分，或者发现新的事实，可以退回检察机关补充侦查或者自行调查。1996 年刑事诉讼法取消了法院退回检察机关补充侦查的权力，并且限制了法院自行调查的权力，取消了合议庭"搜查"的权力。

5. 此外，增加规定了有罪判决、无罪判决的条件，确立了"疑罪从无"的原则；规定了第二审人民法院对上诉、抗诉案件开庭审理的原则及例外；增加了简易程序的规定。①

（七）加强了人民检察院的法律监督职能

1996 年刑事诉讼法在总则中将人民检察院对刑事诉讼活动实行法律监督作为基本原则加以规定，并在具体诉讼环节中增强了对侦查、审判以及刑罚执行等方面的监督。

1. 增强了立案和侦查监督。增加了对公安机关应当立案而不立案的监督，赋予人民检察院要求公安机关说明不立案理由和认为公安机关不立案理由不能成立通知公安机关立案的权力。在人民检察院通过批准逮捕实现对侦查权的监督的基础上，规定对于批准逮捕的决定，公安机关应当将执行情况及时通知人民检察院。

2. 增加了审判监督的方式和效力。规定了人民检察院发现人民法院审理案件违反法律规定的诉讼程序，向人民法院提出纠正意见的监督方式。明确人民检察院依照审判监督程序提出抗诉的案件，人民法院应当组织合议庭重新审理。

3. 加强了刑罚执行的监督。人民检察院认为人民法院减刑、假释的裁定不当，应当向人民法院提出纠正意见，人民法院应当在一个月内重新组成合议庭进行审理，作出最终裁定。规定人民检察院认为暂予监外执行不当，并提出书面意见的，批准监外执行的机关应当立即进行核查。②

---

① 参见缪世准：《我国刑事诉讼制度的重要发展与完善——学习全国人民代表大会关于修改〈中华人民共和国刑事诉讼法〉的决定》，载《四川省公安管理干部学院学报》1996 年第 3 期；汪海燕：《刑事诉讼模式的演进》，中国人民公安大学 2004 年版，第 444 页。

② 缪世准：《我国刑事诉讼制度的重要发展与完善——学习全国人民代表大会关于修改〈中华人民共和国刑事诉讼法〉的决定》，载《四川省公安管理干部学院学报》1996 年第 3 期。

（八）加强了对被害人诉讼权利的保障

将被害人规定为诉讼当事人，赋予其报案、控告、申请回避权等权利，建立了公诉转自诉的制度，提高了被害人的诉讼地位。

二、1997 年刑法的主要内容和特征

1997 年刑法修改将 1979 年刑法颁布后制定的单行刑法和附属刑法中有关刑事责任的条文纳入了刑法，修订后的刑法由原来的 192 条增加到 449 条，包括总则、分则和附则三部分，共 15 章，其中总则 5 章，分则 10 章，其修改的主要内容有：

1. 在基本原则方面，1997 年刑法第 3、4、5 条分别规定了罪刑法定原则，适用法律人人平等原则和罪刑相当原则，同时取消了类推的规定，废止了 80 年代两个单行刑法中重法具有溯及既往的效力。这三大基本原则是"我国刑法修订中最引人注目的闪光点，也是我国刑法具有民主性、科学性、进步性和时代性的显著标志。刑法基本原则的确立有助于坚持法治，摒弃人治；坚持平等，反对特权；讲求公正，反对徇私。这无论对刑事立法还是刑事司法都具有重要的导向和制约作用"。[①]

2. 在刑罚方面，体现了轻刑化和人道化。如扩大了开放型刑罚——管制和罚金的适用范围。1997 年刑法中将管制扩大适用于 109 个罪种，规定可以适用罚金的罪种增加到 180 个，约占全部罪种的 43.5%，其中可以独立适用罚金的罪种增加到 84 个。进一步限制了死刑的适用条件，将 1979 年刑法典规定的死刑只适用于"罪大恶极"的犯罪分子修改为死刑只适用于"罪行极其严重"的犯罪分子，从而使其标准更加严格和规范。删除了对已满 16 岁不满 18 岁的未成年犯罪人可以判处死缓的规定。放宽了死缓减轻为无期徒刑的条件，将 1979 年刑法典规定的"确有悔改"修改为"没有故意犯罪"，削减了死刑罪名，增强了刑罚的人道主义色彩。[②]

3. 取消了 1979 年刑法中关于反革命罪的规定，将原属反革命罪的多数罪名归类于为危害国家安全罪，有些条文编入危害公共安全罪和妨害社会管理秩序罪，取消了有些罪名，减少了按政治观点定罪的可能，淡化了阶级斗争的色

---

① 高铭暄：《十一届三中全会以来我国刑法的回顾和展望》，载《法制现代化研究（第五卷）》1999 年第 00 期。

② 参见高铭暄：《十一届三中全会以来我国刑法的回顾和展望》，载《法制现代化研究（第五卷）》1999 年第 00 期；赵秉志：《当代中国刑法中的人权保护（上）》，载《中共中央党校学报》2004 年第 4 期。

彩，更加适合现代刑法通例。①

4. 将 1979 年刑法中投机倒把罪、流氓罪、玩忽职守罪这三个被称为"口袋罪"的罪名进行了分解、细化，把有关方面的罪行条文归入其他罪名之中，并使之具体明确。如将投机倒把罪取消，分解规定了生产、销售伪劣商品罪，破坏金融管理秩序罪，合同诈骗罪，非法经营专营专卖物品罪，买卖进出口许可证罪等罪。②

5. 适应形势需要增加了许多新型犯罪。1997 年刑法基本保留了 1979 年刑法所规定的罪名，并增加充实了许多新型犯罪。如从章节犯罪类型上看，新增设了生产、销售伪劣商品罪，妨害对公司、企业的管理秩序罪，破坏金融管理秩序罪，危害税收征管罪，侵犯知识产权罪，妨害司法罪，危害公共卫生罪，破坏环境资源保护罪，危害国防利益罪，贪污贿赂罪等。从罪种上看，新增设了黑社会犯罪，恐怖活动犯罪，非法买卖、运输核材料罪，煽动民族仇恨、民族歧视罪，洗钱罪，计算机犯罪，证券犯罪等。1997 年刑法在修订中新设了164 个罪名，总共有 413 个罪名，从罪名数量增设的情况来看，1997 年刑法典已经相当完备。③ 新型犯罪的增设有利于调整社会关系，维护社会秩序，促进社会进步。

此外，在总则中对减刑、假释和法定刑以下判处刑罚、正当防卫、自首和立功等问题作了修改和完善。将贪污贿赂罪、军人违反职责罪、危害国防利益罪在分则中分别新设一章。④

三、20 世纪 90 年代刑事司法改革的主要特点和取向

（一）立法民主化、科学化水平提高

经过 20 世纪 90 年代中期的立法修改，刑法典在结构上得到明显改善，改变了中国刑事法律分散复杂的状况，更加统一规范，适应形势需要增加新型的犯罪，对罪名、罪状与刑罚的规定更加详尽、具体、合理、科学，增强了可操

---

① 参见蔡定剑：《刑事司法制度改革的人性化趋向》，载《团结》2009 年第 2 期；高铭暄：《十一届三中全会以来我国刑法的回顾和展望》，载《法制现代化研究（第五卷）》1999 年第 00 期。
② 参见蔡定剑：《刑事司法制度改革的人性化趋向》，载《团结》2009 年第 2 期；赵秉志：《当代中国刑法中的人权保护（上）》，载《中共中央党校学报》2004 年第 4 期；迟日大：《新中国司法制度的历史演变与司法改革》，东北师范大学 2003 年博士学位论文，第 30 页。
③ 参见赵秉志：《当代中国刑法中的人权保护（上）》，载《中共中央党校学报》2004 年第 4 期；高铭暄：《十一届三中全会以来我国刑法的回顾和展望》，载《法制现代化研究（第五卷）》1999 年第 00 期。
④ 戴玉忠：《新刑法典是我国刑法制度发展的里程碑》，载《人民检察》2007 年第 19 期。

作性。刑事诉讼法在立法的科学性上也有明显改善。

（二）人权保障的倾向和力度加强

1996 年刑事诉讼法和刑法的修改，极大程度体现并提高了我国刑事法制在人权保障方面的倾向和力度。在基本原则方面，1997 年刑法确立废除了类推制度，废止了单行刑法中重法溯及既往的情形，明确规定罪刑法定原则。1996 年刑事诉讼法吸收无罪推定原则，规定"未经人民法院依法判决，对任何人都不得确定有罪"，并确立了疑罪从无的裁判原则。在刑事强制措施制度方面，废除不受司法机关制约的收容审查制度。在辩护制度方面，将律师参加刑事诉讼的时间提前，确立了强制辩护制度，犯罪嫌疑人、被告人的辩护权进一步得到保障。在刑法分则上，形成了包括侵犯他人生命权利、健康权利、性权利、人身自由权利、人格名誉权利的犯罪以及借助国家机关权力侵犯公民人身权利的犯罪等罪名体系，强化了对未成年人、精神病人、盲人、又聋又哑的人、妇女、少数民族公民等特殊人群的保护。规定了刑讯逼供罪、暴力取证罪、非法拘禁罪等反对酷刑的罪名。罪名罪状的进一步科学化、具体化，也减少了刑事司法中的任意性，有利于人权保护。通过强化正当防卫制度，设立防止司法舞弊的追诉时效延长制度，扩大亲告罪的范围，加强了对被害人的保护。[①]

（三）刑事司法模式的现代性转向增强

1979 年确立的刑事司法模式纠问式因素仍占一定比重，传统司法形态较浓，随着 1996 年刑事诉讼法的修改，在一审程序上借鉴对抗制因素，淡化法院的追诉色彩，强化其中立性，通过控辩双方的对抗以查明案件事实。在审前程序中通过加强被追诉者的地位与权利，律师的介入也增强了对抗的因素，利于对国家司法权力的规制与公民权利的保障。

（四）吸收借鉴国外经验的因素加强

20 世纪 90 年代，我国与国外的交往和联系已比较紧密，国外的立法司法经验对我国具有较大影响。如在刑法改革的过程中，确立了普遍管辖原则，适应了我国对外开放的新形势，在刑罚改革方面借鉴了国外开放性刑罚的经验。在刑事诉讼程序改革过程中，英美国家的对抗制诉讼对我国庭审制度中对抗性因素的增强无疑具有相当的影响。在立法技术上、语言表述上已注意与国外通例相一致或衔接。

---

① 赵秉志：《当代中国刑法中的人权保护（上）》，载《中共中央党校学报》2004 年第 4 期；赵秉志：《当代中国刑法中的人权保护（下）》，载《中共中央党校学报》2005 年第 1 期。

四、简评

经过 20 世纪 90 年代中期较为深刻的刑事司法改革，我国的刑事法制明显具有了现代性的色彩，进入到一个新的发展时期。

这一时期刑事司法改革的基本动力在于经济体制改革方向的确立及其发展。根据历史唯物主义的基本观点，经济基础的变化必然引起上层建筑或多或少、或快或慢的变化。随着市场经济的逐步发展，社会统治方式发生相应的变化，要求以具有统一性的规则对市场行为和社会行为予以规范，因而对法律制度建设的要求更为迫切，基于对这一规律的深刻认识，1997 年我国确立了"依法治国，建立社会主义法治国家"的基本治国方略。这一时期影响刑事司法改革路径与方向的因素主要有：一是与市场经济发展相适应的权利意识。权利意识的萌生，打破了过去以秩序为刑事司法唯一价值的局面，人们开始重视刑事司法中对自由价值的保护，因此，刑事实体法与程序法中人权保障的因素开始加强。二是西方法律文化的影响。随着对外开放程度加深，西方法律文化对我国的影响逐步深入，其法律理念对一些学者、政府决策者形成了较大的影响，法学研究进入到繁荣时期，人们对司法制度、司法理念，犯罪与刑罚的认识更为深刻，也为刑事司法提供了可资借鉴的更多路径。三是我国已建立并长久运行的刑事司法体制和刑事司法权的运行模式。正如皮尔森所说，由于在政治领域存在着制度创立成本高，在一种制度下人们已积累起与之运行相应的相关知识等原因，体制和与之相应的权力运行方式形成一定的发展惯性。[①] 已建立并运行多年的司法体制及其权力运行模式深刻地影响到具体制度的选择及改革后新制度的实际运行的方式与效果。四是我国传统的司法运作的方式与观念。这一因素以潜在的方式影响着人们对改革方向的选择，并决定了所建立的新制度在实践中的运行方式与效果。

刑事司法改革的过程是由社会经济基础所决定，并由多种因素相互作用的过程，这些因素相互作用，决定了改革的内容、程度及效果。由于社会的不断发展，为适应形势的发展，制度的改革必不可少，因而改革也是一个历史的进程，遵循着过去的路径，并适应新的形势的需要，不断予以调整、变革。虽然稳定性是法律的重要特征之一，但由于我国正处于深刻社会变革的特殊时期，为适应社会发展形势发展对刑事司法的要求，刑事司法改革也以较为频繁和广泛的方式进行。

---

① 参见本文第一章第三节关于保罗·皮尔森有关政治领域内"路径依赖"的有关论述。

第四节　我国当前的刑事司法改革

一、新一轮改革的源起与背景

（一）市场经济的发展为刑事司法改革提供了潜在的要求与动力

我国改革开放的过程是商品经济、市场经济逐步代替计划经济，由市场在资源配置中逐步占主导地位的过程。"人们在自己生活的社会生产中发生一定的、必然的、不以他们的意志为转移的关系，即同他们的物质生产力的一定发展阶段相适应的生产关系。这些生产关系的总和构成社会的经济结构，即有法律的和政治的上层建筑竖立在其上并有一定的社会意识形式与之相适应的现实基础。物质生活的生产方式制约着整个社会生活、政治生活和精神生活的过程。"[①] 20世纪90年代以后，我国的社会主义市场经济向深入发展，经济体制转轨全面展开。"刑事司法，作为矫正越轨从而规制社会的基本手段，在市场经济社会必须也必然服从经济与社会发展的需求与之相应。"[②]

市场经济以承认社会利益的多元化和个体利益的正当性为基础，以市场主体平等为基础进行商品交换，这就要求遵守统一的、具有普遍性的规则，法律正是可以保证市场经济顺畅运行的规则，因而，"市场经济是法治经济"。市场经济必然要求权利的行使、权力的运行、司法行为均受公开、普遍适用的法律规则的调整，即保障和约束公民权利，尤其强调对国家权力，包括刑事司法权的界定和约束，防止其恣意行使，侵犯公民和社会权利。

市场经济决定刑事司法的价值取向。市场经济要求对个体权利的保护，要求主体平等，这些要素的发展引发社会关系的变化，行为方式和标准的变化，对司法公正、司法效率的内涵与要求都会发生相应变化，这些都影响到犯罪的态势、刑罚结构、刑事司法的实际运行，从而影响到刑事司法的功能和价值取向，影响刑事司法的观念和模式，这种变化必然引起刑事司法的变革。

市场经济的发展需要刑事司法的保护。由于我国市场经济发展起步较晚，各方面的规则尚未完全建立，新旧体制转换过程中出现了大量的贪污贿赂犯

---

① 《马克思恩格斯全集》（第13卷），人民出版社1960年版，第8页。
② 龙宗智：《徘徊于传统与现代之间——论中国刑事诉讼法的再修改》，载《政法论坛（中国政法大学学报）》2004年第5期。

罪、破坏市场经济秩序犯罪以及各种新型犯罪，市场经济的健康发展需要刑事司法作为社会最终的调节器予以保障和保护。因此，市场经济的迅速发展及由其引发的一系列新型的社会关系的调节和保护需要通过刑事司法改革建立新的社会规则和秩序。

市场经济所引发的经济全球化导致刑事司法的国际化。市场经济要求市场的开放，随着市场经济的发展，我国经济也深度参与到国际经济交往和竞争之中。市场经济的发展必然带来全球经济的一体化，由此而引发政治、法律和文化方面的国际化交流、借鉴乃至统一。一方面是涉外刑事司法活动的增多，另一方面是国际统一或通行司法标准与模式的影响，必然引发刑事司法改革的变革，使国内刑事司法准则与国际准则相衔接。

（二）刑事司法改革是推进政治民主文明的组成部分和突破口

与发展市场经济相适应的是在实现政治上的民主文明。民主与法制建设是政治建设的重要组成部分，是政治体制改革的重要内容，二者存在着深刻关联。"一方面，政治改革必定涉及司法，政治改革的力度有多大，司法机制和相关原则的调整就有多大；另一方面，不断深化的司法改革一定程度上又超越了纯粹法律制度意义上的变革，并为政治改革提出了一些新的课题。"[①] 1997年党的十五大提出了"依法治国，建设社会主义法治国家"的治国方略，将加强法制建设，推进司法改革纳入政治体制改革内容之中，提出"推进司法改革，从制度上保证司法机关依法独立公正地行使审判权和检察权"，2002年党的十六大提出"推进司法体制改革"的目标，2007年召开的十七大又进一步提出"深化司法体制改革，优化司法职权配置，规范司法行为，建设公正高效权威的社会主义司法制度，保证审判机关、检察机关依法独立公正地行使审判权、检察权"的规划和纲领。2012年党的十八大提出要进一步深化司法体制改革。2013年十八届三中全会就深化司法体制改革，加快建设公正高效权威的社会主义司法制度，建设法治中国做出全面部署。2014年召开的十八届四中全会专门就全面推进依法治国作出重要决定，提出一系列涉及立法、执法、司法方面的改革部署，这一时期，明确将司法体制作为政治体制的重要组成部分，将深化司法体制改革作为全面深化改革的重点之一。

政治体制改革有其必要性和艰难性，即政治体制改革必须服务于经济改革和经济建设，确保政治稳定，但同时，由于政治体制改革是对旧有体制的否定与创新，涉及各方面利益的重新分配与整合，因此问题复杂，风险巨大。而选

① 赵明：《从历史的深处走来——漫议转型时期的当代中国政治与司法改革》，载《政法论丛》2008年第3期。

择合适的领域作为突破口，则无疑会大大降低改革的风险和难度。

将司法改革作为政治体制改革的突破口有其必要性和可行性。由于在国家权力结构中，司法权的运作相对独立，尤其刑事司法权的运作更具有独立性，因而其涉及对地区、行业等大范围的利益的影响较小，其影响的对象主要是特定的当事人，影响的主体范围较小，因而改革的阻力相对较小。同时，由于司法运作的程序性，适用规则的普遍性，在世界范围内有可借鉴的对象较广，从而实行起来较为容易，具有平稳性和低风险性。①

刑事司法改革是司法改革的重要内容之一，刑事司法实体与程序方面的改革具有较强的技术性，较之于体制改革更易推动，更易入手。因而适应政治体制改革的要求，推进刑事司法改革在目前具有为深化政治体制改革提供平台，提供范例的作用，从而也成为我国推进政治民主文明的重要组成部分与突破口。近年来政治文明与民主建设的进展，公民权利意识增长，对刑事司法的功能也提出了新的要求，促进刑事司法改革的进一步推进。

（三）社会转型的特殊背景影响刑事司法改革的方向和特点

社会转型是指一定社会历史条件下的社会主体在社会基本矛盾的推动下全方位地变革人的生存发展状况和社会结构关系的社会实践活动。当前中国社会正处于由传统向现代转型的深刻变革过程，这场变革具体包括从计划经济向市场经济社会转型、由农业社会向工业社会转型、由乡村社会向城镇社会转型、由人治社会向法治社会转型、由单一性社会向多样性社会转型等方面。我国社会转型的目标是建设有中国特色的社会主义国家，建立自由、平等、幸福、安全的新型社会。② 这一社会转型的特殊背景对刑事司法改革具有强大的制约与影响作用。

社会转型所导致的犯罪形势的变化对刑事司法维护秩序功能提出了更高的要求。我国正经历着巨大的社会变迁，社会处于整体性的分化与整合之中，旧有的社会整合系统解体、失效，而新的规则体系和整合系统尚未建立起来，因而社会矛盾和风险更加突出，反映在刑事领域则表现为犯罪类型的变化、犯罪数量持续走高，社会治安状况恶化。为保护社会成功转型，离不开刑事司法维护秩序功能的加强，从而导致刑事司法改革在维护秩序取向上倾注更多的

---

① 参见董皞：《司法改革对政治体制改革进程的破与立》，载《法治论丛》2009 年第 3 期；章武生：《我国政治体制改革的最佳突破口：司法体制改革》，载《复旦学报（社会科学版）》2009 年第 1 期；龙宗智：《徘徊于传统与现代之间——论中国刑事诉讼法的再修改》，载《政法论坛（中国政法大学学报）》2004 年第 5 期。

② 李瑜青等：《法律社会学导论》，上海大学出版社 2004 年版，第 114 页。

力量。

　　社会转型所导致的二元社会，即传统型社会与现代型社会并存的状况，导致对矛盾解决的特殊需求，影响刑事司法改革的目标与方向。市场经济所倡导的是法治经济，强调主体意识、权利保护、平等竞争，因而要求与之相应的刑事司法模式是权利保障型的实体要求和诉讼结构，在这种刑事司法模式下，要求实现对国家权力的约束，实现利益与价值的多元保护与平衡。但同时还存在广大的西部和农村地区，市场经济不发达，法律规则难以成为调整社会关系的主要手段，人情、习惯、组织的力量是调整社会关系的主要手段，对秩序的要求和实体真实的追求成为刑事司法的主要需求，从而需要赋予国家机关以充分的权力，由此决定权利保障为主的刑事司法模式难以占据主导和统治地位，从而影响刑事司法的目标转向，并使刑事司法改革的现代化转型难免具有反复性、妥协性。

　　社会转型的特殊背景决定了我国刑事司法改革的频繁性与持续性。与社会转型相应，我国的刑事司法需要适应不断变化的社会现实进行变革。作为法律基本特征之一的稳定性，在转型时期必然受到影响，而现阶段刑事实体法与程序法也必然处于不断改革、试验、调整的过程，刑事司法的模式也具有过渡性与短期内的不确定性，需要在变革中不断调整，最终实现刑事司法的转型，并趋于成熟和稳定。

　　与转型时期的特征相并存在还包括现代法治观念与司法传统的冲突。与现代社会相适应的刑事司法观念主要来自于西方法治发达国家，在数百年的司法变迁中形成了个人本位，强调权利保障的司法系统与模式，坚持罪刑法定、无罪推定、法律面前人人平等等司法准则与观念。而我国传统法律一直以集体为本位，强调社会秩序，认为嫌疑人、被告人大都属于"事实上的犯罪人"，面对国家的刑事追诉，负有配合和服从的义务，国家司法机关要以发现"事实真相"、不枉不纵和有罪必罚作为刑事司法活动的目标。[①] 不考虑法律文化的冲突与司法传统易导致"先进"的改革成果在实践中被虚置，因而这种司法传统的冲突必然影响到刑事司法改革的路径选择。

　　我国旧有的刑事司法制度无法适应新形势的要求，在秩序保障和权利保障上均存在功能不足的现象，无法满足经济发展和政治体制改革的需求，也造成社会公众对刑事司法状态的不满。因而必须适应新形势的需要从实体、程序、体制机制方面进行改革。从党的十五大开始将司法改革问题列为重要的政治改

---

① 徐美君：《刑事诉讼改革的路径选择》，载《深化刑事司法改革的理论与实践》，中国公安大学出版社 2010 年版。

革内容，从国家层面开始高度重视包括刑事司法改革在内的司法改革问题。源于这样的背景，新时期的刑事司法改革，一方面由全国统一部署，自上而下展开；另一方面，部门、地方、基层也不乏基于实践需要的创新，在满足办案工作的需要与回应社会的要求，在关照国情与注意与国际接轨之间，在面对现代化的要求与回应传统司法运行的惯性之间探索刑事司法改革的方向和道路，丰富刑事司法制度的内容。

二、刑事司法改革的总体进展及主要内容

新一轮的刑事司法改革，最初起始于 1997 年党的"十五大"，系统阐述了发扬民主、健全法制的理论和依法治国，建设社会主义法治国家的理论和方略。依法治国方略的确立使我国刑事司法改革在指导思想、推进步伐和改革力度上都开始进入到一个全新的时期。这一时期又大体可分为三个阶段：

（一）巩固深化时期（1997—2003 年）

1996 年刑事诉讼法修改与 1997 年刑法的修改，开创了我国刑事司法的新阶段。党的十五大确立了依法治国的基本方略，明确提出推进司法改革的任务后，1999 年宪法修正案又将依法治国纳入宪法，推动了司法改革的深入发展。

1999 年最高人民法院制定下发了《人民法院第一个五年改革纲要（1999—2003）》提出了进一步深化审判方式改革、建立符合审判工作规律的审判组织形式、科学设置法院内设机构、深化法院人事管理制度改革、加强法院办公现代化建设，进一步提高司法效率和法院管理水平、加强制度建设，健全监督机制，保障司法公正廉洁、积极探索人民法院深层次的改革等 30 多项改革任务。①

2000 年最高人民检察院关于印发《检察改革三年实施意见》从改革检察业务工作机制、改革检察机关的机构等组织体系、改革检察官办案机制、改革检察机关干部人事制度、改革检察机关内、外部监督制约机制、改革检察机关经费管理机制，实行科技强检等 6 个方面确定了 35 项改革任务。②

这一时期的刑事司法改革主要在于以新修改的刑法和刑事诉讼法为基础，着力于深化司法改革的成果，并在此基础上有所推进。

1. 在刑事诉讼程序方面，重点表现在为使 1996 年新修改的刑事诉讼法适

---

① 《人民法院第一个五年改革纲要（1999—2003）》，载 http：//www. qstheory. cn/dd/2011/shzysfzd/201103/t20110310_ 71725. htm。

② 《关于印发〈检察改革三年实施意见〉的通知》，载 http：//www. spp. gov. cn/site2006/2006 - 02 - 22/00025 - 120. html。

用于司法实践而对其规定进行的细化和补充。

（1）在总体适用方面：最高人民法院和最高人民检察院分别制定了执行刑事诉讼法的司法解释，公安部也下发了《关于贯彻实施刑事诉讼法有关问题的通知》。为就刑事诉讼法执行中的问题进一步细化，并对有关司法解释和规定中冲突或不一致的地方予以统一，1998 年最高人民法院、最高人民检察院、公安部、安全部、全国人大法制工作委员会制定了《关于刑事诉讼法实施中若干问题的规定》。1999 年最高人民检察院颁布实施了《人民检察院刑事诉讼规则》就检察机关在刑事诉讼中的职权、程序予以规范。

（2）在强制措施适用方面：1997 年公安部制定了《关于取保候审保证金的规定》、1999 年最高人民法院、最高人民检察院、公安部、国家安全部制定了《关于取保候审若干问题的规定》，2000 年最高人民检察院、公安部制定印发了《关于适用刑事强制措施有关问题的规定》，2001 年最高人民检察院、公安部制定下发了《关于依法适用逮捕措施有关问题的规定》，对强制措施的适用条件予以细化，对适用程序予以规范。

（3）在保障犯罪嫌疑人、被告人辩护权方面：1996 年公安部制定了《关于律师在侦查阶段参与刑事诉讼活动的规定》，1997 年最高人民法院、司法部发布了《关于刑事法律援助工作的联合通知》，2000 年最高人民检察院、司法部发布了《关于在刑事诉讼活动中开展法律援助工作的联合通知》，2003 年最高人民检察院制定了《关于人民检察院保障律师在刑事诉讼中依法执业的规定》对刑事诉讼法规定的辩护制度的规定予以落实。

（4）纠防超期羁押方面：由于司法实践中存在对犯罪嫌疑人、被告人超期限羁押的问题，为保障被追诉人的人身权利，纠正超期羁押现象，2003 年11 月最高人民法院、最高人民检察院、公安部联合制定下发了《关于严格执行刑事诉讼法，切实纠防超期羁押的通知》，有针对性地强调、规范了不同诉讼阶段中，公、检、法机关办理刑事案件的有关工作制度。

2. 刑法立法方式的改革。1997 年刑法修订后，为保持法律稳定性与连续性，同时又不断适应新发展的形式，在刑法立法方式上进行了改革，全国人民代表大会常务委员会基本上采用了刑法修正案的方式进行补充立法，加强了立法解释。1998 年 12 月第九届全国人民代表大会常务委员会第六次会议通过了全国人民代表大会常务委员会《关于惩治骗购外汇、逃汇和非法买卖外汇犯罪的决定》，从 1999 年开始，全国人大常委会又分别于 2001 年 8 月、12 月，2002 年 12 月先后通过了四个刑法修正案，就涉及经济秩序、公共安全、国家工作人员渎职、环境保护、民生保护等方面增设或修改了27个罪名。①

3. 司法公开取得一定进展。最高人民检察院 1998 年公布《关于在全国检察机关实行〈检务公开〉的决定》，1999 年发布了《关于〈检务公开〉具体实施办法》就人民检察院办案环节应当公开的事项、公开的形式予以规定。1999 年最高人民法院公布了《关于严格执行公开审判制度的若干规定》，全面落实审判公开。

4. 社区矫正试点工作开始。2003 年 7 月，最高人民法院、最高人民检察院、公安部、司法部联合下发了《关于开展社区矫正试点工作的通知》，确定在北京、天津、上海、江苏、浙江、山东六省（市）进行社区矫正的试点工作，这是对刑罚执行方式改革的重大探索。

此外，人民法院深化审判方式改革，规范质证和认证制度，解决证人出庭尤其是关键证人出庭的问题进行探索，人民法院和检察院开始进行裁判文书、检察文书制度改革，增强文书的说理性，并开始探索案例指导制度。未成年人司法制度、暂缓起诉、刑事和解等制度在司法实践中开始出现，进行试点。

（二）全面部署开展时期（2003—2008 年）

2002 年党的十六大提出了积极、稳妥地推进司法体制改革的要求。为了贯彻落实党的十六大关于推进司法体制改革的战略部署，2003 年 5 月由中央政法委牵头专门成立了中央司法体制改革领导小组，具体负责领导和部署司法体制改革工作。2004 年底中共出台了有关司法改革的意见，全面部署了今后一个时期全国司法体制和工作机制改革的主要任务。最高人民法院和最高人民检察院结合系统改革的实际情况，提出了本系统推进司法改革的纲要或意见。

2005 年最高人民法院制定下发了《人民法院第二个五年改革纲要（2004—2008）》，提出了改革和完善诉讼程序制度、改革和完善审判指导制度与法律统一适用机制、改革和完善执行体制与工作机制、改革和完善审判组织与审判机构、改革和完善司法审判管理与司法政务管理制度、改革和完善司法人事管理制度、改革和完善人民法院内部监督与接受外部监督的制度、继续探索人民法院体制改革等 8 个方面 50 项改革任务。②

2005 年最高人民检察院印发了《关于进一步深化检察改革的三年实施意见》，提出 2005—2008 年检察改革规划，涉及改革和完善对诉讼活动的法律监

---

① 根据最高人民法院、最高人民检察院《关于执行〈中华人民共和国刑法〉确定罪名的补充规定》、《关于执行〈中华人民共和国刑法〉确定罪名的补充规定（二）》统计。

② 《人民法院第二个五年改革纲要（2004—2008）》，载 http：//www. law－lib. com/law/law_ view. asp? id＝120832。

督制度；完善检察机关接受监督和内部制约的制度；创新检察工作机制，规范执法行为；完善检察机关组织体系，改革有关部门、企业管理检察院的体制；改革和完善检察干部管理体制；改革和完善检察机关经费保障体制等 6 个方面 36 项改革任务。[1]

这一时期刑事司法改革在国家的统一部署下，自上而下展开，加强了刑事司法中的人权保障，提高了诉讼效率，强化了对刑事司法权的制约。具体表现在：

确立了宽严相济刑事政策。2004 年开始根据变化了的犯罪形势和经济社会状况，党中央开始提出宽严相济的刑事政策，并逐步完善，2006 年 10 月《中共中央关于构建社会主义和谐社会若干重大问题的决定》中明确了宽严相济的刑事司法政策，标志宽严相济刑事政策正式确立，成为今后一段时期指导我国刑事立法、司法以及改革的基本刑事政策。

在刑事实体法方面，主要表现在将新型的具有严重危害性的行为纳入刑法调整范围。全国人大常委会通过了《刑法修正案（四）》和《刑法修正案（五）》，对涉及经济管理秩序、民生等方面的犯罪进行补充和修改，增设和修改了 22 相罪名。[2]

在对死刑案件的办理方面更为慎重，体现了对生命权的重视和保障。从 2005 年开始最高人民法院着手部署对死刑二审案件实行开庭审理，2007 年以来，死刑二审一律实行开庭程序基本落实。2006 年 10 月 31 日，第十届全国人大常委会第二十四次会议对人民法院组织法第 13 条进行修正，2006 年 12 月最高人民法院发布了《关于统一行使死刑案件核准权有关问题的决定》，明确废止了以前发布的关于授权高级人民法院和解放军军事法院核准部分死刑案件的所有通知。从 2007 年 1 月 1 日起，死刑案件核准权统一收归最高人民法院行使，结束了部分死刑案件核准权下放 26 年的历史，死刑案件核准权统一由最高人民法院行使。

刑事司法中人权保障受到进一步重视。一是通过保障和加强律师执业的权利，增强犯罪嫌疑人和被告人的辩护权。2006 年最高人民法院和最高人民检察院分别下发了加强律师执业权利的通知，建立保障律师在刑事诉讼中依法执业的工作机制。2007 年通过的《中华人民共和国律师法》规定了对律师会见权的保障，细化、充实了阅卷权的内容，强化了律师权利保障，扩大了律师的

---

[1]　《最高人民检察院关于进一步深化检察改革的三年实施意见》，载 http：//www.spp.gov.cn/site2006/2006－04－30/001987484.html。

[2]　最高人民法院、最高人民检察院《关于执行〈中华人民共和国刑法〉确定罪名的补充规定（三）》。

保密义务，增强了犯罪嫌疑人和被告人面对国家追诉时的防御能力。二是启动了对劳动教养问题的改革。这一时期改革推动的重点在劳动教养制度审批工作的改革上，2005 年公安部下发了关于加强和改进劳动教养审批工作的两个文件，在劳动教养审批工作中推行律师代理制度、聆询制度、缩短劳动教养期限、扩大所外执行范围、强化监督工作，在一定范围内推进了公民人身权、自由权方面的保护。司法部改革劳动教养执行制度，实施"封闭式、半开放式、开放式"三种管理模式，以有利于保障被劳动教养人的权利，实现劳动教养目的。

面对日益增多的案件，开始进一步寻求提高诉讼司法效率的途径。2003年 3 月，最高人民法院、最高人民检察院、司法部联合发布了《关于适用普通程序审理"被告人认罪案件"的若干意见（试行）》和《关于适用简易程序审理公诉案件的若干意见》，推行被告人认罪案件"简化审"改革，确立了我国被告人认罪案件的处理程序。

进一步注重对刑事司法权行使的监督制约。这一时期改革的重点在加强检察机关的法律监督及对检察权的监督上。为加强对检察机关直接受理案件的监督制约，2005 年开始对检察院直接受理侦查案件实行撤销案件、不起诉决定报上一级人民检察院批准，立案、逮捕报上级检察院备案审查的"双报批、双报备"工作制度，通过加强上下级之间的领导和监督实现对检察权行使的制约；从 2005 年开始检察院在职务犯罪侦查过程中逐步推进讯问犯罪嫌疑人全程同步录音录像工作，2008 年并就该项制度的技术支持及标准出台了相应规定，逐步规范了讯问犯罪嫌疑人全程同步录音录像工作，通过现代科学技术手段实现对检察权行使的制约；从 2003 年开始，最高人民检察院开始试行人民监督员制度，开始探索通过建立外部的民主监督程序实行对检察权行使的制约。开始重视对刑罚执行过程中的权力行使问题的监督，2004 年法院开始探索对减刑、假释案件实行公示制度和有条件的公开听证制度，2007 年最高人民检察院制定了《关于减刑、假释法律监督工作的程序规定》建立并推进了刑罚执行变更同步监督机制。这一时期全国人大常委会第十一次会议通过了《关于完善人民陪审员制度的决定》，进一步从法律上对人民陪审员制度予以完善。从 2006 年开始司法系统的新闻发布制度逐步完善，制度化、程序化的民主监督和参与司法工作取得了进展。

这一时期对未成年人刑事犯罪行为的司法处理迈入了新阶段。从 20 世纪 90年代初司法实践中一直在探索对未成年人犯罪问题采取不同于一般犯罪行为的特殊处理程序和办法，2006 年最高人民法院出台的《关于审理未成年人刑事案件具体应用法律若干问题的解释》，2007 年最高人民检察院出台了《人民检察院办理未成年人刑事案件的规定》以司法解释的形式对这一问题予以规范。

（三）深入推进时期（2009年至今）

2007年10月召开的党的十七大从中国特色社会主义事业全局和战略的高度，强调要"全面落实依法治国基本方略，加快建设社会主义法治国家"。并提出了"深化司法体制改革"的重要战略任务，将"建设公正高效权威的社会主义司法制度"作为深化司法体制改革的总体目标，把"优化司法职权配置，规范司法行为"作为深化司法体制改革的两大重点，把"保证审判机关、检察机关依法独立公正地行使审判权、检察权"作为深化司法体制改革的基本要求。① 刑事司法改革也随之进入深入发展时期。

2008年底中共中央对深化新时期司法体制和工作机制改革作出重大部署。2009年3月最高人民法院制定下发《人民法院第三个五年改革纲要（2009—2013）》从优化人民法院职权配置、落实宽严相济刑事政策、加强人民法院队伍建设、加强经费保障4个方面提出了30项改革任务。②

2009年最高人民检察院制定下发了《关于深化检察改革2009—2012年工作规划》。从改革和完善法律监督的范围、程序和措施，加强对诉讼活动的法律监督；改革和完善人民检察院接受监督制约制度，规范执法行为；完善检察工作中贯彻落实宽严相济刑事政策的制度和措施；改革和完善人民检察院组织体系和检察干部管理制度；认真落实中央关于改革和完善政法经费保障体制的总体部署等5个方面对这一段时期的检察改革任务作出部署。③

经过几年的改革探索和实践，2012年党的十八大提出要进一步深化司法体制改革。党的十八届三中全会、四中全会就深入推进司法体制改革，作出更为详尽、全面的部署和安排。

2013年12月，根据党的十八届三中全会《决定》，中央成立全面深化改革领导小组，将司法改革纳入到全面深化改革的总体部署之中，刑事司法改革亦进入全新的发展时期。

2014年3月中央就深化司法体制和社会体制改革做出重要部署，2014年7月最高人民法院发布了《人民法院第四个五年改革纲要（2014—2018）》针对8个重点领域，提出了45项改革措施。最高人民检察院也于2014年6月份

---

① 公丕祥：《当代中国司法改革的时代进程》，载公丕祥主编：《回顾与展望：人民法院司法改革研究》，人民法院出版社2009年版，第33～34页。

② 《人民法院第三个五年改革纲要（2009—2013）》，载http://old.chinacourt.org/public/detail.php?id=350101。

③ 《高检院下发施行深化检察改革2009—2012年工作规划》，载http://news.qq.com/a/20090302/000377.htm。

就深化检察改革制定提出相应意见。

这一时期刑事司法改革的主要特点是在宽严相济刑事政策的指导下，以建设和谐社会为目标，推进刑事司法改革，在人权保障、加强对司法权的监督制约方面投入了较大力量，其改革措施主要包括：

1. 落实宽严相济刑事政策。全国人大常委会分别于 2009 年、2011 年通过《刑法修正案（七）》和《刑法修正案（八）》，这两个刑法修正案开始以宽严相济的刑事政策为指导，尤其是《刑法修正案（八）》对刑法总则和分则均进行了较大幅度的修改，通过调整犯罪范围，调整刑罚打击的力度，对刑罚的结构和种类进行调整，完善了从严惩处严重犯罪的法律制度。通过完善从轻减轻处罚的法律规定、完善缓刑和刑罚执行的内容和方式，规定对未成年人、老年人、妇女的特殊制度，减轻对一些犯罪的处罚力度，完善了从宽处理的法律制度，实践中探索试点了刑事和解制度，并在 2012 年刑事诉讼法特别程序中予以规定。通过设立附条件不起诉制度、被害人救助制度、完善刑事赔偿制度、立撤案制度、刑事司法与行政执纪执法衔接机制以及刑事司法工作评价机制建立了贯彻宽严相济刑事政策的协调及保障制度。

2. 完善证据制度。在总结近年来司法实践经验的基础上，2010 年 5 月 30 日最高人民法院、最高人民检察院、公安部、国家安全部、司法部联合下发了《关于办理死刑案件审查判断证据若干问题的规定》和《关于办理刑事案件排除非法证据若干问题的规定》的通知，这两个证据规定确立了我国刑事证据基本原则和一系列证据实体性规则，细化了证明标准，确立了我国的非法证据排除规则和非法证据排除的程序和证明责任，具有较强的可操作性，形成了较为完整的刑事证据规则体系，初步建立了我国刑事证据的基本架构。2012 年刑事诉讼法在两个证据规定的基础上，增加了"不得强迫任何人证实自己有罪"的规定，明确了证明责任，完善了证据种类和证明标准，进一步完善了非法证据排除的范围、各司法机关的义务和责任，明确了程序以及相应的配套措施，完善了证人出庭作证制度。

3. 完善辩护制度。随着我国辩护制度的恢复建立和人权保障观念的逐步深入，我国司法实践中逐步在立案监督、审查批准逮捕、提起公诉、定罪、量刑庭审等诉讼环节建立并完善了听取律师意见的制度。2007 年律师法对辩护制度予以完善，对保障律师会见权作出新的规定，细化、充实了阅卷权的内容，扩大了律师的调查取证权，强化了律师权利保障，扩大了律师保密义务。2012 年刑事诉讼法与律师法相协调，进一步突出了对辩护权的保障，在总则关于保障当事人诉讼权利的规定中，突出了对"犯罪嫌疑人、被告人和其他诉讼参与人依法享有的辩护权和其他诉讼权利"的保障，将辩护权作为公民诉讼权利的核心，强化了辩护人在诉讼各阶段的权利。调整了律师的责任和在侦查阶段的地位，完善了会见权、阅卷权、调取证据的规定，完善了刑事诉讼中的法律援助制度，通过规定辩护人涉嫌犯罪由办理辩护人所承办案件的侦查机关以外的侦查机关办理等措施，加强了律师执业保障，增加了辩护人或诉讼代理人认为司法机关阻碍其行使诉讼权利时的申诉控告权。

4. 改革和完善刑事强制措施。完善的刑事强制措施是刑事诉讼顺利进行和公民权利的保障，近期的改革在保障犯罪嫌疑人参与权、知情权、申请变更权、救济权方面取得了较大进展，分别完善了取保候审、监视居住的适用条件和程序及有关规定。完善了逮捕条件和审查逮捕的程序，规定检察院对羁押必要性进行审查的制度。对强制措施的变更、撤销和解除条件和程序予以完善，并对羁押场所予以规定，体现了对当事人权利的尊重与保护，对刑事强制措施适用的监督和控制。

5. 加强和完善侦查措施。为适应新的社会条件下，应对新型犯罪，犯罪方式呈现智能化、国际化、组织化的特征，解决侦查权力运作的现实困境，提高犯罪控制水平，2012 年刑事诉讼法修正案设专节较为详尽地对技术侦查、秘密侦查等侦查手段的适用范围、严格的批准和程序、限制和要求予以规定，明确了使用这些侦查措施获得的材料作为证据使用的地位，使技术侦查、秘密侦查合法化、规范化，并对一些常规的侦查措施予以完善。

6. 改革完善审判制度。推行量刑规范化改革，将量刑纳入法庭审理程序，进一步规范了法官的自由裁量权，有效解决同罪不同罚的问题。刑事诉讼法修正案对二审制度进行改革，扩大了二审应当开庭的案件范围。完善发回重审制度，限制发回重审的次数，补充强化了"上诉不加刑"原则的适用。对审判监督程序进行修改，细化、补充了关于申诉案件重审的条件，指令再审应由原审人民法院以外的下级人民法院审理，确立开庭审理人民检察院需派员出庭的原则，规定了再审案件强制措施的决定主体，增加了审判监督程序中原判决、裁定的中止执行制度。

7. 加强对刑事司法权行使的监督制约。建立完善了检察机关对刑事立案活动进行监督的程序和机制，扩大了立案监督的范围，通过加强对侦查取证活动的监督、改革审查逮捕程序，建立对强制性侦查措施的监督，加强了检察机关对侦查活动的监督。改革职务犯罪案件审查逮捕制度，通过由上一级人民检察院审查决定人民检察院直接立案侦查案件的逮捕措施，加强对检察机关职务犯罪侦查权的监督。通过量刑规范化改革，人民检察院检察长列席人民法院审判委员会会议制度，建立职务犯罪案件第一审判决同步审查制度，加强了检察机关对审判权的监督制约。通过建立公示制度和部分案件开放审理制度，增强减刑、假释决定的公开性和透明度。建立了对减刑、假释、监外执行决定的检察机关同步监督制度，设立派驻检察室，完善对监管场所的法律监督。加强对对诉讼中渎职行为的法律监督，明确了依法审查案件材料、调查核实违法事实、提出纠正违法意见、建议更换办案人、立案侦查职务犯罪等法律监督措施。

8. 推动劳动教养制度改革。从 2008 年开始，劳动教养机关开始开展强制隔离戒毒模式试点工作。2009 年，建立了融合强制戒毒和劳教戒毒优势的强制隔离戒毒制度。2011 年 7 月就违法行为教育矫治委员会的设置及其运行程序开始在部分省市开始进行试点工作，为建立违法行为矫治制度积累经验。2013 年 11 月十八届三中全会《中共中央关于全面深化改革若干重大问题的决定》提出，废止劳动教养制度，完善对违法犯罪行为的惩治和矫正法律，健全社区矫正。12 月 28 日全国人大常委会通过了关于废止有关劳动教养法律规定的决定，在我国实施 50 多年的劳动教养制度被废止。

9. 推进看守所管理制度改革。长期以来我国司法实践中强调看守所对保障侦查、起诉、审判的作用，忽视被羁押人员的权利问题。近些年来，刑事实践中存在的危害被羁押人权利的现象引起社会公众和国家的关注，引起对看守所管理体制的改革。近期的改革明确了多部门对看守所监管活动的职责，建立了一系列旨在保障被羁押人员生活、医疗、身体健康及安全的工作制度和措施，完善了被羁押人员的权利告知、保障和救济制度，完善监督制度。

10. 完善司法公开与民主监督的途径和制度。在侦查、起诉、审判等环节逐步完善了权利义务告知、执法和诉讼文书说理、案件公开听证等制度，加强党外人士对司法工作的民主监督，规范了舆论监督。进一步完善了人民陪审员的产生和任职条件，参与陪审具体案件的方式，明确陪审员在审判过程中的职权和责任，参加审判的案件范围。在全国全面推行人民监督员制度，进一步改革选任方式，增强人民监督员制度的民主性和公信力。

11. 改革简易程序制度。在总结简易程序和被告人认罪案件"简易审"改革实践的基础上，2012 年刑事诉讼法扩大了简易程序适用范围，对 1996 年刑事诉讼法规定的简易程序进行了改造，除增设权力监督和权利保障措施外，将其定位于基层人民法院管辖的被告人认罪的案件，鼓励被告人与国家的合作，有利于减少被告人与国家的对抗，迅速处理轻微刑事案件。2014 年 6 月全国人大常委会授权最高人民法院和最高人民检察院开展刑事案件速裁程序试点工作，以进一步合理配置司法资源，提高审理刑事案件的效率。

12. 完善刑罚执行制度。2009 年，最高人民法院、最高人民检察院、公安部和司法部印发《关于在全国试行社区矫正工作的意见》，在全国全面试行社区矫正。2011年《刑法修正案（八）》和2012年刑事诉讼法以法律的形式肯定了社区矫正作为刑罚执行方式的地位，2012年最高人民法院、最高人民检察院、公安部、司法部颁布了《社区矫正实施办法》，就社区矫正的具体实施进行规范，社区矫正作为非监禁性刑罚的执行方式正式在司法实践中实行。

本章小结

从19世纪初起始，我国的刑事司法改革从性质上可以分为三个相对独立的阶段，即以法制近代化为主要特征的清末刑事司法改革，以破除国民党"旧法统"为主要特征的我国建国之初的刑事司法改革和始于20世纪70年代末、80年代初，延续至今的刑事司法改革。这一划分不仅是基于时间维度上的划分，也是基于不同时代背景下，改革所具有的不同内容、性质和效果所进行的划分。清末刑事司法改革的起因在于由外国列强入侵所造成政治上的统治危机，因此其改革更多地具有急功近利和被动性，是在没有相应社会基础的条件下所作的形式上的改革，因此难免其失败的命运。我国建国后所进行的刑事司法改革，是带有深刻历史变革性质的改革，是经济基础和政权性质发生改革下所进行的改革，但由于受当时国内外形势和传统的影响，没有处理好法律与社会秩序的关系，没有处理好法的变更与继承性的关系，使我国的法制发展道路受到了阻断和巨大挫折。党的十一届三中全会以后，以经济体制改革为先导的刑事司法改革，是在总结历史经验教训、适应发展变化了的经济社会发展形势下所进行的持续的改革进程。这段时期的刑事司法改革以刑事法制的初建为开端，逐步走上了相对稳定的变革之路。首先，这一时期的改革具有主动性和统筹性。这一时期是适应变化了的形势发展而作出积极主动的回应，以积极主动的方式进行的制度变革。同时，随着改革的深化，改革的统筹性、全局性和协调性逐步增强。其次，这一时期改革的科学性逐步增强。这一时期随着我国包括法学在内的社会科学的繁荣和发展，人们对犯罪的规律、刑事法制的功能、刑事法制的内容等方面的认识逐步深入，对改革的路径、方式、规律的认识不断深化，无论在思想认识上，还是在技术运作层面都有了长足发展。再者，这一时期改革的取向更加注重多方面价值的平衡。与封建时期以秩序为刑事司法的唯一价值取向相迥，与建国初期及其后一段时间"以阶级斗争为纲",将刑事司法作为斗争的手段相异,刑事司法逐步将个人自由的价值纳入改革的视野,力求使之与秩序价值相协调,表现在刑事司法改革中人权保障因素的加强,以及对刑事司法权设立了诸多的控制方式。这一时期将公正与效率纳入刑事司法改革的范畴,力求达到公正基础上的效率和有效率的公正。当然,这一时期的刑事司法改革在各方面的成就也是一个逐步发展的过程,是一个认识逐步深化、对规律把握逐步明晰的过程,这其中难免有波折,但从总体上看,这一时期的改革逐步取得阶段性的进展,促使刑事司法走向科学、文明,更加适应形势发展的需要。

第三章 宽严相济刑事政策指导下的
刑事司法改革

　　一定时期的刑事政策连接着一个国家之中占统治地位的法律意识与刑事法律实践，它决定着刑事司法改革的价值取向，决定并指导着刑事司法改革的方向与内容。能契合控制犯罪需要的合理的刑事政策将使刑事司法改革以更加科学和有效的方式进行。

第一节　刑事政策与刑事司法改革

一、刑事政策与刑事司法改革的关系

　　"政策"是一个范围极为广泛的概念，"从基本意义上讲，是指政治国家或社会公共组织为管理公共事务而制定的指导方针和行动方案。"① 关于刑事政策的概念有多种认识，但从其基本性质来看，刑事政策是基于对犯罪现象的综合分析，为有效打击与预防犯罪现象，对犯罪行为和犯罪人运用刑罚或其他手段的基本方略。刑事政策是社会总政策的一部分，减少犯罪是刑事政策的根本目的和出发点。刑事政策是刑事立法与刑事司法的灵魂，一个国家的刑事政策直接影响着一国立法与法律实践，直接影响到打击和预防犯罪的整体效果以及社会的发展进步。弗兰茨·冯·李斯特（Franz von List）曾指出："刑事政策给予我们评价现行法律的标准，它向我们阐明应当适用的法律；它也教导我们从它的目的出发来理解现行法律，并按照它的目的具体适用法律。"② 对刑事政策与刑事法律的关系，通常认为，刑事政策是刑事立法和刑事司法的灵魂

---

① 梁根林：《刑事政策：立场与范畴》，法律出版社 2005 年版，第 1 页。
② ［德］弗兰茨·冯·李斯特：《德国刑法教科书》，许久生译，法律出版社 2000 年版，第 2 页。

和依据，法律则是政策的具体化。① 具体而言，刑事政策对刑事立法和司法的指导关系可表现为以下三个方面：

1. 刑事政策的价值取向决定刑事立法与司法的价值取向。刑事政策体现了一定社会形态下、一定时期对犯罪问题的基本认识和看法，体现着这一时期在犯罪问题上占主导地位的价值取向。"刑事政策所体现的'相对公理性'程度的高低，直接决定刑事法律所体现的'相对公理性'的高低，或者说刑事政策的基本面貌决定刑事法律的基本面貌。"② 如以自由价值为主要取向的英美法国家，偏重于程序正义，其刑事制度的设计中通过设立沉默权制度、非法证据排除规则、对抗式的审判方式等制度以保障个人自由的实现，限制国家刑事司法权的行使。而以秩序为主要价值取向的大陆法系国家，偏重于实质正义，强调国家司法机关对案件事实真相的发现和对犯罪分子的追究，因而其刑事制度的设计偏重于赋予侦查、检察机关以较大的权力。③

2. 刑事政策对具体的刑事立法和司法具有支配和指导作用。刑事政策是一个较刑事立法和司法更广的范畴，属于社会公共政策的一部分，刑事法律和司法仅是国家或社会针对犯罪所采取的方略之一，其基本方向、具体制度设计和实施均受刑事政策这一大系统的影响，并以刑事政策为基本依据来制定有关刑事司法中防控犯罪的原则、制度、程序，以刑事政策来指导司法实践中对刑事法律的具体适用。

3. 刑事政策为刑事立法和司法提供评价、检验和改进的标准。刑事立法中某一原则、制度或规定是否符合国家应对犯罪的需求，首先反映在其是否符合这一时期刑事政策的基本精神。刑事立法中是否采纳某一制度或规定（如是否将某些行为入罪、出罪或规定新的刑罚措施）均受刑事政策的检验与指导。刑事立法需符合刑事政策的基本价值取向和要求，同时刑事政策是刑事立法改进的方向。在刑事司法的过程中，对某一案件的处理是否能达到符合预防和控制犯罪的目的也必然受刑事政策的检验和指导。也有人称之为刑事政策与刑事法律在"具体措施上校正与被校正的关系"。④

刑事司法改革是使刑事立法和司法适应变化了的犯罪形势变化而在一定基

---

① 高铭暄：《刑法学》，北京大学出版社 1989 年版，第 12～13 页。

② 魏东：《刑事政策与刑事法律的基本关系》，载赵秉志主编：《刑事政策专题探讨》，中国人民公安大学出版社 2005 年版，第 126 页。

③ 参见李静：《刑事政策与刑法的关系》，载赵秉志主编：《刑事政策专题探讨》，中国人民公安大学出版社 2005 年版，第 135～136 页。

④ 魏东：《刑事政策与刑事法律的基本关系》，载赵秉志主编：《刑事政策专题探讨》，中国人民公安大学出版社 2005 年版，第 126 页。

础上予以变革的过程，自然受一定时期刑事政策的指引，刑事司法改革表现为在一定刑事政策的指导之下，改革刑事立法和司法原则、制度、规定和措施。

二、西方国家刑事政策的演变[①]

刑事政策的概念最早由 19 世纪末 20 世纪初德国刑法学家克兰斯洛德（Kleinschrod）和费尔巴哈提出，此后被学者及刑事法实践中普遍使用。作为国家应对犯罪策略的总和，刑事政策基于犯罪状况和控制犯罪的要求而变化，一国刑事政策的变化直接影响到相应刑事司法方面的改革。大体来说，西方国家刑事政策及其指导下的刑事司法改革从产生起经历了以下几个阶段：

（一）刑罚严厉化与个别化（19 世纪末至 20 世纪初）

19 世纪末开始，西方国家社会矛盾激化，出现了犯罪的全面大幅增长，犯罪性质也发生了重大转变，累犯和少年犯罪剧增。社会哲学领域出现了新的世界观与方法论，影响到刑事司法领域。

19 世纪前期影响西方刑事政策的主要是刑事古典学派和早期新古典主义学派[②]。起源于 16 世纪，而在 18 世纪占绝对主导地位的刑事古典学派主张限制刑罚权、确定保障人权的罪刑法定原则与罪刑均衡原则，主张刑罚的人道主义和刑罚的报应性。19 世纪初诞生的新古典学派则强调道德责任的复杂性和相对性，认为罪犯各自的个性和责任存在巨大的差别，让罪犯受到同等强度的刑罚制裁是不公正的。因此，提倡刑罚个人化，主张刑罚的改造性。这一时期占主导地位的是这种客观主义的刑事政策思想。

到 19 世纪后期，犯罪数量的激增对社会安全和古典主义刑事学派的刑事政策观念形成前所未有的挑战，人们逐渐认识到强调刑罚的威慑效应、以报应刑为指导思想的刑法无法实现有效遏制犯罪的目标。这一时期出现了以著名哲学家孔德为代表的实证主义哲学思想，社会连带观念和实证研究方法被引入刑事政策领域，越来越多的实证研究成果被纳入到刑法之中，产生了近代实证学派的刑法理论，科学性成为这一时期刑事政策的突出特征。实证学派否定意思自由，认为人无法对自己的行为作出自由选择，人们以往集中于作为客观事实的犯罪行为上的注意力开始转移到犯罪人身上。他们认为，犯罪人是一种社会病人，要通过对犯罪人加以矫正使其复归社会，或对无法矫正的犯罪人通过隔离等方式避免其危害社会。他们主张刑事体系不能建立在道义责任和罪过的基

---

① 本部分内容详见高丽蓉著：《近现代西方国家刑事政策的演变与刑法改革》，载《国家检察官学院学报》2011 年第 2 期。

② 称其为"新古典主义"以便与以贝卡里亚、边沁所代表的狭义的古典主义区别开来。

础上，而是应该建立在危险状态的基础上，主张建立一套包括预防措施和社会防卫措施在内的对付犯罪的体系，提出了社会防卫观，基于保护刑、目的刑的立场主张改革刑罚制度。这一时期的刑事政策是预防措施和防卫措施的综合体系。

根据当时的犯罪状况，在相应刑事政策的指导下，这一时期西方国家刑法改革具有以下几个特点：

1. 调整犯罪范围。这一时期西方国家在犯罪范围上的通过犯罪化和非罪化的手段予以调整的部分比较多。如德国 1880 年颁布的《高利贷法》及 1893 年对该法的补充和修改，增加和完善了与高利贷有关的犯罪。1875 年 2 月 6 日的法律，则将未经国家有关机关登记而结婚排除在犯罪的范围之外。① 日本 1882 年起开始实施的"旧刑法"废除了长期以来由身份决定罪刑的旧法律制度，1908 年开始实施的"新刑法"则将犯罪类型高度概括。如第 235 条一个条文就包括了原来诸多各自独立的盗窃罪的多种情形，用一个条文规定了旧刑法用 7 个条文规定的杀人罪，以适应处理相应犯罪的要求。

2. 对某类犯罪的刑罚趋于严厉化。基于这一时期资本主义国家犯罪数量的猛增，累犯严重，重刑意识得到充分体现。如法国 1885 年 5 月 27 日的法律针对严重累犯、常习犯和常业犯设立了流放制，通过将这些重大罪犯送往法国的海外省以消除犯罪人。1891 年的《刑罚减轻和加重法》规定，针对惯犯或偶犯等不同类型的犯罪人采取不同的手段，表面上看具有刑罚个人化的意味，"但按照其起草者参议员贝朗热（Béranger）的意图，该法唯一的目的是加强打击累犯。"② 德国 1876 年 2 月 26 日的法律提高了攻击政府官员、攻击财产守护人等犯罪的刑罚的最低限。③

3. 刑罚个别化趋向。这一时期由于近代实证学派所主张的刑事政策的影响，西方一些国家的刑事立法试图按照不同类型犯罪人的危险状态来调整刑事惩罚，实现刑罚的个别化。具体表现在：出现了一系列强调社会防卫，重视犯罪人危险状态的刑事立法；越轨行为、保安处分、社会医疗措施等新范畴被纳入传统的刑法体系中，具有强烈制裁功效的保安处分措施针对无犯罪行为的精神病人、流浪者、乞丐和酗酒人广泛适用；建立了旨在帮助被判刑人回归社会，同时在其彻底回归社会之前对其进行监视的假释制度；设立了缓刑制度等等。从各国的立法来看，比利时于 1888 年最早通过立法确立了缓刑制度。法

---

① 参见张旭：《社会演进与刑法修改——以德国为视角的研究》，载《法制与社会发展》2003 年第 2 期。

② 朱琳：《法国的刑事政策研究》，中国政法大学博士学位论文，第 135 页。

③ 张旭：《社会演进与刑法修改——以德国为视角的研究》，载《法制与社会发展》2003 年第 2 期。

国 1885 年始设立了假释制度，1891 年设立了缓刑制度，1912 年通过立法设立了少年法庭和监视自由，将未成年人的刑事制度和成年人的刑事制度区分开来。日本 1907 年通过的"新刑法"采纳了改进对犯人的教育以便使他们重返社会的思想，并通过犯罪类型的高度概括、规定宽泛的法定刑使日本裁判所拥有较大裁量权，设立了由法官自由裁量决定缓期执行的刑罚制度，放宽了假释制度的适用条件。德国 1912 年生效的刑法典附律从特殊预防的角度出发对某些行为做了特殊规定，如对青少年和受行为人照料或保护之人的身体上的伤害相对于普通伤害要处以严厉的刑罚，而对于"因困难"而盗窃、侵占、诈骗的行为则作为独立的告诉乃论的犯罪，并处以较轻的刑罚。① 这一时期英美国家刑事改革的重点也在于刑罚的个人处遇方面，英国集中在监狱和监禁的替代方法、对少年犯和初犯的改革方面，美国则主要集中在缓刑监督、假释、少年法庭方面。

重视犯罪人的特性，基于特殊预防的目的对不同的犯罪人采取不同的处罚和预防措施无疑对社会安全、控制犯罪有益，但以人身危险性为中心的刑事政策潜藏着对法治和人权保障的致命威胁。

（二）社会防卫思想被法西斯化（两次世界大战期间）

这一时期近代实证学派的观点占主流，他们强调行为人的个性特征和个人的犯罪倾向，坚决反对报应刑论，倡导教育刑与目的刑论，主张改革刑罚制度，限制自由刑，采取保安处分，扩大缓刑范围，将对青少年的惩处与对其他罪犯的惩罚区别开来，采取与犯罪类型相适应的惩罚措施。同时，由于战争的影响与社会状况的动荡不安，这一时期的刑事司法改革具有以下几个特点：

1. 战争期间刑法改革被搁置。这一时期社会状况比较动荡，刑法改革的进展较缓慢，刑法改革运动几乎停滞。如在德国，1911 年曾开始对刑法着手进行修改，制定了 1913 年刑法修改草案，因第一次世界大战爆发刑法改革被中断了。魏玛共和国建立之后，被中断的刑法改革重新被提起，但因政治上的动荡，全面体现德国新派刑法思想的 1922 年刑法改革案被搁置，几经讨论和修改的 1924 年刑法草案也没有被接受。

2. 对刑事立法进行少量的变革。这一时期西方国家在刑事立法方面根据形势的发展各自出台一些单行的刑事法律或进行少量的修改以适应新的形势的要求，主要也体现了社会防卫，刑罚个别化的刑事政策思想。如在德国，通过颁布《扩大罚金刑的适用范围和限制适用短期自由刑法》、《罚金法》、《财产

---

① 参见［德］弗兰茨·冯·李斯特：《德国刑法教科书》，许久生译，法律出版社 2000 年版，第 78～79 页。

刑和赔偿法》、《财产刑和赔偿条例》等法规，对帝国刑法典的罚金刑规定进行了彻底的修改，法官可以宣判用罚金刑代替自由刑。一战以后，无人照管的未成年人的大量增加促使青少年刑法的改革进展迅速。1923 年德国通过了青少年法院法和青少年法，将青少年刑法从刑法典中分离出来，将刑事责任年龄由 12 岁提高到 14 岁，引进了将中止青少年服刑改为考验的做法，强调对青少年的处罚要服从教育目的。① 1922 年日本通过了感化法，1923 年通过少年法和矫正法，对少年犯规定了特殊惩罚和矫正措施。1931 年日本通过假释审查规程，进一步补充了 1907 年刑法典的规定。荷兰于 1915 年规定了缓刑，扩大了假释的适用。法国则颁布了严厉惩罚各类经济犯罪、金融犯罪的刑事补充立法。

3. 出现法西斯主义的刑事立法。从 20 世纪 30 年代始，在德国、意大利、日本等国法西斯主义者把持政权，为服务于其恐怖统治，法西斯的刑事政策公开抛弃了法治原则，在此指导下对刑法进行改革。如德国 1935 年修改了帝国刑法典中的罪刑法定原则，表述为："任何人，如其行为应依法处罚者，或者以刑事法律的基本原则和人民的健全正义感应处罚者，应判处刑罚。对其行为没有特定的法律可以直接适用者，应按基本原则最适合于该行为的基本法律处罚之。"② 通过这一修改，极大地增加了刑法适用的灵活性，规定可以类推，为其滥施刑罚大开方便之门。1930 年的《意大利刑法典》和 1935 年修改的《德国刑法典》均扩大了政治犯的概念，并规定对于社会有"危险的人"，不论是否实行犯罪都可以适用保安处分。保安处分成为灭绝种族、镇压反抗的政治手段，成为践踏人权的工具。日本 1941 年为了适应战时体制的需要对刑法进行了修改，新设了危害安宁秩序罪、妨碍强制执行罪等罪，并颁布了《国防保安法》、《维持治安法改正法律》、《战时刑事特别法》、《战时管制言论、出版、集会结社法》、《不稳文书临时取缔法》、《思想犯保护观察法》等刑事特别法，强化了法西斯专制统治。③

（三）人权保障与刑罚轻缓化和重刑重罚双向倾向（第二次世界大战之后）

二战以后，人们对法西斯政权践踏人权、破坏法制的历史进行了深刻反思，纷纷主张重建法治。以社会防卫为中心的刑事政策受到了反思和修正，古典主义刑事学派所主张的意志自由重新为人们所认识，以安塞尔为代表的新社

---

① 参见王世洲：《联邦德国刑法改革研究》，载《外国法译评》1997 年第 2 期。
② 张旭：《社会演进与刑法修改——以德国为视角的研究》，载《法制与社会发展》2003 年第 2 期。
③ 参见朱晓音、郑灵云：《日本刑法改革的进程》，载《法学》1997 年第 4 期。

会防卫论采取综合古典主义和近代实证学派的立场，成为战后占主流的刑事学派。新社会防卫论在尊重人的价值与权利的前提下考虑犯罪人的复归，将人视为社会防卫的目的，从优化刑法机制的角度来思考犯罪防控，认为刑法并不是打击犯罪的唯一手段，犯罪人的人格及其复归社会是一切刑事政策的核心。这一时期，尊重和保护人权，遵循正当程序，缓和社会矛盾成为刑事政策的重要方面。

这一时期西方国家的犯罪形势出现了新情况：自1956年起，犯罪案件数量与犯罪率大幅度上升，重大犯罪的增速迅猛，出现了与传统街头犯罪不同的白领犯罪、集团犯罪、计算机犯罪等新型犯罪类型，累犯比例增高，犯罪呈现低龄化、有组织化、国际化、暴力化趋向。与犯罪大量发生的现状相应，也出现了拘禁过剩的现象，各国根据犯罪形势，基于对严重犯罪的控制，保护社会安全，加强了对严重犯罪的打击，同时鉴于司法资源的有限性，对轻微犯罪实行了更为轻缓的刑事政策，采取非刑罚化，改革监禁刑等措施。因而这段时期大部分西方国家采取了所谓的"轻轻重重"的两极化刑事政策，并对刑事立法进行了全面的修改，总的来讲，这一时期的刑法改革有以下几个特点：

1. 强化刑法的人道主义和人权保障功能。二战之后引领西方国家刑法改革的刑事政策的重要内容之一就是强调罪刑法定，严禁追诉机关专断，保障人权，重建法治秩序。在考虑罪刑相适应的同时，也考虑刑罚对行为人个人人格影响的目的，强调其复归社会。国际法层面上重视对人权保护，国家权力受到人权限制成为国际范围内的特征，各国国内法也加强了对人权的保护。

这一时期国际社会上通过了一系列加强和保护人权的国际公约、条约，1948年《世界人权宣言》提出：任何个人不得为自己的自由而破坏他人的权利或社会的正当秩序，国家也不得为维护或建立某种秩序而践踏该宣言所载明的基本人权。这一宣言奠定了现代社会国家对人权保障的基础。此后联合国通过的《国际人权公约》、《经济、社会及文化权利国际公约》、《公民权利和政治权利国际公约》等文件就有关犯罪、犯罪人的权利、国家的刑事司法准则等作出规定，突出了人道主义和对人权的保护。此外，《欧洲联盟法》、《欧洲人权公约》、《泛美人权公约》、《非洲人权宪章》、《阿拉伯人权宪章》等国际法也规定了国家在使用刑事处罚或类似性质的措施时应坚守的准则与不可逾越的界限，以保护个体人权不受国家恣意的侵犯和伤害。

从国内法来看，德国1975年生效的《刑法改革法》第1条重申了宪法中"一个行为只有在其发生之前的法律中明确规定了可罚性时，才能受处罚"的原则。① 《德国刑法典》第 46 条第 1 款规定："行为人的罪责是量刑的基础。通过刑罚对行为人未来在社会中的生活所希望产生的效果，必须予以考虑。"② 这些规则强调了法律的确定性、明确性和禁止溯及既往的法制原则，强调考虑刑罚适用对犯罪行为人复归社会的目的，体现了人道主义原则和人权保障原则。此外，在宪法中废除了死刑，刑法典就侵害人身和隐私的犯罪作了专门规定，在保留原来的侵害言论秘密、侵害通信秘密等犯罪的基础上，又增加了公务员侵害他人的私人秘密和未经许可使用他人秘密的犯罪，扩大了刑法保护的个人权利的范围。在渎职犯罪中规定了刑讯逼供、对无罪的人追诉和对无罪人执行刑罚的犯罪行为，通过约束公权力，加强对被告人权利的保护。③ 在日本，1945 年日本投降后废除了全部具有法西斯性质的刑事法律。为体现法律面前人人平等、男女平等的原则，限制公权力的滥用，1947 年刑法修改中删除了反皇室罪，废止了仅追究妻子责任的通奸罪，加重了公务员滥用职权罪的法定刑。④

2. 刑罚宽缓化。各国基于缓和社会矛盾、尽可能节省有限司法资源的考虑，对于轻微的乃至中等危害程度的犯罪采取更为宽松和灵活的处罚手段，刑法改革表现为刑罚宽缓化的倾向。从刑事司法的改革的历程来看，刑罚宽缓化的实现途径主要有以下几种：

（1）轻刑化。即刑罚在轻重程度上的降低，通过削减死刑、扩大资格刑、罚金刑等方式对犯罪适用尽量轻缓的刑罚。如在德国，1949 年通过的《联邦德国基本法》废除了死刑。1952 年通过的《违反秩序法》的改革，使许多轻微违法行为不再被作为犯罪处理。1973 年第四次《刑法改革法》则将过去规定为重罪的犯罪，绝大多数都降为轻罪。⑤ 在法国，1981 年颁布了全面废除死刑的第 81 - 908 号法律，通过大赦法，放宽了特赦的适用限制。1975 年修改以后的《法国刑法典》第 43 条规定，允许法官不适用监禁刑这一主刑，可将过去的从刑或附加刑作为主刑加以宣判，若刑法典某些条文仅规定有监禁刑（或罚金），法官可以代之以公共利益劳动、日罚金刑、吊销驾驶执照、禁止驾驶某些车辆、撤销驾驶执照、携带受管制的武器等措施，而不必适用主

---

① 张旭：《社会演进与刑法修改——以德国为视角的研究》，载《法制与社会发展》2003 年第 2 期。

② 王世洲：《联邦德国刑法改革研究》，载《外国法译评》1997 年第 2 期。

③ 参见张旭：《社会演进与刑法修改——以德国为视角的研究》，载《法制与社会发展》2003 年第 2 期。

④ 参见朱晓音、郑灵云：《日本刑法改革的进程》，载《法学》1997 年第 4 期；张明楷：《日本刑法的发展及其启示》，载《当代法学》2006 年第 1 期。

⑤ 参见王世洲：《联邦德国刑法改革研究》，载《外国法译评》1997 年第 2 期。

刑。^① 荷兰于 1983 年通过了《财政刑罚法》，规定所有犯罪均可适用罚金刑，且即使刑法分则对轻罪或重罪没有规定罚金刑，法官也可以分别对这两类犯罪判处第一档和第三档罚金。^②

（2）非犯罪化。实现非犯罪化有多种方式，在刑事立法方面主要表现为对某一或某类行为通过立法直接排除其行为的犯罪性。二战以后西方国家主要针对有关道德犯罪、无被害人以及具有违法性的轻微行政犯罪在刑事立法上进行非罪化。这种非罪化的犯罪范围集中体现在：一是有关性犯罪。如美国 1960 年的《模范刑法典》将同性间的性行为、卖淫、通奸行为非犯罪化。英国 1967 年的《性犯罪法》确认 21 岁以上男子之间私下自愿发生的同性恋行为不触犯刑法。德国、法国刑法典也通过修改大大缩小了性犯罪的范围。二是关于堕胎行为、自杀行为。20 世纪 50 年代之前，人们往往出于宗教理由或以尊重人权为由反对堕胎，强调人的生命权，反对自杀行为，将堕胎与自杀行为视为犯罪。从 50 年代开始这一情形有了改变，日本的《优生保护法》规定了基于医学的、优生学的、社会经济上的和伦理上的理由而堕胎不属犯罪行为。英国、法国、德国分别于 20 世纪 60 年代、70 年代、90 年代对堕胎作出了不受处罚的规定。英国 1961 年的《自杀法》规定了对自杀行为不予处罚，荷兰 2002 年通过的《根据请求终止生命与协助自杀审查程序法》将"安乐死"合法化。三是吸毒、赌博等轻微行政犯罪。如美国从 1963 年以来许多州都对流浪乞讨、吸毒成瘾、慢性酒精中毒等行为在刑法上予以排除，并使一些赌博行为合法化。

司法环节的非犯罪化主要通过微罪处分制度（美国、德国称之为警察转处制度）、起诉犹豫制度、宣告犹豫制度实现。如《日本刑事诉讼法》第 246 条规定，"司法警察员在侦查犯罪终结后，除本法有特别规定的以外，应迅速将案件连同文书及物证一并移送检察官。但经检察官指定的案件，不在此限。"^③ 根据该条的但书规定，警察对犯罪行为极为轻微，且为检察官事先指定不用移送的案件可终结处理。德国、美国、比利时、日本等国规定了检察机关对较轻的犯罪有条件的不起诉的起诉犹豫制度。如《德国刑事诉讼法》第 153A 规定："在法院和被告同意时，检察院可以对所有的轻罪，在命令和决定的安排下，有条件地取消起诉，只要这些安排对于排除公众对刑事追究的兴趣

---

① 参见朱琳：《法国刑事政策研究》，中国政法大学博士学位论文，第 63 页、第 140 页。

② 参见王俊平：《荷兰刑法典的发展和特色》，载《法学杂志》2009 年第 3 期。

③ 宋英辉译：《日本刑事诉讼法》，中国政法大学出版社 2000 年版，第 57～58 页，转引自赵秉志、陈志军：《短期自由刑改革方式比较研究》，载《政法论坛》2003 年第 5 期。

是适当的，并且所犯罪行轻微。"① 美国、英国、比利时、丹麦、瑞典、挪威、加拿大等国规定了宣告犹豫制度，即暂时不宣告其有罪，而在一定期限内交有关机关对行为人进行监督考验。如英国 1972 年《刑事司法法》第 22 条规定，在被告人的同意下，法院在不超过 6 个月期限内，可以延期刑罚的宣告。在延缓宣告期间，法院要了解被告人对执行损害赔偿命令和工作单位与家庭的生活态度，重新进行处理。②

（3）非刑罚化。其主要实现方式包括：一是通过法律直接规定免刑制度和免除处罚的情节。如《德国刑法典》第 23 条规定，"行为人由于重大认识错误，按其犯罪所侵犯的对象或所使用的手段的性质，不能完成犯罪的未遂行为，法院可以免除或酌情减轻处罚。"③《法国刑法典》第 132 - 58 条规定，"轻罪案件，或者除第 132 - 63 条及 132 - 65 条规定之场合外，违警罪案中，法院在宣告被告有罪并在必要时作出没收有害物或危险物的判决后，得免除被告其他任何刑罚……"④ 二是适用非刑事制裁措施，主要是缓科制度和调解制度。德国、美国、瑞士等国实行对被告人的犯罪行为作有罪宣告而暂缓判处刑罚的缓科制度，根据犯罪人在考验期间的表现，作出最后判决。如德国《少年法院法》第 27 条规定，"虽经调查，但仍无把握确定少年的违法行为所表明的危险倾向程度，而判处其刑罚又属必要的，法官可先确定该少年的罪责，对少年刑罚予以缓科，并规定一定的考验期限。"⑤ 此外，运用"居民纠纷调解中心"、"社区调解中心"、"社区委员会计划"、"城区法庭工程"等调解方式对边缘性案件加以处理也是非刑罚化的一种方式。三是实行保安处分。保安处分强化了处罚时的教育与改造功能，冲淡了刑罚观念。德国 1975 年《刑法改革法》将保安处分纳入刑法典中，该法将保安处分分为剥夺自由和不剥夺自由两种形式，剥夺自由的保安处分如收容于精神病院、收容于戒除瘾癖的机构，不剥夺自由的保安处分如品行监督、吊销驾驶许可、禁止从事某种职业等。⑥

（4）非监禁化。其主要实现方式包括：一是替代自由刑。20 世纪 70 年代

---

① 王世洲：《联邦德国刑法改革研究》，载《外国法译评》1997 年第 2 期。
② 参见赵秉志、陈志军：《短期自由刑改革方式比较研究》，载《政法论坛》2003 年第 5 期。
③ 刘守芬、韩永初：《非犯罪化、非刑罚化之理性分析——报应刑刑事政策视角的观察》，载《现代法学》2004 年第 3 期。
④ ［法］卡斯东·斯特法尼：《法国刑法总论精义》，罗结珍译，中国政法大学出版社 1998 年版，第 721 页。
⑤ 谢锡美、辛晓伶：《二十世纪下半叶西方国家刑法改革与少年刑事司法》，载《青少年犯罪问题》2006 年第 4 期。
⑥ 参见王世洲：《联邦德国刑法改革研究》，载《外国法译评》1997 年第 2 期。

始美国各州开始适用社区矫正替代短期自由刑，英国创设了"社区服务令"制度以易科服劳役代替短期自由刑，德国用征收被告人日罚金的方法替代短期自由刑，法国则设立了替代监禁的公共利益劳动。此外非监禁刑还包括社会——司法跟踪监督、电子监视、赔偿、有条件解除指控等。二是缓刑和假释。这一时期大部分国家均在其刑法里规定了缓刑和假释制度，并逐步加以完善。如1947 年日本刑法改革就缓刑等内容进行了规定，1953 年、1954 年先后两次就缓刑制度进行改革，新设了对再次缓刑者的保护观察制度，扩大了缓刑的适用范围，修改了取消假释的规定。德国 1953 年第三次《刑法修改法》，引进了进行缓刑、中止刑罚的做法，1975 年《德国刑法典》第 56 条规定了三种情形下法官可以宣告缓刑，第 57 条规定了三种中止刑罚的情形（即假释制度）。英国自 1967 年的《刑事审判法》开始对假释制度全面适用。三是对自由刑的变通执行，将被执行人在某段时间拘禁于监狱，其他时间则正常工作、生活或者在非监狱地方（如家中、保护观察旅馆、处遇中心等地）服刑。从世界各国的立法来看，包括周末监禁、半监禁（狭义指夜监禁）、业余监禁、家内服刑、狱外服刑等。德国《少年法院法》第 16 条规定了对少年的假日拘禁制度，后来这种执行方式适用于成人。比利时和荷兰于 20 世纪 60 年代规定了周末监禁的制度。法国、比利时、加拿大、意大利等国从 20 世纪 40 年代末开始到 80 年代陆续规定了半监禁制度。新西兰于 1962 年规定了业余监禁制度。美国 1971 年圣路易斯市开始对青少年犯使用家中监禁措施，后来适用于成年人，其后其他很多州都规定了家中监禁制度。瑞士、德国、英国等国家则规定了狱外服刑的方式。

3. 重刑重罚倾向。从 20 世纪 70 年代始，针对西方国家严重犯罪增加的情形，各国对罪行严重或主观恶性较深的犯罪，采取更加严厉的刑罚手段，强调重刑重罚。主要表现在以下几方面：

（1）扩大犯罪范围。根据新形势下恐怖主义、有组织犯罪、经济犯罪等新型犯罪的出现和日益猖獗，各国都开始在刑法中创设新的罪名或通过新的单行刑法，将具有较大危害性的行为纳入刑法的调整处罚范围之内。主要表现首先是对恐怖主义犯罪的惩处。英国政府于 2001 年制定了《反恐怖主义犯罪及安全法案》，规定了一些对付恐怖活动的非常手段。法国这一时期刑法中增加了如参加坏人结社罪等集体犯罪和有组织犯罪，创立了埋伏和袭击警察罪、置他人于危险罪等新的罪名，将恐怖活动作为一种特殊的罪，通过了《身份检查法》、《反恐怖活动法》、《预防犯罪法》等法律加强对这类犯罪的及时有效惩处。① 德国 1971 年通过的《刑法修改法》中增加了危害航空交通罪、绑架罪和扣留人质罪，1976 年通过的《刑法修改法》中扩大了惩治恐怖主义犯罪的范围。② 其次是经济领域的犯罪。德国 1976 年的第一部《反经济犯罪法》增加了援助金诈骗罪和信用诈骗罪。1986 年的第二部《反经济犯罪法》，规定了欧洲支票法、投资诈骗以及新的与电脑有关的犯罪。1992 年的《防治非法毒品交易和其他形式的有组织犯罪法》新增加了结伙盗窃、结伙窝赃、职业性团伙窝赃和洗钱罪。③ 日本 1987 年刑法改革将有关电磁记录的表述列入原有的毁弃文书罪和毁弃他人文书罪的条文中，增设了由电脑损害引起的妨碍业务罪、使用电脑欺诈罪等新的犯罪，2001 年刑法修改又增设了诸多有关电脑方面的罪名。④ 此外，环境犯罪也是新兴犯罪种类之一。

（2）加重对严重犯罪的惩罚。主要通过限制犯罪嫌疑人和被告人的权利，增加对缓刑、减刑、假释适用的限制，提高刑期等方式来实现。英国从 20 世纪 70 年代始通过一系列法律取消或限制了陪审团对谋杀爆炸、武装抢劫、涉及复杂的欺诈案等案件的审判，对沉默权的使用进行部分限制，本世纪初通过的《司法改革白皮书》和《警察改革法》扩大了警察在处理有关犯罪案件时的权力，此外还对双重危险裁判原则做出了例外规定。美国 1970 年的《反犯罪组织侵蚀合法组织法》规定了犯罪"行为模式"允许有条件的从重溯及和刑事责任承担的"鬼影规则"，突破了美国宪法规定禁止溯及既往的原则。为审理恐怖犯罪专门设立了军事法院，与普通法庭相比减弱了犯罪嫌疑人的防卫权利。1984 年的《综合犯罪控制法》废除了对联邦犯人的假释。⑤ 法国规定对有组织团伙实行的犯罪，毒品走私、洗钱、恐怖活动等严重犯罪人不适用额外减刑，对人或财产实施暴力的轻罪严格控制实施缓刑的条件或取消缓刑。⑥ 这一时期的德国通过修改法律加重了掠人勒索和绑架人质犯罪的处罚。⑦ 在日本则表现为 2004 年刑法典修改普遍提高了适用自由刑的最高刑期，加重了性

① 参见朱琳：《法国刑事政策研究》，中国政法大学博士学位论文，第 144 页、第 156 页。
② 参见王世洲：《联邦德国刑法改革研究》，载《外国法译评》1997 年第 2 期；张旭：《社会演进与刑法修改——以德国为视角的研究》，载《法制与社会发展》2003 年第 2 期。
③ 参见王世洲：《联邦德国刑法改革研究》，载《外国法译评》1997 年第 2 期；李晓明：《欧美"轻轻重重"刑事政策及其借鉴》，载《法学评论》2009 年第 5 期。
④ 参见朱晓音，郑灵云：《日本刑法改革的进程》，载《法学》1997 年第 4 期；张明楷：《日本刑法的发展及其启示》，载《当代法学》2006 年第 1 期。
⑤ 参见李晓明：《欧美"轻轻重重"刑事政策及其借鉴》，载《法学评论》2009 年第 5 期。
⑥ 参见朱琳：《法国刑事政策研究》，中国政法大学博士学位论文，第 140 页、第 172~173 页。
⑦ 参见孙力、刘中发：《"轻轻重重"刑事政策与我国刑事检察工作》，载《中国司法》2004 年第 4 期；李晓明：《欧美"轻轻重重"刑事政策及其借鉴》，载《法学评论》2009 年第 5 期。

犯罪、杀人罪、伤害罪及交通犯罪的法定刑。[①]

（3）针对累犯采取更严格的刑罚措施。鉴于累犯在犯罪总量中的比例居高不下，各国针对累犯采取了加重处罚、限制缓刑、减刑、假释等方式处以更为严厉的处罚。如在美国绝大多数州对累犯的判刑实行加重制，其中有些州采取"累进加重办法"（即根据犯重罪的次数按一定的比例累加量刑）。此外，《暴力犯罪控制与执法条例》还规定对于已犯两次重大犯罪之重犯，或者曾犯一次以上重大犯罪之暴力重罪犯，或者一次以上重大犯罪之毒品犯，当其再犯罪时，将被处终身监禁，不得假释。[②] 法国通过专门针对累犯的单行法扩大了累犯的法律定义，对累犯的释放、缓刑、假释都设置了严格的条件，减刑额度降低，创设了针对危险的被判刑人的司法监管措施，设立了针对累犯的"最低刑"制度（即要求法院原则上应该宣告一项不带缓刑的监禁刑）。[③] 此外这种重刑重罚的倾向还体现在对严重犯罪上适用死刑的恢复或扩大，加重对严重少年犯罪的处罚等方面。

三、建国以来我国刑事政策的演变

自1949年建国以来，我国根据不同时期的犯罪态势与现实需要采取了相应的刑事政策，先后经历了"镇压与宽大相结合"、"惩办与宽大相结合"、强调"严打"到提出"宽严相济刑事政策"大致四个阶段。[④]

（一）镇压与宽大相结合的刑事政策

建国初期，新生的人民民主政权面临镇压反革命、巩固新生政权的任务，反映在刑事司法领域就是镇压各种反革命犯罪。这一时期没有系统的刑事立法，只有个别单行法律条例，办理刑事案件主要依靠刑事政策。毛泽东在1950年6月6日党的七届三中全会的报告中针对肃反问题提出镇压与宽大相合的政策，即首恶者必办，胁从者不问，立功者受奖的政策。1950年7月23日政务院、最高人民法院《发布的关于镇压反革命活动的指示》中提出，各级人民政府在实行镇压和处理一切反革命案件中，必须贯彻实行镇压与宽大相

---

① 参见张明楷：《日本刑法的发展及其启示》，载《当代法学》2006年第1期。

② 参见孙力、刘中发：《"轻轻重重"刑事政策与我国刑事检察工作》，载《中国司法》2004年第4期；李晓明：《欧美"轻轻重重"刑事政策及其借鉴》，载《法学评论》2009年第5期。

③ 参见朱琳：《法国刑事政策研究》，中国政法大学博士学位论文，第186~187页、第163页、第146页。

④ 参见卢建平，刘春花：《参见我国刑事政策的演进及其立法影响》，载《人民检察》2011年第9期；马克昌：《宽严相济刑事政策的演进》，载《法学家》2008年第5期。

结合的政策。① 这一时期制定的《惩治反革命条例》和《惩治贪污条例》均以此政策为指导，立法粗放而灵活。②

（二）惩办与宽大相结合的刑事政策

20 世纪 50 年代中期，社会主义改造基本完成，人民政权得到巩固，这一时期的犯罪结构中既有数量较大的历史反革命和现行反革命，也大量存在其他形式的犯罪，因此，以反革命分子为主要适用对象的"镇压与宽大相结合"的政策不能完全满足与犯罪作斗争的需要。面对新的形势，在党的第八次代表大会的政治报告中针对反革命和其他犯罪分子提出了实行惩办和宽大相结合的政策，凡是坦白的、悔过的、立功的，一律给予宽大处理。其具体内容概括为：首恶必办，胁从不问，坦白从宽，抗拒从严，立功折罪，立大功受奖。惩办与宽大，两者密切结合，不可偏废。从此，惩办与宽大相结合成为我国基本的刑事政策。③ 这一政策的提出在法制不健全的时期，对于分化瓦解犯罪分子，减少社会对抗面，打击犯罪，有着重要作用。但随着一系列政治运动、法律虚无主义的弥漫、"文革"期间对法制的严重破坏，这一政策未能很好地发挥正确作用，"直到十一届三中全会后才重又受到重视，并对新形势下的刑事立法产生了全面的影响。"④ 1979 年刑法第 1 条规定："中华人民共和国刑法……依照惩办与宽大相结合的政策制定。"将这一刑事政策纳入刑法规定，并通过有关具体制度体现了这一政策精神，"整部刑法在犯罪成立、共同犯罪处罚、犯罪形态的认定以及刑种设置、量刑、自首、立功等各部分主要内容中，都贯彻了惩办与宽大相结合的刑事政策，使这一政策具体化、条文化"⑤。

（三）"严打"的刑事政策

20 世纪 80 年代初，随着改革开放的进行，严重的犯罪活动快速增长，社会治安形势急剧恶化。根据这种新的形势，中央作出了"严打"的战略决策，开始实行严打刑事政策，即依法从重从快严厉打击严重危害社会治安的刑事犯罪活动。1983 年、1990 年、1996 年和 2000 年分别进行了四次"严打"。"'严打'并不是一项基本的刑事政策，但其作为'惩办与宽大相结合'刑事政策中'惩办'方面的突出表现而受到重视，在相当长的时间内，在一定程度上

---

① 参见马克昌：《宽严相济刑事政策的演变》，载《法学家》2008 年第 5 期。

② 参见卢建平、刘春花：《参见我国刑事政策的演进及其立法影响》，载《人民检察》2011 年第 9 期；马克昌：《宽严相济刑事政策的演进》，载《法学家》2008 年第 5 期。

③ 参见马克昌：《宽严相济刑事政策的演进》，载《法学家》2008 年第 5 期。

④ 赵秉志：《新中国 60 年刑事政策的演进对于刑法立法的影响》，载《中国社会科学报》2009 年 7 月 7 日。

⑤ 卢建平、刘春花：《参见我国刑事政策的演进及其立法影响》，载《人民检察》2011 年第 9 期。

主导了我国的刑法立法和刑事法治。"① 20 世纪 80、90 年代全国人大常委会出台的一系列关于有关刑事方面的决定在很多方面体现了"严打"刑事政策的精神，对经济犯罪和危害社会治安的犯罪行为实行从重从快惩处的方针，可判处死刑的罪名从 1979 年刑法的 28 种猛增到 70 余种。② 1997 修订刑法中删除了关于惩办与宽大相结合的刑事政策的规定。此次刑法修订虽然废止了类推制度，明确了罪刑法定原则，但其犯罪化和重刑化倾向依然明显。

第二节　宽严相济刑事政策的提出及其内涵

一、宽严相济刑事政策的形成过程

不同国家和地区具有各自不同的社会历史背景和法律文化传统，不同的现实国情和社会环境，不同的改革的前提、基础与背景。因此，制定与实施行之有效刑事政策的重要前提是要客观认识和正确评估本国国情等基础性条件。随着我国改革开放的深入，社会取得了全面的进步，社会结构和形势均发生了巨大变化，由此而引起党和国家以及大众对社会矛盾、社会治理方式、社会治安形势的认识和研判发生重大转变，刑事政策也随之转变。

2004 年 12 月 22 日的中央政法工作会议上，时任中共中央政治局常委、中央政法委书记罗干在其讲话中提出："正确运用宽严相济的刑事政策，对严重危害社会治安的犯罪活动，严厉打击，决不手软。同时要坚持惩办与宽大相结合，才能取得更好的法律和社会效果。"③ 此时宽严相济刑事政策与惩办与宽大相结合的刑事政策并提。

2005 年 12 月 5—6 日召开的全国政法工作会议上第一次将宽严相济作为独立的刑事政策提出。罗干同志在其讲话中讲到，宽严相济的刑事政策是指："对刑事犯罪区别对待，做到既要有力打击和震慑犯罪，维护法制的严肃性，又要尽可能减少社会对抗，化消极因素为积极因素，实现法律效果和社会效果的统一。宽严相济是我们在维护社会治安的长期实践中形成的基本刑事政策。

---

① 赵秉志：《新中国 60 年刑事政策的演进对于刑法立法的影响》，载《中国社会科学报》2009 年 7 月 7 日。
② 参见赵秉志：《刑法改革探索》，法律出版社 2006 年版，第 16～17 页。
③ 转引自马克昌：《宽严相济刑事政策的演进》，载《法学家》2008 年第 5 期。

在和谐社会建设中，这一政策更具现实意义。我们要立足于当前社会治安实际，审时度势，用好这一刑事政策。贯彻宽严相济的刑事政策，一方面，必须坚持严打方针不动摇，对严重刑事犯罪依法严厉打击，什么犯罪突出就重点打击什么犯罪，在稳准狠上和及时性上全面体现这一方针；另一方面，要充分重视依法从宽的一面，对轻微违法犯罪人员，对失足青少年，要继续坚持教育、感化、挽救方针，有条件的可适当多判一些缓刑，积极稳妥地推进社区矫正工作。"① 这次会议上明确指出宽严相济政策是一项基本刑事政策，对建设和谐社会建设具有现实意义，强调其目标是实现法律效果与社会效果的统一。

2006 年 10 月 11 日，党的十六届六中全会通过的《中共中央关于构建社会主义和谐社会若干重大问题的决定》中在第六部分"完善社会管理，保持社会安定有序"中提出"实施宽严相济的刑事司法政策，改革未成年人司法制度，积极推行社区矫正"②。作为加强社会治安综合治理的一项重要措施。至此，宽严相济刑事政策正式确立。2006 年 11 月召开的全国政法工作会议再次提出，各级政法机关要善于运用宽严相济的刑事司法政策，最大限度地遏制、预防和减少犯罪。③

此后，最高人民法院和最高人民检察院在其工作报告中均明确在司法实践中贯彻宽严相济刑事政策，并分别颁布了贯彻落实宽严相济刑事政策的意见。2008 年中央有关司法改革的意见将落实宽严相济刑事政策作为一项重要改革任务。2009 年法院和检察院的改革规划中也分别就如何在法院改革与检察改革中落实宽严相济政策做了具体部署与安排。

二、宽严相济刑事政策的形成背景及原因

宽严相济的刑事政策从最初作为刑事司法政策提出，逐步成为指导立法、司法和执行的基本刑事政策，是在建设社会主义法治国家，构建社会主义和谐社会背景下，总结预防和打击犯罪经验的基础上，从我国现阶段的实际出发所做的选择。其提出并在实践中得以实行和贯彻主要基于以下几个方面的因素：

（一）建设和谐社会背景下总体社会政策的转变

犯罪问题不仅仅是一个法律问题，更是一个社会问题，犯罪的深层原因在于社会矛盾。自 1978 年实行改革开放以来，我国经济体制由计划经济转向社

---

① 转引自马克昌：《宽严相济刑事政策的演进》，载《法学家》2008 年第 5 期。
② 载 http：//news. xinhuanet. com/politics/2006 – 10/content – 5218639. htm。
③ 参见刘仁文、周振杰：《宽严相济、治标治本：探索刑事法治之路》，载《中国法治发展报告 No. 5》，社会科学文献出版社 2007 年版，第 91 页。

会主义市场经济，社会取得全面发展进步，这一过程伴随着经济体制的深刻变革，社会结构的深刻变动，利益格局的深刻调整，思想观念的深刻变化，这一变革既给社会发展带来巨大活力，也带来新的矛盾和问题。在这一形势下，党中央提出了构建社会主义和谐社会的目标，提出构建社会主义和谐社会是一个不断化解社会矛盾的持续过程。要"科学分析影响社会和谐的矛盾和问题及其产生的原因，更加积极主动正视矛盾、化解矛盾，最大限度地增加和谐因素，最大限度地减少不和谐因素，不断促进社会和谐"[1]。现阶段的犯罪问题反映了这一社会变革时期的矛盾特征。与建国初期引起犯罪的矛盾不同，我国当前导致犯罪的社会矛盾有些是由于财富分配不均，或者难以以合法正常途径获得财富所产生的冲突造成的，有些则属于邻里纠纷，矛盾的人民内部性、缓和性占很大部分。犯罪人也不再是过去对人民民主政权进行颠覆的反革命分子，现时期犯罪人既有对国家和社会安全造成重大危险的敌对分子，也有很多犯罪人是处于社会底层的成员，对这部分犯罪人不能简单地采用"严打"的方式。而应从社会全局的视角出发，针对不同性质的犯罪和不同类型的犯罪人尽量采取不同矛盾不同对待的方式，适应多元化的矛盾，采取多元化的矛盾解决机制，合理地组织对犯罪的理性反应。和谐社会要求人与人之间、人与自然之间和谐相处，注重对人的利益的尊重与权利的保护。预防和控制犯罪如果片面强调打击，就可能扩大社会的对立面，给社会发展带来更多的隐患，难以达到初衷。对犯罪情节轻微的犯罪予以从宽处理，将社会对抗减少到最低限度，将有限的司法资源投入到严重危害社会的犯罪活动中，有利于降低执法成本，有效打击和预防犯罪，维护社会秩序，不断化解社会矛盾，实现社会和谐。强调要根据社会形势和犯罪分子的不同情况，区别对待，最大限度地弱化、减少和消除不和谐因素的宽严相济刑事政策，其价值取向和内涵均与建设和谐社会的追求与理念相契合。

（二）犯罪形势及司法系统运作情况的要求

从 20 世纪 90 年代末开始，我国的刑事案件数量急剧增加，公安机关刑事案件的立案数量 1986 年为 547115 件，到 2004 年增长到 4718122 件，增加了 4171007 件，是 1986 年立案数的将近 9 倍。发案率（指每十万人口发生的刑事案件数）在 1981—2004 年之间的年平均增长率为 6.3%，立案数平均每年

---

① 《中共中央关于构建社会主义和谐社会若干重大问题的决定》，载 http://baike.baidu.com/view/2323954.htm。

以 7.5% 的速度持续增长。① 新型犯罪增长迅速，重大犯罪尤其是黑社会性质组织犯罪、恶势力犯罪、毒品犯罪、暴力犯罪突出，严重威胁了社会秩序。另一方面，刑事司法资源的供需矛盾加深。刑事积案上涨，案多人少的矛盾难以缓解，看守所、监狱的拥挤程度加剧，重新犯罪率上升。2005 年我国全国监狱在押犯 156.29 万人，同比上升 2.8%；新收劳教人员 15.46 万人，同比上升 7.4%。② 2007 年我国监狱服刑人数为 158.9222 万人，③ 刑罚适用需要的人力、物力和财力支持不断上升。据 2005 年全国法院司法统计公报，全国法院审理刑事案件被告人生效判决件共 573270 件，共 844717 人，其中，被判处 5 年以上有期徒刑、无期徒刑与死刑的只有 150878 人，占 17.9%，被判处 3 年以下有期徒刑、拘役缓刑的达 184366 人，占到 21.8%。④ 大量轻罪犯人导致监狱、看守所等羁押场所的拥挤，且易引发"交叉感染"，制造新的犯罪人。因此，及时调整"严打"刑事政策，在打击严重犯罪的同时，对相对轻微犯罪实行宽松的刑事政策，对一些轻微的、社会影响不大的案件予以灵活处理，减少诉讼环节，降低诉讼成本，从而将有限的司法资源尽可能用于重大案件，有利于提高司法效率，维护社会和谐稳定。

（三） 对刑罚作用的认识不断深化的结果

对刑罚作用的认识是一个渐进的过程。"严打"作为一项具体刑事政策是在改革开放之初犯罪对策相对缺乏条件下的一种选择，随着社会进步以及刑事实践与刑事法学的发展，对犯罪现象产生的原因及刑罚的作用不断深化。刑罚的目的在于通过一般预防和特殊预防两种途径从而最终预防犯罪、防卫社会，从一般预防的角度讲，刑罚仅是威慑犯罪从而预防犯罪的手段之一，过繁过重的刑罚一方面会增加社会支出的物质成本，另一方面其威慑力并不会随着刑罚的加重而无限增加，当过重的刑罚超越了社会公正的底线，会产生消极作用，积聚社会矛盾和仇恨。"严峻的刑罚造成了这样一种局面，罪犯所面临的恶果越大，也就越敢于规避刑罚，为了摆脱对一次罪行的刑罚，人们会犯下更多的

---

① 朱景文主编：《中国法律发展报告》，中国人民大学出版社 2007 年版，第 13 页、第 14 页、第 313 页、第 312 页。

② 潘庸鲁、朱婷婷：《论现代刑法的宽容之维》，载《辽宁师范大学学报（社会科学版）》2011 年第 6 期。

③ 《中国统计年鉴（2008）》，转引自田小丰：《我国刑事和解制度构建之我见——兼评我国〈刑事诉讼法修正案（草案）〉第五编第二章》，载《福建论坛（社科教育版）》2011 年第 10 期。

④ 参见《最高人民法院公报》2006 年第 3 期，转引自兰耀军：《论附条件不起诉》，载《法律科学》2006 年第 5 期。

罪行。"① 从我国的"严打"历程来看，带有浓厚重刑主义的"严打"政策没有对刑事立法与司法起到正确的引导作用。从投入了大量的人力、物力所进行的"严打"效果来看，根据犯罪统计数据，1984 年我国的总体发案率有所下降，但之后犯罪率和犯罪人数逐年回升，严重犯罪的发案率一直处于较高水平，"严打"并未取得政策设计之初所预期的效果。这促使我们对这一政策进行反思，也促使我们进一步探求犯罪的根源以及控制犯罪的方法与策略。意大利犯罪学家恩里科·菲利指出："像任何其他人类行为一样，犯罪也是多种原因的结果，尽管这些原因交织成一个不可分割的网络系统……"② 依照菲利的认识，人类学因素、自然因素、社会因素是引起犯罪的原因，其中社会因素在犯罪中起主要作用，刑罚措施对抑制犯罪的作用有限。因此，控制犯罪的策略与方法不能单靠严刑峻罚，合理对待不同性质的犯罪，适用不同的刑罚，使重罪与轻罪分别得到妥当处置，才能充分发挥刑罚的效果，有利于实现刑罚效果的最大化。

三、宽严相济刑事政策的内涵

关于宽严相济政策的内涵有不同的理解和看法。宽严相济作为刑事司法政策主要强调"该严则严，当宽则宽，区别对待"。如最高人民检察院《关于在检察工作中贯彻宽严相济刑事司法政策的若干意见》中提出："检察机关贯彻宽严相济的刑事司法政策，就是要根据社会治安形势和犯罪分子的不同情况，在依法履行法律监督职能中实行区别对待，注重宽与严的有机统一，该严则严，当宽则宽，宽严互补，宽严有度，对严重犯罪依法从严打击，对轻微犯罪依法从宽处理，对严重犯罪中的从宽情节和轻微犯罪中的从严情节也要依法分别予以宽严体现。"最高人民法院《关于贯彻宽严相济刑事政策的若干意见》提出，"贯彻宽严相济刑事政策，要根据犯罪的具体情况，实行区别对待，做到该宽则宽，当严则严，宽严相济，罚当其罪，打击和孤立极少数，教育、感化和挽救大多数，最大限度地减少社会对立面，促进社会和谐稳定，维护国家长治久安。"有不少学者认为，宽严相济的基本内容应当是：（1）该严则严。即对严重犯罪，依法从严惩处。（2）当宽则宽。对罪行较轻，主观恶性较小的，则应从宽处罚，对轻微违法犯罪人员根据条件可以免于处罚，也可以适当多判一些缓刑，或者安排到社区矫正。（3）严中有宽。即使所犯罪行严重，

---

① ［意］贝卡利亚：《论犯罪与刑罚》，黄风译，中国大百科全书出版社 1993 年版，第 43 页。
② Hermann Mannheim（ed.），*Pioneers in Criminology*，2nd ed. Montclair，NJ：Patterson Smith，1972，p. 367.

但有法定或酌定从轻、减轻处罚情节的，应予以从宽处罚。（4）宽中有严。虽然罪行较轻的，但有法定从重处罚的，应依法从重处罚。（5）宽严有度。即对犯罪人的处理，不论宽或严都必须以事实为根据，以法律为准绳，在法律规定的范围内进行。（6）宽严审时。即对犯罪人的处理，必须考虑一定时期的社会情况或者从严或者从宽。①

笔者认为，作为宽严相济刑事政策的内涵可以从以下几方面来理解：

（一）宽，指宽大，轻缓和宽容

主要指对一些轻微犯罪行为实行轻缓的处理措施，其实现途径包括：（1）非犯罪化，即对一些社会危害性较轻的行为通过立法修改排除出刑法调整的范围，或通过司法程序上的处理使犯这些行为的犯罪人不进入刑事司法程序，不作为犯罪处理。（2）轻刑化，即对一定的犯罪行为施以较轻的刑罚处罚，如限制死刑的适用，对于较为轻微的犯罪处以较轻之刑。对行为人具有坦白、自首或者立功等法定或者酌定情节的，依法予以从轻、减轻或免除处罚。对犯罪情节轻微、社会危害性较小或者犯罪人主观恶性小、人身危险性不大的，依法判处较轻之刑。（3）非司法化，指在在侦查、起诉、审判阶段，对本可进行司法程序的一些犯罪情节较轻或者刑事自诉案件，可以经过刑事和解等方式结案，从而使案件不进入刑事诉讼程序。（4）非监禁化。即对判处刑罚的人不限制其自由，而是采取其他替代措施，包括扩大罚金刑的适用、社区矫正、适用缓刑、假释等方式，实现犯罪人与社会的连接与顺利回归。

（二）严，指严格，严厉和严肃

指严格依法对犯罪行为进行惩处，不放纵犯罪人，并强调对社会危害性严重的犯罪行为或具有严重危险性的犯罪人施以更重的刑事处罚，发挥刑罚的威慑力。其实现途径有：（1）严密刑事法网，通过增设新的罪名和犯罪类型、修改罪状等方式将具有社会危害性的行为纳入刑法调整范围。突出刑法的预防功能，对行为犯与危险犯进行规定，将犯罪标准前置。（2）刑罚严厉，在罪刑均衡原则指导下，对严重犯罪和恶性较大的犯罪人判处较重的刑罚，对具有法定、酌定从重处罚情节的依法予以从重处罚，对主观恶性深、人身危险性大的犯罪人处以较重刑罚。（3）限制对具有严重犯罪行为和人身危险性大的犯罪人适用宽缓的刑罚。如对减刑、假释、缓刑等的限制适用，限定最低刑。

（三）济，指救济、协调或结合

宽严相济要求宽严平衡，互相依赖，互相补充，互相衔接，对待任何犯罪

---

① 全其宪：《宽严相济刑事政策基本问题再认识》，载《政法学刊》2010 年第 5 期。

均应以惩罚和宽和相结合。一是在当前形势下，在刑罚总体上从以往以"严"为主，向宽缓化侧重，体现刑罚的宽和、人道与谦抑。二是在处理具体案件时做到宽中有严，严中有宽，即对于犯罪较轻，但有法定从重情节的，应依法从严判处；对于严重犯罪，具有法定从轻、减轻情节的，应依法从宽。

（四）其核心是对刑事犯罪的区别对待

即区别对待严重犯罪和轻微犯罪，区别对待人身危险性大的犯罪人和主观恶性不大的犯罪人，分别采取严厉程度不等的对待方式，并在宽严之间保持一定的协调关系，使罪刑相适应与刑罚个别化相结合。"如果对两种不同程度地侵犯社会的犯罪处以同样的刑罚，那么人民就找不到更有力的手段去制止实施能带来较大好处的较大犯罪了。"① 因此，区别对待是宽严相济刑事政策的核心，并在立法和司法过程中根据形势的要求把握好区别的度。

（五）其生命力在于宽严有度，宽严审势

即宽严均应依法进行裁量，应有其尺度和范围，并根据不同时期、不同地区、不同性质的犯罪总体形势适时调整宽严所占的比例和程度，做到宽与严动态的、辩证的平衡。

第三节　宽严相济刑事政策指导下刑事司法改革的内容

一、完善从严处理的法律制度

宽严相济刑事政策"严"的一面主要是针对严重影响社会稳定的犯罪，包括严重危害公共安全的犯罪；有组织犯罪，特别是恐怖组织犯罪和黑社会性质组织犯罪；严重危及公民人身、财产安全的犯罪；贪污贿赂犯罪等。这些犯罪对社会秩序、社会正义与社会和谐造成了严重的破坏，在近年来的司法改革中加强了从严惩处严重犯罪的法律制度建设。

（一）调整犯罪范围

根据社会经济发展的要求，适应形势变化，通过增加新罪名或降低入罪门槛，加强对新型犯罪和重大犯罪的打击力度。主要表现在：

1. 将新型的社会危害性较大的行为纳入刑法调整范围。如为保护国家安

---

① ［意］贝卡利亚：《论犯罪与刑法》，黄风译，中国大百科全书出版社1993年版，第65页。

全、公共安全，惩治腐败犯罪，《刑法修正案（六）》新增了大型群众性活动重大安全事故罪、不报、谎报安全事故罪，扩大了重大事故责任罪、重大劳动安全事故罪以及商业贿赂犯罪的主体范围。《刑法修正案（七）》扩大了索贿受贿罪的主体范围，增加利用影响力受贿罪。《刑法修正案（八）》新增了对外国公职人员、国际公共组织官员行贿罪等罪名，对叛逃罪的条件进行调整；为保护事关民众生命，健康和财产权益，对以行政或民事等其他法律手段没能有效调控的行为入罪，如《刑法修正案（六）》增加了组织未成年人乞讨罪，《刑法修正案（八）》将醉酒驾车和追逐竞驶两种危险驾驶行为规定为犯罪，新增了拒不支付劳动报酬罪、食品监管渎职罪、强迫劳动罪、组织出卖人体器官罪等罪名，降低了敲诈勒索罪的入罪门槛，扩大了强迫他人劳动罪的犯罪主体，将"入户盗窃、携带凶器盗窃、扒窃"三类行为直接规定为构成盗窃罪。调整了生产、销售假药罪，重大环境污染事故罪，非法采矿罪等罪名的犯罪构成，降低了入罪门槛；为加强对破坏经济和社会秩序行为的打击，《刑法修正案（六）》增加了虚假破产罪，背信损害上市公司利益罪，骗取贷款、票据承兑、金融票证罪，背信运用受托财产罪等罪名，将枉法仲裁行为增加规定为犯罪，《刑法修正案（七）》新增了利用未公开信息交易罪，组织、领导传销活动罪，《刑法修正案（八）》新增了虚开发票罪、持有伪造的发票罪。适应信息技术和网络应用快速发展，信息网络违法犯罪也持续大幅上升的现状，为打击网络犯罪，保护信息安全，《刑法修正案（七）》设置了非法获取计算机信息系统数据、非法控制计算机信息系统罪，提供侵入、非法控制计算机信息系统程序、工具罪，出售、非法提供公民个人信息罪，非法获取公民个人信息罪。

2. 明确界定恐怖活动与恐怖犯罪，为打击恐怖犯罪提供标准。2011年10月全国人大常委会公布了《关于加强反恐怖工作有关问题的决定》，将恐怖活动界定为："以制造社会恐慌、危害公共安全或者胁迫国家机关、国际组织为目的，采取暴力、破坏、恐吓等手段，造成或者意图造成人员伤亡、重大财产损失、公共设施损坏、社会秩序混乱等严重社会危害的行为，以及煽动、资助或者以其他方式协助实施上述活动的行为。"恐怖活动组织是指为实施恐怖活动而组成的犯罪集团。恐怖活动人员是指组织、策划、实施恐怖活动的人和恐怖活动组织的成员。

（二）调整刑罚的打击力度

1. 对严重犯罪限制减刑、假释、缓刑的适用。（1）限制判刑的规定。《刑法修正案（八）》对判处死刑缓刑执行的累犯和对因犯故意杀人、强奸、抢劫、绑架、放火、爆炸、投放危险物质或者有组织的暴力性犯罪9种犯罪被判处死刑缓期执行的罪犯，规定法院可根据其犯罪情节等情况决定对其限制减刑。（2）对严重犯罪限制假释的适用。《刑法修正案（八）》对刑法第81条进行修改，其第2款规定："对累犯以及因故意杀人、强奸、抢劫、绑架、放火、爆炸、投放危险物质或者有组织的暴力性犯罪被判处十年以上有期徒刑、无期徒刑的犯罪分子，不得假释。"将不得假释的范围扩大到"因放火、投放危险物质或者有组织的暴力性犯罪被判处十年以上有期徒刑、无期徒刑的犯罪分子"。（3）规定对累犯和犯罪集团的首要分子不适用缓刑。《刑法修正案（八）》对刑法第74条进行了修改，将累犯和犯罪集团的首要分子均纳入不适用缓刑的范围。同时扩大了特殊累犯的范围，将"危害国家安全犯罪、恐怖活动犯罪、黑社会性质组织犯罪的犯罪分子"均纳入累犯的范畴，从而也扩大了不适用缓刑的范围。

2. 扩大特别累犯的范围，加大对累犯的处理力度。为严厉打击严重危害国家利益的犯罪，《刑法修正案（八）》对刑法第66条进行修改，将特别累犯的范围从危害国家安全犯罪扩大到恐怖活动犯罪、黑社会性质组织犯罪三类犯罪分子，修改特别累犯的构成条件，规定犯罪分子所犯的前罪和后罪只要是危害国家安全罪、恐怖活动犯罪、黑社会性质的组织犯罪中的任何一类罪，都构成特别累犯，不受判处有期徒刑以上刑罚和前后罪之间间隔5年期限的限制。规定对累犯不适用缓刑，对被判处死刑缓期执行的累犯，在2年期满以后减为无期徒刑时，人民法院可以同时决定对其限制减刑。

3. 完善打击黑社会性质组织的法律规定，加强惩处力度。《刑法修正案（八）》将全国人大常委会关于黑社会性质组织特征的立法解释纳入刑法条文，从组织性、经济性、暴力性、控制性四个方面明确界定了黑社会性质组织犯罪的特征；提高了对黑社会性质组织的组织者、领导者的刑罚，对组织者、领导者的刑罚由原来的"三年以上十年以下有期徒刑"提高到"七年以上有期徒刑，并处没收财产"；为实现对黑社会性质组织的打击力度，削弱其再犯的经济基础，完善了法定刑，增加了财产刑；提高涉黑组织"保护伞"的刑罚。将国家机关工作人员包庇、纵容黑社会性质组织罪的刑罚第一档最高刑由原来的3年有期徒刑提高到5年，第二档最高刑由原来的10年有期徒刑提高到15年；将黑社会性质组织犯罪的犯罪分子纳入特殊累犯的范围，禁止对于累犯和犯罪集团的首要分子适用缓刑。

（三）调整刑罚结构和种类

刑罚结构平衡，是刑罚发挥社会效用的重要方面。自1997年刑法颁布实施以来，我国立法机关颁布的修正案和立法解释，以及"两高"颁布的司法解释，基本上没有涉及刑罚制度改革问题。长期以来，我国立法规定与实际执行中均存在"死刑过重、生刑过轻、生死两重天"的刑罚轻重不平衡的问题。2011 年《刑法修正案（八）》对刑罚的结构进行了重要调整。

1. 提高了死缓罪犯减刑后的刑期上限。如果一些犯罪不判死刑，而实际服刑期又很短，难以对严重危害社会治安秩序的犯罪分子直到惩戒作用，也有违社会公平观念。《刑法修正案（八）》对刑法第 50 条进行了修改，提高了死缓减为有期徒刑的刑期。对死缓罪犯在死刑缓期执行期间确有重大立功表现，2 年期满后，由原来规定"减为十五年以上二十年以下有期徒刑"修改为"减为二十五年有期徒刑"。

2. 延长了被判处死缓、无期徒刑罪犯减刑后的最低实际服刑期。司法实践中某些重大犯罪的犯罪人，经过减刑后实际执行十余年刑期就出狱，死缓作为死刑执行方式所发挥的惩戒性、报应性和威慑力，与无期徒刑甚至长期徒刑之间没有实质的差别。[①]《刑法修正案（八）》对被判处无期徒刑的罪犯减刑以后实际执行的最低期限由过去的不少于 10 年提高到不少于 13 年。对属于刑法第 50 条第 2 款规定的限制减刑的 9 种被判处死缓的罪犯，缓期执行期满后依法减为无期徒刑的，实际执行的期限不能少于 25 年；缓期执行期满后依法减为 25 年有期徒刑的，实际执行的最低期限不能少于 10 年。

3. 延长被假释罪犯的实际服刑期。《刑法修正案（八）》将刑法第 81 条第 1 款修改为："被判处有期徒刑的犯罪分子，执行原判刑期的二分之一以上，被判处无期徒刑的犯罪分子，实际执行十三年以上，如果认真遵守监规，接受教育改造，确有悔改表现，没有再犯罪的危险的，可以假释。如果有特殊情况，经最高人民法院核准，可以不受上述执行刑期的限制。"这样，被判处无期徒刑的犯罪分子，最低实际执行期由原来的 10 年提高到 13 年。

4. 适当提高数罪并罚的刑期。随着社会的发展，在司法实践中，尤其是在打黑除恶过程中，存在一些犯罪分子，实施多数犯罪，有期徒刑总和刑期很高，但因为所实施的所有犯罪行为按照犯罪情节分别都只能判处有期徒刑及其以下刑罚而最高只能判处 20 年有期徒刑的现象，无法实现罪责刑相适应，无法有效打击一些黑恶势力的骨干分子破坏社会治安的行为，为解决这些问题，《刑法修正案（八）》对刑法第 69 条进行修改，将数罪并罚后有期徒刑的总和期原定为 20 年的上限予以提高，修改为"有期徒刑总和刑期不满三十五年的，最高不能超过二十年，总和刑期在三十五年以上的，最高不能超过二十五年"，将数罪并罚的有期徒刑的上限从 20 年提高到 25 年。

---

① 参见谢望原、张开骏：《宽严相济刑事政策指导下的刑法修正立法——〈刑法修正案（八）〉总评》，载《河北大学学报》（哲学社会科学版）2011 年第 4 期。

（四）完善相应的法律程序和工作机制

1. 建立查处流动性、团伙性、跨区域性犯罪案件的工作机制。2011 年 4 月，公安部与最高人民法院、最高人民检察院等"六部委"联合下发了《关于办理流动性团伙性跨区域性犯罪案件有关问题的意见》就这类犯罪的管辖原则、犯罪地的确定、并案侦查、并案审查以及查询和取证等问题作出规定，有利于对这类案件的侦破和审理，提高办案效率。

2. 健全了打击黑社会组织犯罪的诉讼制度。《关于办理黑社会性质组织犯罪案件若干问题的规定》完善了对黑社会性质犯罪的并案管辖、提级管辖和指定管辖制度，规定了在诉讼期间组织、领导、积极参加黑社会组织性质的犯罪嫌疑人、被告人不得取保候审，不同于普通犯罪的异地羁押、分别羁押、单独羁押制度，明确了对证人及其家属的人身予以保护，经济补偿，身份保密等证人的保护性措施，对涉黑财产的先行控制等制度，健全了打击黑社会组织犯罪的诉讼制度。①

3. 针对严重犯罪的特别程序。为严厉打击腐败犯罪、恐怖活动犯罪，对犯罪所得及时采取冻结追缴措施，2012 年刑事诉讼法增加规定，对于贪污贿赂犯罪、恐怖活动犯罪等重大犯罪案件，犯罪嫌疑人、被告人潜逃，在通缉一年后不能到案，或者犯罪嫌疑人、被告人死亡，依照刑法规定应当追缴其违法所得及其他涉案财产的，人民检察院可以向人民法院提出没收违法所得的申请，并设置了具体的审理程序。

二、完善从宽处理的法律制度

对特定犯罪行为和犯罪人的从宽处理，是体现宽严相济刑事政策的重要方面。对特定犯罪的从宽处理，可以限缩刑事司法调整的范围，减轻司法机关的负担，防止矛盾和纠纷的进一步激化。对于实现对特定犯罪人的宽宥，减少严重危害社会的隐形危害者，实现矛盾化解，防止诱发更为严重的犯罪案件，并对改造和使犯罪人回归社会具有重要意义。

（一）减轻对某些犯罪行为的处罚

1. 减少 13 个罪名的死刑。《刑法修正案（八）》减少了包括走私文物罪，走私贵重金属罪，走私珍贵动物、珍贵动物制品罪，走私普通、物品罪，票据诈骗罪，金融凭证罪，信用证诈骗罪，虚开增值税专用发票、用于骗取出口退

---

① 参见中央政法委员会政法研究所：《法治在改革中前行》，中国长安出版社 2011 年版，第 315 ~ 316 页。

税、抵扣税款发票罪，伪造、出售伪造的增值税专用发票罪，盗窃罪，传授犯罪方法罪，盗掘古文化遗址、古墓葬罪，盗掘古人类化石、古脊椎动物化石罪在内的 13 个非暴力性经济犯罪的死刑，这是我国自 1979 年以来首次削减死刑，取消死刑的罪名占到了目前罪名总数的 19.1%[①]，使我国死刑数量得到实质性减少，符合刑罚轻缓化的趋势。

2. 完善个罪规定，减轻法定刑。从《刑法修正案（七）》开始，我国的刑法对犯罪的处罚呈现宽缓化的一面。如《刑法修正案（七）》对刑法第 239 条进行修改，对绑架罪的刑罚增加了一档刑："情节较轻的，处五年以上十年以下有期徒刑，并处罚金"，将绑架罪的起点刑降低到 5 年有期徒刑；将刑法 201 条偷税罪改为逃税罪，对逃税罪的初犯规定了不予追究刑事责任的特别条款，即规定逃避缴纳税款者经税务机关依法下达追缴通知后，补缴应纳税款，缴纳滞纳金，已受行政处罚的，可不追究刑事责任。

（二）完善从轻和减轻处罚的法律规定

《刑法修正案（八）》完善了从轻和减轻处罚的法律规定，包括：

1. 对犯罪人归案的要求进一步降低，将犯罪嫌疑人、被告人坦白认罪规定为法定从轻量刑情节，规定"犯罪嫌疑人虽不具有刑法第 67 条前两款规定的自首情节，但是能够如实供述自己罪行的，可以从轻处罚"。这为犯罪人减轻处罚提供了除自首、立功之外的一条新途径，也是将坦白从宽的刑事政策法律化的一项措施，同时，在 2012 年刑事诉讼法中增加规定"侦查人员在讯问犯罪嫌疑人的时候，应当告知犯罪嫌疑人如实供述自己罪行可以从宽处理的法律规定"。

2. 删除了"犯罪后自首又有重大立功表现的，应当减轻或者免除处罚"的规定，对于犯罪后自首、立功的罪犯，只保留了可以减轻或者免除处罚的规定。

3. 明确减轻处罚的量刑幅度。明确减轻处罚为往下一个量刑幅度，同时为解决实践中可能存在的特殊情况，规定犯罪分子虽然不具有本法规定的减轻处罚情节，但是根据案件的特殊情况，经最高人民法院核准，也可以在法定刑以下判处刑罚。

（三）完善缓刑的规定

缓刑是刑罚宽缓化的一个重要表现，有利于感化、挽救和改造犯罪人，有利于犯罪人回归社会。《刑法修正案（八）》对缓刑制度进行了进一步完善，

① 黄太云：《〈刑法修正案（八）〉解读（一）》，载《人民检察》2011 年第 6 期。

具体表现为：

1. 适用缓刑的条件具体化。《刑法修正案（八）》对被判处拘役、3 年以下有期徒刑的犯罪分子中，除"犯罪情节较轻，有悔罪表现"外增加了"没有再犯罪的危险"，并将原先的"不致再危害社会"，修改为"宣告缓刑对所居住社区没有重大影响"，这样规定，便于实际操作，有利于正确适用缓刑。

2. 增加法官对宣告缓刑的犯罪分子可以附加禁止令的规定。为保护被害人、证人人身安全，维护社会稳定，同时帮助适用缓刑的犯罪分子改过自新，防止其再次犯罪，《刑法修正案（八）》增加规定了对于宣告缓刑的罪犯法官可以附加禁止令。

3. 完善对适用缓刑的主体要求。分别增加规定了应当适用缓刑的主体和不适用缓刑的主体。规定对于符合缓刑条件的不满 18 周岁的人、怀孕的妇女和已满 75 岁的人，应当宣告缓刑。规定对累犯和犯罪集团首要分子不适用缓刑。

（四）完善刑罚执行内容和方式

1. 明确社区矫正作为刑罚的执行方式。社区矫正是实现轻罪刑罚非监禁化的一种途径，是促使犯罪人顺利回归社会的特殊策略。是将符合法定条件的罪犯置于社区内，由专门的国家机关在有关部门、社会组织和志愿者的协助下，在判决、裁定或决定确定的期限内，不脱离社会，矫正其犯罪心理和行为恶习的非监禁刑罚执行活动。2003 年 7 月，最高人民法院、最高人民检察院、公安部、司法部联合下发了《关于开展社区矫正试点工作的通知》，确定在北京、天津、上海、江苏、浙江、山东六省（市）进行社区矫正的试点工作，此后试点范围逐步扩大，2009 年最高人民法院、最高人民检察院、公安部、司法部印发《关于在全国试行社区矫正工作的意见》，在全国全面试行社区矫正，规定社区矫正适用于被判处管制、被宣告缓刑、被暂予监外执行、被裁定假释以及被剥夺政治权利并在社会上服刑的五种罪犯。

据有关部门统计，截至 2010 年底，全国累计接收社区服刑人员 57.7 万人，累计解除矫正 30.7 万人。在矫正期间再犯罪率仅为 0.21%，远远低于在监狱服刑罪犯 8% 左右的再犯罪率。① 试点情况表明，社区矫正有利于减少监禁改造可能带来一些负面作用，在维护社会和谐稳定、降低刑罚执行成本等方面发挥了重要作用。

2011 年通过的《刑法修正案（八）》对刑法第 38 条、第 76 条、第 77 条、

---

① 黄太云：《〈刑法修正案（八）〉解读（一）》，载《人民检察》2011 年第 6 期。

第 85 条和第 86 条中关于管制、缓刑、假释的相关规定作了修改和补充，明确了社区矫正作为非监禁刑罚执行方法的法律地位，将原来规定的管制、缓刑、假释的罪犯"由公安机关执行"修改为"依法实行社区矫正"，这一修改表明我国法律明确了社区矫正作为刑罚执行方式的地位。2012 年刑事诉讼法修正案明确了社区矫正机构负责暂予监外执行，对暂予监外执行的罪犯依法实行社区矫正。为落实刑法、刑事诉讼法修正案的规定，全面推进社会矫正作为非监禁刑执行方式改革，2012 年 2 月最高人民法院、最高人民检察院、公安部、司法部联合下发了《社区矫正实施办法》，明确了各主体的职责，对社区矫正的调查评估、交付与接收、矫正实施、解除矫正等各个阶段予以规范。

2. 规定附加禁止令的刑罚内容。《刑法修正案（八）》完善了管制刑的内容和缓刑的执行方式，刑法第 38 条、第 72 条规定，人民法院可以根据犯罪情况，在对罪犯判处管制、缓刑的同时作出禁止其在执行期间从事特定活动，进入特定区域、场所，接触特定的人等内容的禁止令，体现了刑罚个别化，使刑罚执行更有针对性。为落实改革内容，2011 年 4 月，最高人民法院、最高人民检察院、公安部、司法部联合下发了《关于对判处管制、宣告缓刑的犯罪分子适用禁止令有关问题的规定（试行）》，规定了宣告禁止令的条件和确定禁止令具体内容的原则方法，明确了禁止"从事特定活动"、"进入特定区域、场所"、"接触特定的人"的常见具体情形，规定了禁止令的期限、裁量建议、裁判文书、执行机关、执行监督、违反禁止令的法律后果、变更程序等相关问题。

禁止令制度是我国刑罚制度的一个重要创新，体现了刑罚预防效能，对切实保障和强化管制、缓刑的适用效果，进一步充分发挥非监禁性刑罚在避免交叉感染、节约司法资源等方面具有积极、重要、独特功能。

3. 明确了附加刑数罪并罚的原则。《刑法修正案（八）》对刑法第 69 条数罪并罚的规定作出修改，在第 2 款明确了数罪中被判处附加刑执行的并科原则，即"数罪中有判处附加刑的，附加刑仍需执行，其中附加刑种类相同的，合并执行，种类不同的，分别执行"。这一规定可以有效避免实践中存在的附加刑执行方式不统一的现象。

（五）初步建立了未成年人司法制度

我国对违法犯罪的未成年人实行教育、感化、挽救的方针，坚持教育为主，惩罚为辅的原则。1984 年上海市长宁区人民法院正式成立首个专门审判未成年人刑事案件的合议庭，开始了未成年人犯罪司法制度的探索与实践。1996 年刑事诉讼法规定了对未成年犯罪嫌疑人、被告人和证人在诉讼权利方面特殊保护措施，包括讯问、审判、询问时法定代理人到场，强制辩护、不公开审理等。1997 年刑法通过规定刑事责任年龄、减轻处罚、不满 18 周岁不适用死刑，对侵害未成年人犯罪行为进行刑事处罚以保护未成年人利益。1999年制定的《预防未成年人犯罪法》以及 2006 年修订的《未成年人保护法》，对违法犯罪的未成年人如何处理、教育、矫正及预防均作了较为详细的规定。

司法实践中对未成年人司法制度的建立处于不断探索之中，2006 年最高人民法院出台了《关于审理未成年人刑事案件具体应用法律若干问题的解释》，对未成年人承担刑事责任的范围进行了一些细微的限定，在适用缓刑、假释等刑罚制度上也做出了有利于未成年人的规定。2007 年最高人民检察院出台了《人民检察院办理未成年人刑事案件的规定》，就检察环节处理未成年人犯罪案件建立了相应的机制，对未成年人轻微刑事犯罪行为的非犯罪化裁定进入了一个新的阶段。[①] 为进一步推进未成年人刑事司法制度的建立，加强在办理未成年人刑事案件过程中各部门的衔接配套工作机制，实现对未成年人"教育、感化、挽救"的方针，2010 年 8 月中央综治委预防青少年违法犯罪工作领导小组、最高人民法院、最高人民检察院、公安部、司法部、共青团中央六部门联合制定了《关于进一步建立和完善办理未成年人刑事案件配套工作体系的若干意见》，该意见就建立健全办理未成年人刑事案件的专门机构、分案起诉审理、法定代理人到场、社会调查、法律援助、不公开审理、试行行政处罚和轻罪消灭制度、各部门在刑事案件配套工作的协调和监督机制等问题作出明确规定，极大地推动了我国未成年人司法制度的完善。[②]

2011 年的《刑法修正案（八）》及 2012 年刑事诉讼法均进一步完善了对未成年人从宽处理的规定和制度。包括规定未成年人犯罪不构成累犯，放宽对未成年人的缓刑适用，建立有条件的未成年人的免除前科报告义务及犯罪记录封存制度。2012 年刑事诉讼法将未成年人犯罪案件诉讼程序作为特别程序予以规定，对未成年人犯罪案件的方针、原则、各个诉讼环节的特别程序作出规定，并针对未成年人犯罪设置了附条件不起诉制度，规定对于未成年人涉嫌侵犯人身权利民主权利、侵犯财产、妨害社会管理秩序犯罪，可能判处一年有期徒刑以下的刑罚，符合起诉条件，但有悔罪表现的，人民检察院可以作出附条件不起诉的决定。

---

① 参见中国社会科学院法学研究所课题组：《法治在改革中前行——2007 年法治回眸与 2008 年法治展望》，载《中国法治发展报告 No. 6》，社会科学文献出版社 2008 年版；刘仁文、周振杰：《宽严相济、治标治本：探索刑事法治之路》，载《中国法治发展报告 No. 5》，社会科学文献出版社 2007年版，第 95 页。

② 《关于进一步建立和完善办理未成年人刑事案件配套工作体系的若干意见》，载 http://wenku. baidu. com/view/11258fcca1c7aa00b52acb5b. html。

（六）建立针对特殊人群的人道化处理制度

1. 对老年人犯罪的从宽处理。《刑法修正案（八）》规定了对老年人犯罪的从宽处理，包括对已满 75 周岁犯罪从轻、减轻处罚，限制对已满 75 周岁的人适用死刑，放宽对犯罪的年满 75 周岁的老年人的缓刑适用。

2. 针对怀孕或者哺乳自己婴儿的妇女。对审判时怀孕的妇女不适用死刑，对符合逮捕条件但正在怀孕或哺乳自己婴儿的妇女可以采用取保候审或者监视居住，被判处有期徒刑或者拘役的怀孕或哺乳自己婴儿的妇女可以暂予以监外执行，是我国刑事司法制度中针对怀孕妇女设立的人道性制度。2011 年《刑法修正案（八）》规定对于符合缓刑条件的怀孕的妇女，规定"应当"宣告缓刑，有别于对普通对象"可以"适用缓刑的规定，2012 年刑事诉讼法在刑罚执行中规定，对被判处无期徒刑的罪犯，属于怀孕或者正在哺乳自己婴儿的妇女也可以暂予监外执行，进一步体现了刑事司法制度的人道性，体现了刑罚的宽缓性。

（七）刑事和解制度

我国司法改革实践中所出现的刑事和解是在现有的刑事诉讼程序之内的，对一些轻微刑事案件或自诉案件通过协调加害人、被害人之间的关系，加害人以认罪、赔偿、道歉等方式与被害人达成和解协议，司法机关对加害人予以从宽处理的制度。[①]

基层司法实践开始试行刑事和解的探索始于 2002 年轻伤害案件的处理方式改革，[②] 各地公安、检察和法院对刑事和解的案件范围和对象，程序及效果进行了探索和实践。2006 年 11 月，湖南省人民检察院出台《关于检察机关适

---

① 参见陈光中、葛琳：《刑事和解初探》，载《中国法学》2006 年第 5 期；张朝霞、谢财能：《刑事和解：误读与澄清——以恢复性司法比较为视角》，载《法制与社会发展（双月刊）》2010 年第 1 期；向朝阳、马静华：《刑事和解的价值构造及中国模式的构建》，载《中国法学》2003 年第 6 期；中央政法委员会政法研究所编：《司法在改革中前行》，中国长安出版社 2011 年版，第 359 页，该书中将刑事和解定性为一种办案机制。

② 2002 年北京市朝阳区人民检察院制定了《轻伤害案件处理程序实施规则（试行）》，在我国率先展开了刑事和解的探索。2003 年，北京市政法委在此基础上颁布了《关于北京市政法机关办理轻伤害案件工作研讨会纪要》，将刑事和解扩大适用到北京市各区县的公、检、法机关。2002 年 1 月，上海市杨浦区逐步建立起包括公安机关立案侦查、侦查机关审查起诉、法院审判阶段的部分轻微刑事案件委托人民调解工作机制。参见曹咏：《问题与对策："刑事和解"制度的实证分析——以和解协议的规制为视角》，载《湖南司法警官职业学院学报》2009 年第 1 期；何永军：《论刑事和解的合法性与合法化》，载《昆明理工大学学报（社会科学版）》2009 年第 3 期；张朝霞、谢财能：《刑事和解：误读与澄清——以恢复性司法比较为视角》，载《法制与社会发展（双月刊）》2010 年第 1 期。

用刑事和解办理刑事案件的规定（试行）》，最早明确提出刑事案件适用刑事和解的提法，2007 年最高人民检察院《关于在检察工作中贯彻宽严相济刑事司法政策的若干意见》和《关于依法快速办理轻微刑事案件的意见》两个文件对刑事和解这一提法在国家层面的规范性文件中予以明确。[①] 截止到 2008 年 12 月，北京、上海、河南、吉林、厦门、安徽、江苏、山东、山西、广东、浙江、重庆、辽宁、湖南省等省市均参与试行刑事和解，几年来试行这一制度的省市从省至市县均出台了有关规范性文件，并适用于个案，但在具体适用范围、对象上以及具体操作程序上各地均所不同。总的来说，刑事和解的适用对象主要是轻微刑事案件，包括由民间纠纷引起，涉嫌侵犯公民人身权利、民主权利罪和侵犯财产罪，可能判处 3 年以下刑罚的案件，除渎职犯罪以外的可能判处 7 年以下刑罚的过失犯罪案件。和解的范围也仅涉及民事责任部分。[②] 实践中主要存在被害人与加害人和解、司法和解、人民调解、联合调解、圆桌会议等模式，程序则主要表现在刑事自诉案件中法官调解和自行和解，检察机关相对不起诉处理或建议公安机关撤案处理、建议法院从宽处罚，法院依据刑法规定对有关犯罪作非刑罚处理或从轻、减轻、免除处罚，公安机关向人民检察院提出从宽处理的建议等。[③] 经过几年的实践，社会上对刑事和解的基本方向有一定共识，社会认同度越来越高，有了一定的制度雏形。在此基础上，2012 年刑事诉讼法中规定了当事人和解的公诉案件诉讼程序，对其适用的范围、条件、程序、法律后果进行了规范。

从改革的效果来看，刑事和解的适用促进被害人与加害人之间的对话，使被害人及时得到较为充分的赔偿，减少对加害人短期自由刑的适用，维护了双方利益，推动了矛盾的化解，降低了上诉率和上访率，并有助于司法效率的提升。如浙江省某市人民检察院经过刑事和解结案的所有案件中，被害人都得到了充分的民事赔偿与精神补偿，赔偿履行率高达 100%，而其他刑事案件的民事赔偿履行率只有 20% 左右，与此同时，该院所办刑事和解案件受害方的获赔数额达到了刑事附带民事诉讼案件赔偿标准的 1.6 倍左右，受害方的权益得

---

① 参见张朝霞、谢财能：《刑事和解：误读与澄清——以恢复性司法比较为视角》，载《法制与社会发展（双月刊）》2010 年第 1 期；萨其荣桂、银福成：《中国现阶段刑事和解的制度化趋势及其特征》，载《内蒙古师范大学学报（哲学社会科学版）》2009 年第 6 期。

② 参见中央政法委员会政法研究所编：《司法在改革中前行》，中国长安出版社 2011 年版，第 361～362 页。

③ 参见萨其荣桂、银福成：《中国现阶段刑事和解的制度化趋势及其特征》，载《内蒙古师范大学学报（哲学社会科学版）》2009 年第 6 期；中央政法委员会政法研究所编：《司法在改革中前行》，中国长安出版社 2011 年版，第 362～363 页。

到了很好的保障。2009 年对两年来该院作相对不起诉处理的当事人和解案件进行的集中回访结果显示，当事人对刑事和解方式满意的占 98%，基本满意的占 2%，无一人申诉或上访；当事人之间本是熟人关系的，认为修复到案发前状态或更好的占 85%，认为基本修复的占 15%。[①] 北京市朝阳区对该院对被害人同意协商且不再要求追究犯罪嫌疑人的刑事责任的嫌疑人决定不起诉后对当事人所进行的回访记录，显示满意率高达 100%。[②] 无锡法院适用刑事和解所判处的案件，除一人提出上诉外，其他被告人均表示服判。通过刑事和解程序审理的案件无一例申诉或涉诉信访[③]。但实践中也存在存在重经济赔偿、轻和解意愿、精神抚慰、被害人与加害人关系恢复的问题，因经济条件不同而导致适用刑事和解的差异的问题，需要通过完善制度予以解决。

三、贯彻宽严相济刑事政策的协调及保障制度

制度与规定的运行需要相应的环境予以保障，否则极易在运行中出现异化。落实宽严相济刑事政策不仅需要完善从严惩处和从宽处理的制度，同时也需要考虑与此相关的协调及保障制度。近些年来的刑事司法实践中主要在附条件不起诉制度试点、刑事被害人救助制度的初步建立、刑事赔偿制度的完善方面取得了较大进展，这些制度的建立和完善为宽严相济刑事政策的实行提供了更好的环境和保障。

（一）附条件不起诉制度

附条件不起诉制度是一种轻罪非犯罪化处理的起诉替代措施，是检察官起诉裁量权的表现之一。德国、日本、英美等国以及我国台湾地区虽对赋予检察官的自由裁量权大小不同，但均有与附条件不起诉相类似的制度（德国称之为起诉保留制度，日本称为起诉犹豫制度，美国称之为延缓起诉[④]），在起诉阶段起到分流案件的作用。我国 1996 年刑事诉讼法第 142 条第 2 款和第 140 条第 4 款规定了体现检察官自由裁量权的酌定不起诉制度，但起诉裁量权相对

① 邓楚开：《轻微犯罪刑事和解制度的实践运作——浙江省检察机关刑事和解改革实证分析》，载《法治研究》2011 年第 6 期。
② 李松、范玲莉、高雪松：《北京朝阳检察院对轻伤害案件相对不起诉：推行刑事和解满意率是 100%》，载《法制日报》2006 年 1 月 17 日，转引自陈光中、葛琳：《刑事和解初探》，载《中国法学》2006 年第 5 期。
③ 《恢复性司法的尝试——无锡两级法院开展刑事和解工作报告》，载最高人民法院网，http://www.court.gov.cn/2008-04-01，转引自萨其荣桂、银福成：《中国现阶段刑事和解的制度化趋势及其特征》，载《内蒙古师范大学学报（哲学社会科学版）》2009 年第 6 期。
④ 参见刘洋：《附条件不起诉制度在中国的运行与构建》，载《湖南公安高等专科学校学报》2010 年 10 月。

较小，无法有效实现对社会危害性较轻、人身危险性较小的犯罪人在审查起诉阶段的分流作用，不利于实现个别预防和犯罪人回归社会，无法体现宽严相济刑事政策的区别对待的核心，实现政策的目的。

我国的附条件不起诉制度改革探索最早源于对未成年人案件中为教育、感化、挽救未成年人而在基层司法实践中采取的制度创新。1992 年上海长宁区人民检察院在处理一起涉嫌盗窃的未成年人案件时对该犯罪嫌疑人作出了"延缓起诉"的决定，设置了两个月的考察期，两个月考察期满后嫌疑人表现良好，检察院决定不对其进行起诉，当时检察院将这一行为称为"诉前考察"。[①] 这项制度实行以后，被"延缓起诉"的犯罪嫌疑人大部分都重新融入社会，挽救了一批涉嫌犯罪的青少年。2000 年武汉市江岸区人民检察院正式以"暂缓起诉"开展试点工作。通过北京、上海、云南等地检察机关实行暂缓起诉试点工作，取得较为明显的效果，这项制度在直接起诉与直接不起诉之间设置了一个缓冲地带，有利于贯彻宽严相济刑事政策。

附条件不起诉进行试点工作的政策依据主要有最高人民检察院《关于在检察工作中贯彻宽严相济刑事司法政策的若干意见》、《人民检察院办理未成年人刑事案件的规定》、最高人民检察院《关于依法快速办理轻微刑事案件的意见》、《人民检察院办理不起诉案件质量标准（试行）》。[②] 最高人民检察院《关于深化检察改革 2009—2012 年工作规划》提出要"依法建立附条件不起诉制度"。

长期以来，由于没有明确的法律依据，这一制度在试点过程中不断招致争议。同时，也存在各地在适用对象、适用条件、附加条件、处理程序等方面不尽统一的问题。2012 年刑事诉讼法修正案草案针对未成年人犯罪设置了附条件不起诉制度，规定对于未成年人涉嫌侵犯人身权利民主权利、侵犯财产、妨害社会管理秩序犯罪，可能判处 1 年有期徒刑以下的刑罚，符合起诉条件，但有悔罪表现的，人民检察院可以作出附条件不起诉的决定。该修正案就对附条件不起诉的程序、异议、考验期内的规定及监督考察、结果等均作了较为详细的规定，标志着我国附条件不起诉制度在法律层面的确立。

（二）刑事被害人救助制度

随着我国经济社会的全面发展，国家逐步具备了为被害人提供救助的经济补偿的基础。

---

① 王宏璎、张溪瑶、陈婷婷：《论附条件不起诉制度的构建——基于刑事诉讼法修正案的思考》，载《甘肃政法学院学报》2011 年第 6 期。
② 参见林莹、隋玉利：《蓬莱市附条件不起诉改革调查报告》，载《中国刑事法杂志》2009 年第 10 期。

刑事被害人救助制度是在司法实践中为解决刑事被害人上访申诉等问题，化解社会矛盾，维护社会安定而逐步发展起来的一项制度。2004 年个别地方设立刑事被害人经济困难救助资金，开始对由于被告人被判刑甚至被执行死刑，没有财产可供执行等情况下难以获得有效赔偿或者补偿数额过低而致的经济困难的刑事被害人进行救助。2005 年 12 月中央政法委下发《关于切实解决人民法院执行难问题的通知》，① 从 2006 年开始，法院系统和检察院系统开始开展试点工作，探索刑事案件被害人救助办法，制定相应制度和措施。② 2009年中央政法委会同最高人民法院、最高人民检察院等部门联合出台政策性文件，要求制定具体实施办法，积极、稳妥、有序开展刑事被害人救助工作。③刑事被害人救助工作在全国范围陆续开展。2009 年 5 月江苏省无锡市通过《无锡市特困刑事被害人救助条例》，并于 10 月 1 日正式施行，成为我国第一部刑事被害人救助工作地方性法规。宁夏回族自治区人大常委会 2009 年 11 月颁布了《刑事被害人困难救助条例》，于 2010 年 1 月 1 日开始施行。④ 2009 年全国检察机关共救助刑事被害人及其近亲属 285 人，救助金额 666.877 万元，2010 年，全国检察机关共救助了刑事被害人 487.5 万余元。⑤ 2009 年 3 月至2010 年 10 月，全国公安机关共救助刑事案件被害人 1497 人，发放救助金额2377 万元。据不完全统计，意见下发以来，全国法院共发放救助金 7695 万余元，2680 余名被害人得到了救助。⑥

实践证明，通过建立刑事被害人救助制度，维持被害人及其家属的基本生活，保障公民的基本权利，可以在一定程度上抚慰特困被害人的受伤心理，消除被害人对犯罪人及社会的仇恨和对立心理，协调平衡犯罪人与被害人权益，在某些案件中能起到化解犯罪人与被害人的矛盾，修复被破坏的社会关系的作用，为宽严相济刑事政策的实施创造了宽容的社会心理环境。还可以起到减少申诉上访，维护社会谐稳定的作用。

刑事被害人救助制度是我国司法救助制度的雏形，为进一步帮助对受到侵害但无法获得有效赔偿的当事人摆脱生活困境，维护社会稳定，针对各地司法

---

① 《中央政法委关于切实解决人民法院执行难问题的通知》（政法〔2005〕52 号），载 http：//wen-da. tianya. cn/wenda/thread？ tid = 2be127bcbe8c046d&hl = zh - CN%3Flid%3Flid%3Flid。

② 参见郭兰英：《刑事被害人国家补偿制度的路径选择》，载《山西省政法管理干部学院学报》2011年第 3 期。

③ 中央政法委员会政法研究所：《司法在改革中前行》，中国长安出版社 2011 年版，第 230 页。

④ 参见中央政法委员会政法研究所：《司法在改革中前行》，中国长安出版社 2011 年版，第 234 页。

⑤ 参见 http：//www. jcrb. com/zhuanti/fzzt/sfgg/jcp/201103/t20110302_ 504007. html，http：//www. chinapeace. org. cn/2010 - 03/05/c_ 13197968_ 2. htm。

⑥ 参见 http：//news. sohu. com/20110210/n279262850. shtml。

救助发展不平衡，救助资金保障不到位、对象不明确、标准不统一、工作不规范等问题，十八届三中全会通过的《中共中央关于全面深化改革若干重大问题的决定》提出，要健全国家司法救助制度。为进一步完善这一制度，2014年1月中共中央政法委员会、财政部、最高人民法院、最高人民检察院、公安部、司法部联合发布了《关于建立完善国家司法救助制度的意见（试行）》，对国家司法救助的原则、对象、救助的方式和标准、程序、司法救助资金的筹集和管理、司法救助工作的组织领导作出规定，进一步规范和完善了国家司法救助制度。[1]

（三）完善刑事赔偿制度

刑事赔偿是刑事诉讼活动的后果和责任方式之一，对刑事诉讼中的各个环节发挥着重要的导向和制约作用，1995年国家赔偿法的颁布，标志着我国刑事赔偿制度的正式确立，对促进司法机关依法行使刑事司法权、保护公民权利起到了重要作用。但随着社会的发展，这部法律在赔偿范围、赔偿标准、赔偿程序、归责原则等方面不能适应刑事司法中保护公民权益的要求。

2010年4月十一届全国人大常委会第十四次会议通过了《关于修改〈中华人民共和国国家赔偿法〉的决定》，新的国家赔偿法于2010年12月1日起施行。为落实修订后的国家赔偿法，国务院出台了《国家赔偿费用管理条例》，最高人民检察院出台了《人民检察院国家赔偿工作规定》，最高人民法院出台了《关于适用〈中华人民共和国国家赔偿法〉若干问题的解释（一）》、《关于人民法院赔偿委员会审理国家赔偿案件程序的规定》，刑事赔偿制度得到进一步完善。

新修改后的国家赔偿法主要在以下几方面完善了刑事赔偿制度：

1. 确立了违法归责与结果归责、过错归责相结合的多元归责原则，[2] 其第2条规定："国家机关和国家机关工作人员行使职权，有本法规定的侵犯公民、法人和其他组织合法权益的情形，造成损害的，受害人有依照本法取得国家赔偿的权利。"删除了旧法中的"违法"二字，使因合法职权行为损害公民权益的情形纳入赔偿范围，既有利于对控制权力行使，更加大了对相对人合法权益的保障。

① 《关于建立完善国家司法救助制度的意见（试行）》，载 http：//www.gzns.gov.cn/nsfy/sszn/flfg/xgg-zgf/201408/t20140804_131360.htm。
② 参见江必新：《适用修改后的〈国家赔偿法〉应当着重把握的若干问题》，载《法律适用》2011年第6期；陈海：《论国家赔偿法的修改亮点与缺憾》，载《内蒙古师范大学学报（哲学社会科学版）》2010年第6期。

2. 扩大了赔偿范围。将虐待、放纵他人殴打、虐待等行为和精神损害赔偿纳入国家赔偿范围，确立了精神损害赔偿的方式，除为受害人消除影响，恢复名誉，赔礼道歉外，对造成严重后果的，规定了支付精神损害抚慰金制度，有利于平复受害人的心理创伤。

3. 规定了特定情形下举证责任倒置的内容，即在羁押期间被羁押人死亡或丧失行为能力的情况下，对损害和行为之间是否存在因果关系，由赔偿义务机关承担举证责任，这一修改对于防止刑讯逼供、防止牢头狱霸虐待犯罪嫌疑人、改革我国的羁押制度、保障当事人的人身权及获得赔偿的权利具有重要意义。①

4. 详细规定了相关程序，明确了期限要求，取消了违法确认的前置程序，畅通了请求渠道，使赔偿请求人申请国家赔偿更为便捷。

5. 提高了赔偿标准，改进了赔偿经费的保障支付机制，明确赔偿费用列入各级财政预算，由财政部门直接支付赔偿金，赔偿费用的管理和支付更完善，有利于公民赔偿请求权的顺利实现。

6. 建立了当事人不服国家机关的赔偿决定可以以自己的名义向上级法院申诉或者通过向院长申诉启动法院自身的重审程序，也可通过上级检察院的申诉程序启动重审程序，完善了当事人救济的途径和赔偿监督程序。②

此外，在完善立撤案制度，刑事司法与行政执纪执法衔接机制，完善刑事司法工作评价机制方面也作出了有益的探索。

2010年5月，最高人民检察院、公安部印发了《关于公安机关管辖的刑事案件立案追诉标准的规定（二）》，对公安机关经济犯罪侦查部门管辖的86种刑事案件的立案追诉标准作了规定，解决了在与认定经济犯罪紧密相关的法律法规修改后新增和修正的经济犯罪缺乏立案追诉标准或者原立案追诉标准与刑法规定不完全一致的问题。③ 刑事司法实践中探索了侦查阶段和解撤销案件的作法，一些地方出台了规范性文件对微罪撤案进行规范，如浙江、广西、湖南、上海、重庆等省市检察院或者公检两家联合出台了相关规定，对在侦查阶段达成和解的轻微刑事案件或未成年人刑事案件，符合撤案条件的，检察院可

---

① 参见陈海：《论国家赔偿法的修改亮点与缺憾》，载《内蒙古师范大学学报（哲学社会科学版）》，2010年第6期。

② 参见李秀红：《〈国家赔偿法〉修改及完善的思考》，载《法制与经济》2011年第10期；何家宝：《浅议新国家赔偿法的优缺点》，载《法制与社会》2011年第24期；纪阿林：《人性化视角中的国家赔偿立法及其改进》，载《武汉公安干部学院学报》2011年第2期。

③ 参见陈国庆、韩耀元、吴峤滨：《〈关于公安机关管辖的刑事案件立案追诉标准的规定（二）〉理解与适用》，载《人民检察》2010年第12期。

以不起诉，或者建议公安机关撤案。①

为解决一些行政执法领域有案不立、有案不移、以罚代刑的问题，探索并实行了行政执法与刑事司法衔接的机制，加强人民检察院对"两法衔接"的监督力度，2012 年刑事诉讼法明确规定行政机关在行政执法过程中收集的物证、书证等证据材料，经过司法机关核实，可以作为证据使用。

为发挥对司法工作的正确引导作用，最高人民法院、最高人民检察院、公安部、司法部等部门根据自身情况，从执法司法的各个环节对考核评价标准与工作机制作出一系列改革，如在检察考评体系中不再简单设定起诉数、起诉率特别是不捕率、不诉率等考评指标。公安机关取消了罚没款数额、刑事拘留数、行政拘留数、劳动教养数、退查率等不科学、不合理的考评指标。在法院系统的考核中加强了对刑事和解和附带民事诉讼工作的考核等等，建立科学完善的考评体系，以适应转变了的刑事政策的要求。②

第四节　宽严相济刑事政策指导下刑事司法改革的基本特点

宽严相济的刑事政策是在我国面对转型期日益严重的犯罪态势，在总结过去长期与违法犯罪作斗争的经验的基础上，基于对犯罪与刑罚的规律与特点的理性认识，基于建设依法治国、构建和谐社会的需要，而对在刑事法治领域就如何"合理地组织对犯罪的反应"，并进而协调国家与公民之间在处理犯罪问题时的关系问题上所采取的新的理念和治理方式。这一刑事政策是对我国在转型时期所面临的社会结构变化，犯罪形势变化的合理应对，也与现代刑事政策的两极化趋势相契合，与现代刑罚制度所具有的目的与功能相吻合。自 2005 年提出这一刑事政策以来，起初作为刑事司法政策在侦查、起诉、审判等刑事司法环节加以贯彻落实，经过司法实践的不断检验与完善，宽严相济刑事政策逐步上升为指导刑事立法的政策，从而成为贯穿我国刑事立法、司法和刑罚执行等诸环节的基本刑事政策。从解决司法实践中的问题和要求出发，到在司法实践中探索如何落实这一刑事政策的机制，引发一系列司法制度改革的要求，

---

① 乔顺乐：《论我国的刑事撤案制度》，载《河南警察学院学报》2011 年第 2 期。

② 参见中央政法委员会政法研究所编：《司法在改革中前行》，中国长安出版社 2011 年版，第 325～327 页。

到在国家立法层面对一些重要制度进行改革和完善，宽严相济刑事政策在预防和控制犯罪，以及社会治理中发挥了重要作用。"几年来的司法实践证明，宽严相济刑事政策完全符合新时期我国与犯罪作斗争的实际，使我国改革开放三十多年来第一次出现重刑率不断下降（重刑率是指判处五年以上有期徒刑到死刑的罪犯人数占全部被判刑人数的比例），故意杀人、重大伤害、抢劫、绑架及强奸等严重刑事犯罪的发案数量也不断下降的良性循环态势。"①

从我国的刑事司法改革实践来看，宽严相济刑事政策指导下的刑事司法改革中具有以下几个特点：

一、刑事政策法治化

过去由于我国法律规定不健全，常常出现以政策代替法律的现象，80 年代始实施的"严打"刑事政策曾因片面强调了惩办，在实际实施过程中突破了法律规定，对法律地位形成了一定冲击，产生一系列违反法治精神的情况。刑事政策无疑在刑事司法活动中具有重要的地位，然而，如何发挥其在价值上的引领作用，并避免因其所具有宏观性、概括性、抽象性的特点而不易发挥对实践的指导作用并对法治造成破坏的道路就是"刑事政策的法治化"。所谓"刑事政策法治化，就是刑事政策向法律置换的过程，即在立法与司法的过程中，将刑事政策所表现出来的价值在立法或者司法过程中体现出来。刑事政策法治化应当包括刑事政策的立法化和司法化两个方面的含义"②。这是我国在建设法治国家的宏观背景下，贯彻刑事政策的重大进步。要建立现代法治国家，不能混淆政策与法律的界限，"在法治社会，刑事政策与刑法立法应各自归位、各就各位，不能越俎代庖、互相替代，更不能混为一谈"③。因此，使刑事政策作用于立法和司法实践的途径就是对其进行立法和司法的转化。近些年来，宽严相济刑事政策的落实更多地体现了法治化的特点，在立法层面，《刑法修正案（六）》《刑法修正案（七）》和《刑法修正案（八）》的出台以及刑事诉讼法的修订均体现了这一政策对刑事立法的在价值引领、精神指导上的作用。在司法层面，最高人民法院和检察院均通过司法解释对司法实践中如何贯彻宽严相济刑事政策作出引导和规范。

---

① 胡云腾：《多角度理解把握刑法修正案（八）》，载《法制资讯》2011 年 Z1 期。
② 杨晓波、王亚丽：《宽严相济刑事政策与刑诉法再修改——以刑事政策程序法化为主线》，载《法制与社会》2010 年 5 月（中）。
③ 赵秉志：《新中国 60 年刑事政策的演进对于刑法立法的影响》，载《中国社会科学报》2009 年第 3 期。

二、刑事法网逐渐严密

近些年的刑事司法改革在犯罪化与非犯罪化的问题上体现了法网的逐步严密。严密刑事法网是宽严相济刑事政策中"严"的方面的要求之一，对于大量未规定在刑法上的具有严重社会危害性的行为确定为犯罪。《刑法修正案（七）》和《刑法修正案（八）》均体现了将不断新出现的危害社会行为纳入刑法调整的范围，或者通过增加新的罪名，或者通过对原有罪名的主体或罪状进行调整，刑事法网逐渐严密。《刑法修正案（七）》和《刑法修正案（八）》共新增罪名 23 个，涉及领域广泛。

严密刑事法网是健全我国刑事法治、贯彻罪刑法定原则的必由之路。与我国目前的法治发展阶段的要求相吻合的。西方国家刑法规定较为完善，在打击严重犯罪，维护社会秩序与司法资源形成矛盾时，对一些轻微的或者无被害人犯罪、道德犯罪等行为出罪化具有合理性。而我国则正处于社会转型期，法律规定不健全，新型的危害社会行为亟需通过犯罪化纳入刑法调整范围，以达到健全法制，严密法网之目的。但根据形势发展对一定的犯罪行为进行非犯罪化，也是宽严相济的应有之义。

三、注重宽严区别对待，建立相应刑罚制度

我国过去的刑事法律较侧重于打击的一面，随着宽严相济刑事政策的确立，在立法和司法层面逐步探索并建立体现刑罚宽缓化的制度和机制。如在死刑方面，除以往规定死刑只适用于罪行极其严重的犯罪分子，犯罪时不满 18 周岁的人和审判时怀孕的女子不适用死刑，死刑核准权统一收归最高人民法院行使，对死刑案件适用最严格的证明标准等之外，2011 年《刑法修正案（八）》取消了 13 个罪名中的死刑，规定对审判时已满 75 周岁的人除以特别残忍手段致人死亡的以外不适用死刑。[①] 从刑法的罪刑设定及刑罚的基本特点来看，体现了对应当从严惩处的，适用较重刑罚，对依法可从宽的，则设定较为宽缓的刑罚。《刑法修正案（八）》对刑罚的结构进行了调整，进一步完善了缓刑制度，确立了社区矫正制度等新型刑罚执行方式，非监禁化措施得到使用和体现。财产刑和资格刑所占的比重越来越大，实践中刑事和解的运用，未成年人司法制度的逐步建立和完善等，呈现出了与以往"严打"刑事政策下不同的价值取向和解决矛盾的路径。但与此同时，这些从宽的制度和规定还不

---

① 参见肖中华、马渊杰：《当代中国社会变迁中的刑法发展》，载《贵州大学学报（社会科学版）》2011 年第 4 期。

尽完善,一方面表现为有些体现刑罚宽缓化的制度尚未确立,如在公安、检察、法院等不同环节非司法化的处理、非监禁化等方面的措施都还较为单一;另一方面表现为已建立的制度尚需进一步完善,以真正服务于司法实践的需要。建立宽缓化的刑事制度有利于化解社会矛盾,实现对一部分犯罪人的感化和对社会的回归,同时,对轻微的刑事犯罪予以减轻或不予以处罚,也有利于节约诉讼资源,将刑事司法的打击重心放在严重犯罪上,实现对社会秩序的有效维护。

对严重危害国家安全、社会治安的黑社会性质犯罪、恐怖犯罪、有组织犯罪等犯罪行为,适用较重的刑罚是宽严相济刑事政策的应有之义,也是宽严相济刑事政策的目的所在。近期的改革加大了对黑社会性质犯罪、恐怖犯罪、集团犯罪以及流动性、团伙性、跨区域性犯罪案件的查处与惩治。通过完善罪名、罪状、刑罚力度,完善刑罚制度,如数罪并罚制度、累犯、对减刑、假释、缓刑适用的限制以及完善刑事诉讼程序方面加大对这类犯罪的打击力度。

四、改革的动力与途径体现了"制度扩散"作用的机理

我国近年来在刑事政策上的转变源于经济社会发展,社会矛盾所呈现出不同于以往的特点,因而需要在刑事立法与司法方面的调整以应对控制犯罪,解决矛盾,维护社会秩序的需要。在这一刑事政策指导下的诸项刑事司法制度的发展其根源来自于司法实践的要求,但由于我国目前处于国际交流频繁的大环境下,国外刑事司法理念与制度对我国的影响无疑较过去更深,法律移植的现象较过去更多,如刑法谦抑性原则,刑罚个别化处遇理念,恢复性司法理念,英美、德日刑事司法制度中的刑事和解、暂缓起诉、被害人补偿等理念和制度无疑影响到我国刑事司法实践,对制度改革方面起到了启发、可资借鉴的作用。这些源于国外的制度之所以能"扩散"或"转化"为我国的司法实践,正是源于我国具备了吸收和转化这些制度的基础和能力。如我们在第一章中所讨论的,制度扩散之所以能发生,是由于制度的接受者与制度的输出者之间存在某种共同的基础,而且,制度的接受者在多大程度上接受这一制度,以何种方式实施这一制度,以及实施的效果是否与制度输出者实施所产生的效果相同,均取决于制度接受者的本身的社会状况、制度基础。如刑事和解在我国刑事司法实践中出现,并成为重要的改革内容,表面上看是受西方刑事和解制度的影响,在概念和运行方式上中西两者有诸多相似之外,但与西方国家以个人为本位的观念不同,我国刑事和解制度改革的基础是社会本位观念,其改革的初衷是为了解决过多的上诉上访,化解社会矛盾,维护社会秩序。制度在扩散或转化的过程中已经与接受者的社会基础相结合,变成了适应于本土特点的

制度。

与以往的改革不同，基于从建设社会主义和谐社会的宏观背景出发，化解社会矛盾，推进依法治国，近些年来的刑事司法改革更加注重改革的整体性，制度的协调与配套，如刑事被害人救助制度的建立、国家赔偿法的修改完善、立撤案制度、刑事司法评价机制等改革均体现了这一思路。

本章小结

科学的刑事政策对促进刑事司法改革的成功具有重要作用，宽严相济刑事政策是适合我国当前应对犯罪形势的刑事政策，除进一步完善犯罪范围，构建严密的刑事法网，调整刑罚结构，实现宽严有度、相互衔接的刑罚体系，完善正当的司法程序，完善协调和保障制度和配套措施外，要落实这一政策还应注重以下几方面的问题：

一是完善落实宽严相济刑事政策的制度环境。宽严相济的刑事政策的提出和实行有其社会基础和科学根据，但其仅是社会治理系统中的重要一环，这一政策的充分发挥，不仅取决于自身改革的深度，还依赖于民主改革的推进、经济能力的增长、就业问题的妥善安排、资源的法律配置等等，只有这些政策综合作用，才能真正实现社会和谐。[①] 因此，宽严相济刑事政策的落实取决于各项经济、政治、社会政策的综合作用，应当将这一政策的落实放到更广阔和背景下予以考虑。

二是要进一步实现刑事政策的法治化。我国正处于建设法治国家的进程中，历史遗留的人治思想较强，加之过去刑事立法不完善，多有以政策处理法律事务的习惯，而政策因其概括性、非规范性易导致取代法律而造成对法治的破坏。因此，应更加强调将刑事政策的法治化。通过立法将刑事政策的目标与价值体现在法律中，使其转化为具体的刑事法律规范。以法律作为社会行为、政府运作的规范，不能以刑事政策取代刑事立法。使刑事立法以科学的刑事政策为指导，同时刑事政策的制定与运行应当受刑事立法的制约，防止由于权力自我扩张与膨胀本能而使刑事政策由于其灵活性蜕变成为随意性的限制手段。

三是建构完善刑事政策的实施模式。刑事政策的实施是一个关键阶段，关

---

① 参见代士享、于杰：《构建和谐社会中刑事政策问题研究》，载《金卡工程·经济与法》2010 年第12 期。

系到它能否达到政策的初衷与目的，应当重视政策实施的问题。针对我国目前在刑事政策实施方面具有普遍性的操作机制上的问题，重点应关注如何正确处理政策实施中的利益关系，建立畅通的利益表达机制和以公民利益为导向的利益协调机制。重视培育以"信任、沟通与公民参与网络"为基本内容的社会资本的培育，以增强刑事政策实施的合法性和有效性保障。针对目前刑事政策实施中监督不够到位的现状，建立健全刑事政策实施绩效评估制度，明确刑事政策的实施主体与评估主体，明确权限划分，注重民众参与的考评主体的多元化，完善评估的实施步骤、法律效力等，进一步提高刑事政策实施的效率和公信力。①

---

① 参见姜涛：《中国刑事政策实施的问题与对策》，载《重庆大学学报（社会科学版）》2011 年第 4 期。

第四章　刑事司法改革重心之一：寻求人权保障与犯罪控制的平衡

　　人权保障与犯罪控制是现代刑事司法的两个基本功能，是实现秩序与自由价值的重要途径，从而也成为刑事司法改革基本价值选择的应有之义。人权保障与犯罪控制在刑事司法中的地位与刑事诉讼的形式密切相关，而刑事诉讼的形式则源于社会对不同价值的需求，对秩序与自由价值的选择。

第一节　人权保障与犯罪控制的关系及其历史演变

　　由社会发展阶段和当时主要社会需求所决定，犯罪控制与人权保障在不同的历史阶段被赋予了不同的地位。当战争频繁、犯罪猖獗的时期，人们渴望和平和安定，因而强调对犯罪予以有力、高效率的控制，强调维护社会秩序，从而会忽视对被追诉人的权利保障。但当不人道追究犯罪的方式、不人道的刑罚引发了社会的不满，强烈地影响到社会公正，引发不可调和的社会矛盾，尤其是在实质上伤害到新兴资产阶级要求保护其自由、生命、财产的要求时，则引发刑事司法向人权保障方向的改革。经过数百年的发展演变，社会秩序和人权保障的重要性已为人们深刻认识到，如何在二者之间寻找适当的平衡，成为各国刑事司法改革的重要课题。

一、从弹劾式诉讼模式到纠问式诉讼模式的演变源于对秩序要求的加强

　　人类社会早期（主要指奴隶社会和封建社会早期）的刑事诉讼形式主要是弹劾式诉讼，也称控诉式诉讼或对抗式诉讼。这一诉讼形式的基本特征在于诉讼由私人控诉引起，诉讼的进展取决于当事人之间的对抗，诉讼中双方当事人地位在形式上平等，在权利与义务上对等。裁判者并不主动地收集证据或查核证据，诉讼的结果取决于双方当事人的举证和辩论，也没有明显的审前程

序。古罗马、古日耳曼和不列颠均在其社会早期实行过弹劾式诉讼。弹劾式诉讼的主要目的在于解决纠纷，维护社会的安定性。① 这一时期的刑事司法既不具有保护诉讼当事人权利的特征，也不具有实现社会控制的目标。

随着人类社会继续发展，国家与社会进一步分离，主权国家逐步兴起，不法行为所侵害的利益被认为是对国家和君主的利益的侵害，从而引起对这些行为处理方式的变化。为实现王权，控制社会，欧洲大陆从 13 世纪开始，握有强大权力的中世纪教会组织用以镇压异己手段的纠问式诉讼程序开始在世俗的刑事程序中得到应用，15 世纪中期的法国正式确立了纠问式的诉讼程序，而德国则于 16 世纪中期的《卡纳林娜刑事法典》确立了有关纠问式的规定。纠问式诉讼是实现社会控制为目标的诉讼形式，权力因素在诉讼中具有主动性和主导地位，被告人负有配合与忍耐的义务，司法机关主动追究犯罪，侦、控、审职能合一，对被告人实行有罪推定。纠问式诉讼程序具有不公开性，诉讼的中心在审前阶段。判决主要以被告人的口供笔录为依据，口头证据占优先地位，被告人成为刑讯逼供的对象，刑讯制度化、合法化。这一时期实行有罪推定，被告人是诉讼的客体，不享有辩护权，但有证明自己无罪、有罪的义务。② 在这一时期的英国随着王权的加强，也经历了纠问因素增长的过程，在当时的星座法院和教会法院中，刑讯被告认为是合法的，都铎王朝时期的星座法院已实行了纠问式诉讼形式，英国在保留弹劾式诉讼形式的特征基础上，大大增加了有利于追究犯罪的因素。

纠问式诉讼形式在惩罚犯罪方面较弹劾式诉讼更有效率，更有利于镇压犯罪并维护社会安宁，从而有利于国家统一，有利于维护封建统治秩序。在当时的中央集权国家，社会利益凌驾于个人利益之上。"纠问式诉讼所要作的，正是防止由于过分尊重个人的权利而不能确保对犯罪人进行追究的情形发生，况且一个坏人也不值得受到给予一个公民的全部保障。"③ 纠问式诉讼形式适应了当时社会对秩序的要求，也成为处于上升时期的王权进行社会控制的工具。这一时期全部刑事司法的目的在于控制犯罪，维护社会秩序，而被告人的权利则处于被漠视的地位，即使在英国，直到英国资产阶级革命胜利之前，被追诉人的对抗性权利，如取保候审、获得律师帮助、不被强迫自证其罪等具有人权

---

① 参见汪海燕：《刑事诉讼模式的演进》，中国人民公安大学出版社 2004 年版，第 12 ~ 13 页、第 63 页。
② 参见汪海燕：《刑事诉讼模式的演进》，中国人民公安大学出版社 2004 年版，第 63 ~ 118 页、第 13 ~ 14 页。
③ ［法］卡斯东·斯特法尼等：《法国刑事诉讼法精义》，罗杰珍译，中国政法大学出版社 1998 年版，第 76 页，转引自汪海燕：《刑事诉讼模式的演进》，中国人民公安大学出版社 2004 年版，第 119 页。

保障性质的权利也并未确立。

二、近现代刑事司法原则与模式的形成体现了对人权保障的需求

随着资本主义经济关系在封建社会内部的发展，为与这种经济关系相适应在政治和思想领域产生了深刻的变革。17、18 世纪欧洲的启蒙运动倡导理性，反对专制，提倡自由、平等与博爱，提出了社会契约、天赋人权、三权分立等理论以反对封建专制统治，这些思想影响了近现代西方国家的权力架构，影响了国家与公民之间的关系，也影响了刑事司法的模式转换与实践。

首先，人权保障的思想体现在国家宪法规定上。英国 1689 年通过的《权利法案》规定，不应要求过多的保释金、强课过多的罚款、滥施残酷的刑罚，审判应由正式选任和宣布的陪审员参加，在定罪前不能课以罚金和没收财产等，以限制司法专横，加强人权保护。[①] 1776 年美国《独立宣言》宣称："我们认为这些真理是不言而喻的，人人生而平等，他们都从他们的'造物主'那边被赋予了不可转让的权利，其中包括生命权、自由权和追求幸福的权利。为了保障这些权利，所以在人们中间成立政府。"[②] 1789 年法国的《人权宣言》第一次以成文宪法的形式提出了保护"人权"，"在权利方面，人们生来并且始终是自由平等的"，"任何政治结合的目的都在于人的自然和不可动摇的权利。这些权利就是自由、财产、安全和反抗压迫。"[③]

其次，人权保障思想体现在一系列刑事司法原则及相应制度的确立上，包括罪刑法定原则、罪责刑相适应原则、法律面前人人平等原则、无罪推定原则、控审分离、审判公开等原则。资产阶级革命胜利后，这些思想和原则被贯彻到各国的刑法及其刑事诉讼法之中。德国刑法学家冯·费尔巴哈在 1813 年起草的《巴伐利亚刑法典》中，第一次将罪刑法定思想法典化。[④]

最后，人权保障思想体现在诉讼形式的改革上。纠问式诉讼形式因其"程序的秘密性以及法定证据制度与理性相距甚远，惨无人道的刑讯逼供与人道主义的要求背道而驰"[⑤] 而受到启蒙思想家的抨击，导致对这一刑事诉讼形式的改革。在英国经历了一段纠问式因素增长的时期，但由于英国贵族与国王之间的斗争和抗衡，贵族阶层通过私诉、陪审团审判等方式限制王权，使英国没有形成如欧洲大陆纯粹的纠问式诉讼模式，形成了对抗式的刑事诉讼模式，

---

① 参见蔡定剑：《刑事司法制度改革的人性化趋向》，载《团结》2009 年第 2 期。

② 《独立宣言》，载 http：//baike. baidu. com/view/49962. htm。

③ 《人权宣言》，载 http：//baike. baidu. com/view/49933. htm。

④ 赵秉志：《当代中国刑法中的人权保护（上）》，载《中共中央党校学报》2004 年第 4 期。

⑤ 汪海燕：《刑事诉讼模式的演进》，中国人民公安大学出版社 2004 年版，第 124 页。

这一诉讼模式被认为强调了被追诉人的主体性地位，并强调对被追诉人的保护，契合了资产阶级革命时期启蒙思想家对纠问式诉讼非人道性的批判和新生资产阶级对"天赋人权"保障的需求，因而不仅在英国取得了正统的地位，而且对欧洲大陆刑事司法改革产生了影响。在法国大革命之后，取消了纠问式诉讼形式，仿照英国建立了对抗式诉讼形式，但因这一诉讼方式无力实现社会控制的目标，在经过一系列改革之后形成了职权主义诉讼模式，这一模式也影响了其他欧洲大陆国家的刑事诉讼模式。

无论是欧洲大陆实行的职权主义诉讼模式还是英国发展起来的对抗式诉讼模式，近现代刑事司法制度的演变深受启蒙思想的影响，在其不断改革和发展中始终关注理性与人道的因素，注重在刑事司法中实现对"天赋人权"的保障。从此以后，保障人权成为刑事司法的基本价值之一。

此后，人权保障的理念获得了进一步的发展，刑事司法中对人权的保障原则上升到宪法保障层面。如法国的《人权宣言》规定了罪刑法定，无罪推定原则，非经法定程序不受控告、逮捕或拘留，审判公开等原则。美国宪法通过宪法修正案确立了刑事司法中应受保护的公民权利，包括保障公民不受无理搜查和扣押的权利；被判处死罪或其他不名誉罪行均应由大陪审团的报告或起诉，禁止双重危险、不得被迫自证其罪的原则；被告在刑事诉讼中接受迅速而公开的审判的权利、由公正陪审团审判的权利，得知被控告的性质和理由的权利、同原告证人对质并以强制程序取得对其有利的证据的权利、取得律师帮助的权利；不得要求过多的保释金，不得处以过重的罚金，不得施加残酷和非常的惩罚的权利；正当程序程序条款等。①

20 世纪以后，人类经历了两次世界大战，法西斯对基本人权和尊严的残酷践踏，使人们意识到人权问题的普遍性以及整个人类社会对人权保障的必要性，从而使人权成为国际法予以规范和保障的问题。《联合国宪章》中第一次规定了人权的国际保护。此后 1948 的《世界人权宣言》对人权问题作了详尽列举，1966 年通过了具有法律约束力《经济、社会及文化权利国际公约》和《公民权利与政治权利国际公约》及其任择议定书，以法律形式对经济、社会及文化权利加以确认。在公民权利易受侵犯的刑事司法领域，也通过一系列旨在确立刑事司法制度建构和运作的最低限度标准的公约、条约，刑事司法中的人权保障成为一项国际性的追求与目标。②

---

① 《人权法案》，载 http：//baike. baidu. com/view/171987. html？ tp ＝0＿ 00#1。

② 参见卞建林：《中国刑事司法改革探索》，中国人民公安大学出版社 2007 年版，第 28～30 页。

三、近期世界各国及地区的改革体现了对犯罪控制与人权保障二者关系的平衡

从近期世界刑事司法改革的整体来看，充分体现了对犯罪控制和人权保障二者关系的平衡。这种平衡一方面表现在刑事实体法的规定上，另一方面体现在刑事诉讼程序的改革之中。以注重社会秩序为重点的大陆法系国家在坚持其控制犯罪、保护社会的理念基础上以对犯罪嫌疑人、被告人权利的保障为重点，调整其刑事司法制度，在二者发生冲突时，人权保障的分量较以往更重。与此同时，英美法系国家则对其保障犯罪嫌疑人、被告人人权的传统在新的形势下予以调整，增强了对犯罪控制、打击犯罪效率，维护社会秩序的力度。

（一）各国对人权保障的重视程度加强，人权保障在宪法中得到更多体现

许多国家在宪法中对涉及刑事诉讼的人权问题规定，体现了对刑事诉讼中人权保障的重视。如战后的德国宪法规定了程序法治、法官独立、公民自由权等问题，废除了死刑，对刑事诉讼规定了宪法性申诉的救济手段。1947 年日本国《宪法》第 31—40 条，规定了刑事诉讼中公民的基本权利。[①]

（二）以犯罪控制和保护社会理念为基础的国家在刑事司法改革中加重了人权保障的分量

在刑事实体法方面，德国于 1975 年对其旧刑法进行了全面修改，其《刑法改革法》第 1 条重申了宪法中"一个行为只有在其发生之前的法律中明确规定了可罚性时，才能受处罚"的原则。[②]《德国刑法典》第 46 条第 1 款规定："行为人的罪责是量刑的基础。通过刑罚对行为人未来在社会中的生活所希望产生的效果，必须予以考虑。"[③] 这些规则强调了法律的确定性、明确性和禁止溯及既往的法制原则，强调考虑刑罚适用对犯罪行为人复归社会的目的，体现了人道主义原则和人权保障原则。刑法典就侵害人身和隐私的犯罪作了专门规定，在保留原来的侵害言论秘密、侵害通信秘密等犯罪的基础上，又增加了公务员侵害他人的私人秘密和未经许可使用他人秘密的犯罪，扩大了刑法保护的个人权利的范围。在渎职犯罪中规定了刑讯逼供、对无罪的人追诉和

---

① 参见张旭：《社会演进与刑法修改——以德国为视角的研究》，载《法制与社会发展》2003 年第 2 期；马贵翔、胡铭：《正当程序与刑事诉讼的现代化》，中国检察出版社 2007 年版，第 46～47 页。

② 张旭：《社会演进与刑法修改——以德国为视角的研究》，载《法制与社会发展》2003 年第 2 期。

③ 王世洲：《联邦德国刑法改革研究》，载《外国法译评》1997 年第 2 期。

对无罪人执行刑罚的犯罪行为，通过约束公权力，加强对被告人权利的保护。① 在日本，为体现法律面前人人平等、男女平等的原则，限制公权力的滥用，1947 年刑法修改中删除了反皇室罪，废止了仅追究妻子责任的通奸罪，加重了公务员滥用职权罪的法定刑。②③ 1982 年葡萄牙通过了新《刑法典》，1992 年法国对 1810 年《法国刑法典》的全面修订，1995 年澳门颁布了其《刑法典》，1996 年《俄罗斯联邦刑法典》颁布，这些刑法典在人权保障方面均有重大的进展，以法典编纂的体例为例，20 世纪 90 年代修订或颁布的《法国刑法典》、《俄罗斯刑法典》和《澳门刑法典》均在分则中把侵犯公民人身权利方面的犯罪置于首要位置，一改由 1810 年《法国刑法典》所创立的分则体系先国家、再社会、最后个人的法益之编排体例，反映了法律价值观由重视国家（地区）权益而注重个人权益的重大历史性转变。④

在刑事诉讼方面，注重从程序上加强对人权的保障。德国刑事诉讼法修正案中将被告人就其陈述自由加以告示的义务扩充适用到所有的被讯问人员，强制辩护的范围得到扩展，增强了律师的阅卷权、接见通信权。法国 20 世纪 30 年代的改革加强了侦查活动中的监督措施，特别是对审前羁押、搜查和扣押等直接涉及公民人身自由的权利加强了保护。1958 年的《法国刑事诉讼法》将诉讼程序尽可能纳入司法化。1993 年修改的《法国刑事诉讼法》加强了律师在侦查阶段的各项权利，并开始注意对被害人诉讼权利的保障，将"预防性拘押"改为"先行拘押"。2000 年《法国刑事诉讼法》的修改，在其中明确写入了无罪推定原则，明确了沉默权制度。设立了"自由和羁押法官"，实现了预审和羁押职能的分离。加强了侦查和预审期间开庭辩论的公开化，将精神损失赔偿纳入了错误先行羁押的赔偿范围。提前了律师介入侦查的时间。俄罗斯 2001 年和 2002 年通过的新的《俄罗斯联邦刑事诉讼法典》及两个法律文件，确立了法制原则与非法证据排除、无罪推定原则、禁止重复追究刑事责任、建立陪审团制度等原则，关注对被追诉人和被害人权利的同等保护，体现了追究与保障并重的刑事诉讼目的。1988 年《意大利刑事诉讼法典》，引进了非法证据排除规则。日本在近期改革的侦查程序中设计了"讯问观察记录书

---

① 参见张旭：《社会演进与刑法修改——以德国为视角的研究》，载《法制与社会发展》2003 年第2 期。

② 参见朱晓音、郑灵云：《日本刑法改革的进程》，载《法学》1997 年第 4 期；张明楷：《日本刑法的发展及其启示》，载《当代法学》2006 年第 1 期。

③ 以上部分内容，参见高丽蓉：《近现代西方国家刑事政策的演变与刑法改革》，载《国家检察官学院学报》2011 年第 2 期。

④ 参见赵秉志：《当代中国刑法中的人权保护（上）》，载《中共中央党校学报》2004 年第 4 期。

制度"，即由负责讯问的侦查人员以外的"第三人"，按规定的格式对讯问的过程进行客观的、正确的记录，提出将"国选辩护人制度"推广到侦查阶段，设立公共刑事辩护机关。我国台湾地区 2003 年"刑事诉讼法"修改，扩大和完善了指定辩护，在证据法中明确增加了无罪推定的表述，对于证据规则作出重大修订和增补，确立了法定排除与法官权衡排除非法证据的规则。这些改革措施总体上体现了对人权保障的关注与加强。[①]

（三）犯罪控制成为刑事司法改革中重要取向

1. 实行案件分流。针对犯罪数量大幅度增长，严重暴力犯罪、新型犯罪、有组织犯罪、跨国犯罪等犯罪形态多样，司法机关及监管机构超负荷运转，为将打击重心转移到严重犯罪上而不断探索设立程序分流措施，将较轻微的刑事犯罪隔离于刑事诉讼程序之外或扩大简易程序的范围。如 1958 年《法国刑事诉讼法》针对轻微的刑事案件设立了特殊的、快捷的诉讼程序。1993 年《法国刑事诉讼法》设定了"刑事裁定书"程序，扩大了"定额罚金"的适用范围，允许将一部分案件交由法官独任审理，一再扩大"加速诉讼程序"的范围。[②]

2. 加强侦查手段。为适应打击严重犯罪的需要，增强社会防控能力，扩大侦查机关的权力，通过法律赋予侦查机关诸如监听、诱惑侦查、卧底侦查等侦查权力。如美国 1968 年的《综合犯罪控制与街道安全法》对电子监听进行了规定，德国 1992 年修改《德国刑事诉讼法》增设了包括对常业性接收赃物在内的犯罪实施监听在内的秘密侦查手段。荷兰 2000 年颁布的《特殊侦查权法令》，英国 2000 年通过的《侦查权力规范法令》（RIPA），法国 2004 年通过的"使司法适应犯罪发展"法令等都增设了秘密侦查相关条款。[③]

3. 对犯罪嫌疑人、被告人的权利予以限制。如德国在其刑事诉讼法修正案规定在暴力犯罪、恐怖主义犯罪以及有组织犯罪等特别严重的犯罪中有权组织可禁止或中断律师与当事人之间的联络，为对人员身份进行确认及暂时拘留，将扩大住宅搜索范围的权限授予刑事侦查机关。英国从 20 世纪 50 年代

---

① 参见周欣：《法国、日本刑事司法制度改革进程探究》，载《公安大学学报》2002 年第 2 期；马贵翔、胡铭：《正当程序与刑事诉讼的现代化》，中国检察出版社 2007 年版，导言，第 2～5 页、第 11～13 页；胡铭：《我国刑事司法改革的步伐刻不容缓——以比较法为主要视角》，载《诉讼法论丛》第 9 卷。

② 参见周欣：《法国、日本刑事司法制度改革进程探究》，载《公安大学学报》2002 年第 2 期。

③ 程小白：《刑事诉讼法修改的三点建议》，载《江西警察学院学报》2011 年第 5 期；杨晓波、王亚丽：《宽严相济刑事政策与刑诉法再修改——以刑事政策程序化为主线》，载《法制与社会》2010 年第 14 期。

始，通过了《警察与刑事证据法》等一系列文件和法律，限制了禁止双重危险原则的适用，放宽了对无罪案件重新起诉的限制，放松关于可采性的苛刻规则，取消或限制陪审团对谋杀爆炸等重大犯罪案件的审判，对沉默权加以限制，允许法官和陪审团在特定情形下对犯罪嫌疑人、被告人的沉默和拒绝陈述作出不利于他的推断等，赋予警察和起诉机关更多的权力，削弱了被追诉者的权利保障。美国 2011 年通过的《反恐怖法》授予执法者更多的监听、检测和搜查权，加强了对金融机构及其客户的监控，增加了有对危害国家嫌疑的外国人被驱逐前可予以拘禁的规定等特殊程序，对涉嫌恐怖犯罪的犯罪嫌疑人、被告人的一些基本权利进行了一定限制，2000 年以后的司法实践动摇了对米兰达规则的适用。①

总的来看，人权保障的地位随着人类社会的文明进步占据越来越重要的地位，体现了在保障基本社会秩序下对自由价值的推崇与尊重。在当今社会，秩序与自由的价值均不可偏废，在人权保障和犯罪控制之间寻找适当的平衡始终是各国刑事司法改革的重心。

第二节　我国刑事司法改革的进展

与欧洲的诉讼形式发展的途径不同，我国古代的法主要指刑，"刑起于兵"，与统一集权国家相适应，夏朝发端、周朝初步建立，纠问式诉讼模式延续我国奴隶社会与封建社会千年，直到 20 世纪初清末迫于外部压力而进行的司法改革这一诉讼模式才从形式上有所改变。因而追求秩序，偏重于犯罪控制成为我国刑事司法的传统。

1949 年新中国成立后，尤其是 1978 年以来刑事法制的恢复以来，人权保障的观念逐步得到认同和发展，我国在人权保障和犯罪控制方面较之以前取得了很大的成就，但仍存在较大的问题。表现在：（1）无罪推定原则未完全确立。无罪推定原则是现代刑事司法基本原则之一，这一原则既具有程序上确定证明责任的意义，也具有实体上疑罪从无的结果。我国 1996 年刑事诉讼法吸

---

① 参见马贵翔、胡铭：《正当程序与刑事诉讼的现代化》，中国检察出版社 2007 年版，导言，第 3～4 页、第 7～10 页；胡铭：《我国刑事司法改革的步伐刻不容缓——以比较法为主要视角》，载《诉讼法论丛》第 9 卷；张建伟：《刑事司法：多元价值与制度配置》，人民法院出版社 2003 年版，第 79 页；谢小剑：《公诉权制约制度研究》，四川大学 2007 年博士学位论文，第 49 页。

收了无罪推定原则的基本精神，规定疑罪从无原则，但立法和司法实践中均没有正式认同无罪推定原则。（2）刑讯逼供问题未得到根本遏制，是刑事司法中对基本人权侵犯最常见的形式。（3）违法羁押、超期羁押、变相羁押现象大量存在，羁押成为实现诉讼目的最为有效的工具。（4）刑事强制措施一方面缺乏有效的制约，当事人的救济手段缺乏，另一方面也存在刑事强制措施在保障刑事诉讼顺利进行方面功能异化的问题，无法满足侦查需要。（5）辩护权的行使得不到完整的保护，如在侦查阶段，犯罪嫌疑人没有委托辩护人的权利，对程序性事项无异议和辩护权，律师的会见权、阅卷权、调查取证权得不到较好的保障，影响当事人辩护权的实现。（6）在证据制度方面，过分倚重口供，对证人的权利保障不充分，没有规定特定的证人拒绝作证权，证人的作证缺乏相应保障等。（7）侦查权配置不力。侦查技术手段落后于侦查的实际需要，与新型犯罪、有组织犯罪、跨国犯罪、职务犯罪等犯罪特点相适应的侦查手段和措施缺乏，影响侦破、打击的力度。

犯罪控制与人权保障之间的关系在我国刑事司法中经历了并正在经历一个发展和调整的过程。自1979年重建刑事法制之初，刑事的立法和司法实践均侧重于追究、惩罚犯罪，以实现犯罪控制的目标，注重维护社会秩序。但随着我国改革开放的逐步深入，国家政治民主和社会文明程度的逐步提高以及法治的发展，对人权保障逐步受到重视，并不断在立法和司法中予以明确和改进。

刑事司法与作为国家宪政基本内核的公民的基本权利和自由息息相关，2004年在宪法修正案中明确增加"国家尊重和保障人权"条款，对我国在刑事立法与司法中确立人权保障的观念，完善相关制度产生了深远的影响。通过刑事司法改革，加强刑事司法领域的人权保障力度已成为刑事司法改革的重要着力点和突破点，2012通过的刑事诉讼法修正案在第2条关于刑事诉讼法的任务中增加了"尊重和保障人权"的规定，从完善具体程序上将宪法规定的人权保障精神予以落实。党的十八大以后，更加注重司法中的人权保障，将其作为重要改革任务，十八届三中全会《中共中央关于全面深化改革若干重大问题的决定》专门就完善人权司法保障制度做出部署，提出国家尊重和保障人权，并做出相应的制度改革安排。

注重犯罪控制与人权保障相结合成为我国刑事立法、司法工作中的主流话语和主导思想，近些年来的刑事司法改革着力于不断追求并平衡这两个刑事司法的基本价值，重点表现在以下方面：

一、死刑核准制度改革

生命权是人的最重要的最基本的权利，联合国《公民权利和政治权利国际公约》第6条规定，人人有固有的生命权，生命权受法律保护，不得任意剥夺任何人的生命。我国刑事诉讼法专门设立了死刑核准程序，按照1979年刑事诉讼法第144条和第146条对死刑案件的核准权作了明确规定，判处死刑立即执行和死刑缓期二年执行案件的核准权，分别由最高人民法院和高级人民法院行使。但随着国家政治形势和社会治安形式的变化，为打击严重犯罪，全国人大及其常委会授权高级人民法院短期内行使部分死刑案件的核准权作过多次决定。1983年六届全国人大常委会第二次会议修改人民法院组织法第13条，规定"死刑案件除由最高人民法院判决的以外，应当报请最高人民法院核准。杀人、强奸、抢劫、爆炸以及其他严重危害公共安全和社会治安判处死刑案件的核准，最高人民法院在必要的时候，得授权省、自治区、直辖市的高级人民法院行使。"据此，最高人民法院于1983年9月7日发布了《关于授权高级人民法院核准部分死刑案件的通知》，将上述案件的死刑核准权授予各省、自治区、直辖市高级人民法院和解放军军事法院行使。此后又多次以通知形式授权高级人民法院和解放军军事法院行使部分死刑案件的核准权。1996年修改刑事诉讼法和1997年修改刑法时仍规定死刑由最高人民法院核准。这一做法导致人民法院组织法与刑法、刑事诉讼法的规定不一致，实践中常常出现死刑适用标准不统一的问题，并在某种程度上导致死刑案件二审程序与复核程序合二为一，复核程序在体现慎重对待死刑，维护被告人权利方面的作用得不到实现。[①]

为解决这些问题，启动了对死刑核准权制度的改革，基于保障人权，确保死刑判决慎重、公正的改革核准制度主要包括以下几个步骤和方面：

（一）死刑二审案件开庭审理

2005年12月7日最高人民法院发出《关于进一步做好死刑第二审案件开庭审理工作的通知》，要求对死刑二审案件实行开庭审理。2006年4月最高人民法院与最高人民检察院联合下发了《关于死刑第二审案件开庭审理工作有关问题的会议纪要》，就人民检察院派员出庭、开庭审理的重点、证人鉴定人出庭等有关问题达成共识。2006年9月最高人民法院会同最高人民检察院制定了《关于死刑第二审案件开庭审理程序若干问题的规定（试行）》，明确了死刑、死缓案件的二审开庭范围，开庭审理的具体程序和审查重点，被判处死刑被告人辩护权等合法权益。2006年下半年起各地开始死刑案件二审一律开庭审理，2007年以来，死刑二审一律开庭程序基本落实。死刑二审案件开庭

---

① 参见张建伟：《刑事司法：多元价值与制度配置》，人民法院出版社2003年版，第355页；中央政法委员会政法研究所编：《司法在改革中前行》，中国长安出版社2011年版，第129页。

审理落实了宪法和刑事诉讼法规定的公开审判原则，是对被告人和诉讼参与人诉讼权利的有力保障，也是确保办理死刑案件质量，严格控制和慎重适用死刑的需要。①

（二）将死刑案件核准权收归最高人民法院统一行使

2006 年 10 月 31 日，第十届全国人大常委会第二十四次会议对人民法院组织法第 13 条进行修正，规定"死刑案件除由最高人民法院判决的以外，应当报请最高人民法院核准。"2006 年 12 月最高人民法院发布了《关于统一行使死刑案件核准权有关问题的决定》，明确废止了以前发布的关于授权高级人民法院和解放军军事法院核准部分死刑案件的所有通知。从 2007 年 1 月 1 日起，死刑案件核准权统一收归最高人民法院行使。结束了部分死刑案件核准权下放 26 年的历史。②

2007 年 2 月最高人民法院颁布了《关于复核死刑案件若干问题的规定》，对死刑复核案件的裁判方式进行了重大改革，将原来发回重审和改判情形的情形一律改为不予以核准，并撤销原判，发回重新审判，最高人民法院原则上只能作出核准死刑或者不核准死刑的裁定，只有少数情况下，可以依法改判。增加死刑复核工作的透明性，允许新闻媒体采访报道，辩护律师就重要证据申请法院进行审查核实。要求死刑案件一审、二审、复核的裁判文书均应当说明裁决理由，并允许公众获得完整的裁判文书。2007 年 3 月最高人民法院、最高人民检察院、公安部、司法部联合发布《关于进一步严格依法办案确保死刑案件质量的意见》，提出了办理死刑案件应当遵循的坚持惩罚犯罪与保障人权相结合；坚持保留死刑，严格控制和慎重适用死刑；坚持程序公正和实体公正并重，保障犯罪嫌疑人、被告人的合法权利；坚持证据裁判原则，重证据、不轻信口供；坚持宽严相济的刑事政策的五项原则及具体要求，强调在死刑复核程序中加强人民检察院对办理死刑复核案件的法律监督和听取被告人委托的辩护人意见。2007 年 8 月最高人民检察院公诉厅下发了《人民检察院办理死刑第二审案件工作规程（试行）》。对案件受理和审查、审核审批、主要证据复

---

① 参见 http：//www. law－lib. com/law/law＿ view. asp？ id＝171074；《中国法律年鉴 2007 年卷》，中国法律年鉴出版社 2007 年版，第 171～173 页；《中国法律年鉴 2008 年卷》，中国法律年鉴出版社 2008 年版，第 195 页。

② 参见《中国法律年鉴 2007 年卷》，中国年鉴出版社 2007 年版，第 64 页、第 167 页；《中国法律年鉴 2008 年卷》，中国年鉴出版社 2008 年版，第 195 页；中央政法委员会政法研究所编：《司法在改革中前行》，中国长安出版社 2011 年版，第 129 页；刘仁文，周振杰：《2008 年中国刑事法治》，载《中国法治发展报告 No. 7》，社会科学文献出版社 2009 年版，第 115 页。

核、庭前准备、出席法庭、诉讼监督、加强指导等重要程序作出了具体规定。① 2008 年最高人民检察院制定下发了《关于加强死刑案件办理和监督工作的指导意见》，最高人民法院与司法部联合颁布了《关于充分保障律师依法履行辩护职责确保死刑案件办理质量的若干规定》，进一规范和强调了死刑案件中检察机关监督的具体方式和对死刑案件中辩护律师的权利保护问题。②

死刑案件核准权统一由最高人民法院行使，确保死刑只适用于极少数罪行极其严重、性质极其恶劣、社会危害性极大的犯罪分子，既实现对严重犯罪的打击力度，又贯彻落实严格控制和慎重适用死刑的刑事政策，加强死刑案件中被告人的人权保障。自死刑案件核准权收归最高人民法院统一行使以来，死刑数量明显下降。

（三） 完善死刑案件非法证据排除制度

2010 年 6 月，最高人民法院、最高人民检察院、公安部、国家安全部、司法部联合发布了《关于办理死刑案件审查判断证据若干问题的规定》和《关于办理刑事案件排除非法证据若干问题的规定》明确了办理死刑案件审查判断证据的裁判原则、证明标准、审查认定、证人出庭作证制度以及非法言词证据排除、违法取得的实物证据可采用的条件等问题，制定了对死刑案件更为严格、规范的全国统一适用的证据标准，更有利于提高死刑案件的质量。

（四） 完善死刑复核程序改革成果的法制化

2012 年刑事诉讼法将近年来死刑复核制度改革的成果体现在法律修改中，规定最高人民法院复核死刑案件，应当作出核准或者不核准死刑的裁定。对于不核准死刑的，最高人民法院可以发回重新审判或者通过提审予以改判。同时，增加规定，最高人民法院复核死刑案件，应当讯问被告人，辩护律师提出要求的，听取辩护人的意见；最高人民检察院可以向最高人民法院提出意见。最高人民法院应当将死刑复核结果通报最高人民检察院。

---

① 参见中央政法委员会政法研究所编：《司法在改革中前行》，中国长安出版社 2011 年版，第 129 页、第 130 页；刘仁文、周振杰：《宽严相济、治标治本：探索刑事法治之路》，载《中国法治发展报告 No.5》，社会科学文献出版社 2007 年版，第 115～117 页；方文军：《〈关于复核死刑案件若干问题的规定〉的解读》，载 http://www.chinacourt.org/html/article/200703/20/238747.shtml；熊秋红：《中国司法改革之二：2007 年的人民法院改革》，载《中国法治发展报告 No.6》，社会科学文献出版社，第 84 页。
② 刘仁文、周振杰：《2008 年中国刑事法治》，载《中国法治发展报告 No.7》，社会科学文献出版社 2009 年版，第 206 页。

二、刑事证据制度改革

证据制度是贯穿全部诉讼活动始终的一项重要制度，是刑事诉讼活动的基础和核心，直接影响到公民在刑事诉讼过程中的各项权利，对于公正审判、正确定罪量刑具有关键作用。我国 1996 年刑事诉讼法设专章用 8 个条款就证据问题作出规定，此后，最高人民法院、最高人民检察院出台的有关司法解释在一定程度上就司法实践中的证据问题予以规定，充实了证据规则，但有关规定较为分散而简单，如没有限制非法取得的言词证据进入庭审程序，没有形成系统完备的证据制度，因而，这些规定无法适应司法实践需要，刑讯逼供和冤假错案无法避免。解决司法实践中存在的刑讯逼供以及其他非法收集证据的问题，避免冤假错案，对取证、举证、质证活动予以规范，对证据采纳、评判的标准予以明确规定，是刑事司法改革中平衡犯罪控制与人权保障的重要制度建设。

（一）"两个证据规定"对我国刑事证据制度的改革

在总结近年来司法实践经验的基础上，2010 年 5 月最高人民法院、最高人民检察院、公安部、国家安全部、司法部联合下发了《关于办理死刑案件审查判断证据若干问题的规定》和《关于办理刑事案件排除非法证据若干问题的规定》的通知，这两个证据规定确立了刑事证据基本原则和证据实体性规则，有学者称"标志我国刑事证据规则体系初步形成"。[①] 在通知中指出，"办理其他刑事案件，参照《关于办理死刑案件审查判断证据若干问题的规定》执行"，为其他案件的证据审查和判断提供了依据，因此，这两个规定系对我国证据制度的全面规范。

1. 确立了刑事证据的基本原则。"两个证据规定"明确了"认定案件事实必须以证据为根据"的证据裁判原则和"侦查人员、检察人员、审判人员应当严格遵守法定程序，全面、客观地收集、审查、核实和认定证据"的程序法定原则以及"证据应当在法庭上出示，并由控辩双方质证，否则不能成为定案证据"的证据质证原则。这三项原则对于规范取证、质证、认证行为，遏制办案人员非法取证，"限定裁判者内心确信形成的自由裁量的范围"，[②] 增强司法的确定性和信服力具有重要意义。

2. 细化了证明标准。《关于办理死刑案件审查判断证据若干问题的规定》

---

① 樊崇义：《"两个证据规定"标志我国刑事证据规则体系初步形成》，载《检察日报》2010 年 11 月 22 日第 003 版。

② 陈卫东：《两个证据规定的进步与不足》，载《证据科学》2010 年第 5 期。

第 5 条对"证据确实、充分"的证明标准予以细化:一是定罪量刑的事实都有证据证明;二是每一个定案的证据均已经法定程序查证属实;三是证据与证据之间、证据与案件事实之间不存在矛盾或者矛盾得以合理排除,强调必须排除其他可能性;四是共同犯罪案件中被告人的地位、作用均已查清;五是根据证据推断案件事实的过程符合逻辑和经验规则,由证据得出的结论唯一。

3. 明确了证据种类和审查认定规则。两个证据规定在证据种类中新增了电子证据,并对每类证据的审查、判断和运用确立了标准和要求。允许对瑕疵证据进行补正与合理解释。

4. 确立了非法证据排除规则和非法证据排除的程序和证明责任。明确了对于明显违反法律和有关规定取得的证据,不能作为定案的根据,应当予以排除。对"非法"作了界定,即侦查人员在获取证据过程中的手段、程序违反法律。确立了对非法证据排除的规则,即对于非法言词证据,采取了绝对排除的方式。对非法实物证据,则根据情况由法官裁量决定是否排除。明确了违法排除的前置调查与随机调查程序,在要求被告方提供证据或线索的基础上,明确由控诉方对被告人供述的合法性负证明责任,并明确了讯问人员出庭作证的问题。

5. 确立了意见证据规则、原始证据优先规则以及有限的言词证据规则,规定了证人应当出庭作证的情况,明确了证人翻证和被告人翻供情况下的处理规则。

6. 规定了证据的综合认定。明确规定了依靠间接证据定案的规则,规定了调查核实存疑证据的程序,并强化了对死刑案件量刑证据的严格把握。

"两个证据规定"的制定基于保证死刑案件质量和防止非法取证导致冤假错案的现实需要,统一了全国死刑案件的证据适用标准,有利于遏制司法实践中存在的刑讯逼供,侵犯人权的问题。两个证据规定具有较强的操作性,形成了较为完整的刑事证据规则体系,初步建立了我国刑事证据的基本架构,反映了在我国目前的犯罪形势和控制水平条件下对打击犯罪和保障人权的平衡。[①]

(二) 2012 年刑事诉讼法对刑事证据制度的完善

2012 年刑事诉讼法在"两个证据规定"的基础上,对我国的刑事证据制

---

① 此部分内容可参见皮勇、黄琰:《构建完善的证据排除与认定规则——〈办理死刑案件证据规定〉和〈非法证据排除规定〉解读》,载《山东警察学院学报》2010 年第 5 期;王阳斌:《遏制刑讯逼供,防止冤案错案——"两高三部"解读办理死刑案件证据规定和非法证据排除规定》,载《人民代表报》2010 年 6 月 10 日第 006 版;陈卫东:《两个证据规定的进步与不足》,载《证据科学》2010 年第 5 期;中央政法委员会政法研究所编:《司法在改革中前行》,中国长安出版社 2011 年版,第 138~140 页。

度作了进一步修改和完善：

1. 在基本证据原则方面，增加了"不得强迫任何人证实自己有罪"的规定，并将公诉案件中证明被告人有罪的责任明确由检察机关承担。

2. 在证据种类和证明标准方面，新增了"视听资料，电子数据"作为证据种类之一。进一步明确了证明标准，将定罪量刑的事实都有证据证明，据以定案的证据均经法定程序查证属实，综合全案证据，对所认定事实已排除合理怀疑，作为如何认定"证据确实、充分"的条件。为加强行政执法与刑事司法之间的衔接，提高诉讼效率，明确了行政机关在行政执法过程中收集的物证、书证等证据材料，经过司法机关核实，可以作为证据使用。

3. 在非法证据排除方面，明确了非法证据的排除范围，规定了人民法院、人民检察院和公安机关的排除非法证据的义务，明确了人民检察院的法律监督职责。规定了法庭审理过程中对非法证据排除的调查程序，证明责任和侦查人员出庭说明情况的义务。规定了防止刑讯逼供的配套措施，规定在拘留、逮捕后应当立即将被拘留、逮捕人送看守所羁押，增加规定犯罪嫌疑人被送交看守所羁押以后，侦查人员对其进行讯问，应当在看守所内进行，并规定对讯问过程的录音录像制度。

4. 在证人制度方面。明确了证人出庭作证的范围，规定了强制出庭制度及有限的证人出庭作证豁免制度，完善了鉴定人出庭作证的规定，并规定了专家证人制度，规定了证人作证的补偿制度。为适应打击严重犯罪的需要，刑事诉讼法规定了对危害国家安全犯罪、恐怖活动犯罪、黑社会性质的组织犯罪、毒品犯罪案件以及其他案件中的证人保护制度，并规定了相关单位和个人的配合义务。

三、辩护制度改革

辩护制度是保障犯罪嫌疑人、被告人合法利益的核心制度。辩护权是刑事诉讼中为保护犯罪嫌疑人、被告人的利益，由法律赋予犯罪嫌疑人、被告人针对控诉进行辩解的一项基本权利。主要包括准备辩护的权利、会见权、阅卷权、提出辩护意见权、调查取证权、参加法庭调查权、参加法庭辩论权、豁免权、拒绝辩护权以及律师在场权等。[①] 刑事辩护的主体包括犯罪嫌疑人、被告人及其辩护人。

我国 1979 年的刑事诉讼法和人民法院组织法均明确规定被告人享有辩护权，并可以委托律师辩护。1980 年第五届全国人大常委会第十五次会议通过

---

① 谢佳芬：《刑事辩护制度研究》，中国政法大学 2008 年博士论文，第 40 页。

了《中华人民共和国律师暂行条例》，我国律师制度开始恢复，1996 年第八届全国人大常委会第十九次会议通过了《中华人民共和国律师法》。1996 年刑事诉讼法规定将律师介入的时间提前到侦查阶段，扩大了指定辩护的范围，在庭审中强化了辩护职能，促进了我国辩护制度的发展。但实践中仍存在"刑事辩护难"的问题，即存在学者通常讲的"五难"：会见难、阅卷难、调查取证难、法庭质证难、辩护意见采纳难的问题，律师行使辩护权存在不合理的职业风险，律师出庭率低。[①]

（一）司法实践中逐步建立对辩护权行使的机制保障

随着我国辩护制度的恢复建立和人权保障观念的逐步深入，我国司法实践中逐步在立案监督、审查批准逮捕、提起公诉、定罪、量刑庭审等诉讼环节建立并完善了听取律师意见的制度。如 2003 年最高人民检察院制定了《关于人民检察院保障律师在刑事诉讼中依法执业的规定》，建立了保障律师在刑事诉讼中依法执业的工作机制。死刑核准权收归最高人民法院统一行使以后，2008 年 5 月最高人民法院与司法部联合颁布了《关于充分保障律师依法履行辩护职责确保死刑案件办理质量的若干规定》，进一步规范了律师代理死刑案件的行为，强调了死刑案件中律师依法履行辩护职权的权利，建立了从人民法院受理死刑案件始保证律师阅卷权、申请调查取证，提交证据材料，在庭审和复核期间提交意见等方面的工作机制。[②] 在此基础上，各部门在改革过程中重视犯罪嫌疑人、被告人的辩护权。2010 年 8 月最高人民检察院与公安部联合发布了《关于审查逮捕阶段讯问犯罪嫌疑人的规定》，就应当讯问犯罪嫌疑人的案件范围、程序、要求予以规范，听取犯罪嫌疑人、被告人的供述和辩解，对被拘留的犯罪嫌疑人不予以讯问的，要送达听取犯罪嫌疑人意见书。此外还特别规定："犯罪嫌疑人委托的律师提出不构成犯罪、无逮捕必要、不适宜羁押、侦查活动有违法犯罪情形等书面意见以及相关证据材料的，检察人员应当认真审查。必要时，可以当面听取受委托律师的意见。对律师提出的意见及相关证据材料，应当在审查逮捕意见书中说明是否采纳的情况和理由。"

（二）2007 年律师法对辩护制度的完善

2007 年 10 月第十届全国人民代表大会常务委员会第三十次会议通过了《中华人民共和国律师法》，自 2008 年 6 月 1 日起施行。这部法律强调维护辩护律师的诉讼权利和职业保障和对犯罪嫌疑人、被告人的权利保护，在加强辩

① 参见谢佳芬：《刑事辩护制度研究》，中国政法大学 2008 年博士论文，第 78 页、第 94 页。
② 参见刘仁文、周振杰：《2008 年中国刑事法治》，载《中国法治发展报告 No.7》，社会科学文献出版社 2009 年版，第 206～207 页。

护权的相关制度上进行了积极的改革。

1. 保障律师会见权。修改后的律师法第 33 条规定，犯罪嫌疑人在被侦查机关第一次讯问后或者采取强制措施之日起，受委托的律师凭律师执业证书、律师事务所证明和委托书或者法律援助公函，有权会见犯罪嫌疑人、被告人并了解有关案件情况。特别强调了"律师会见犯罪嫌疑人、被告人，不被监听"，以使律师会见权得到更好的保障。

2. 细化、充实阅卷权的内容。受委托的律师自案件审查起诉之日起，有权查阅、摘抄和复制与案件有关的诉讼文书及案卷材料。受委托的律师自案件被人民法院受理之日起，有权查阅、摘抄和复制与案件有关的所有材料。

3. 扩大律师的调查取证权。受委托的律师根据案情的需要，可以申请人民检察院、人民法院收集、调取证据或者申请人民法院通知证人出庭作证。律师自行调查取证的，凭律师执业证书和律师事务所证明，可以向有关单位或者个人调查与承办法律事务有关的情况。

4. 强化了律师的权利保障。一是规定了律师的庭审言论豁免权。律师在法庭上发表的代理、辩护意见不受法律追究。但是，发表危害国家安全、恶意诽谤他人、严重扰乱法庭秩序的言论除外。二是规定律师在执业活动中的人身权利不受侵犯。律师在参与诉讼活动中因涉嫌犯罪被依法拘留、逮捕的，拘留、逮捕机关应当在拘留、逮捕实施后的 24 小时内通知该律师的家属、所在律师事务所及所属的律师协会。

5. 扩大了律师保密义务。规定律师应当保守在执业活动中知悉的国家秘密和当事人的商业秘密，不得泄露当事人的隐私，加强了对当事人利益的保护。还特别规定，"律师对在执业活动中知悉的委托人和其他人不愿泄露的情况和信息，应当予以保密。但是，委托人或者其他人准备或者正在实施的危害国家安全、公共安全以及其他严重危害他人人身、财产安全的犯罪事实和信息除外"。较好地对律师为委托人保密的义务与国家利益、公共利益和他人利益的维护之间予以平衡。[①]

2007 年律师法颁布之后，也有人反映，律师法的表述有些与刑事辩护相关的表述或者不够明确，或者与现行刑事诉讼法之间不够协调。

（三）2012 年刑事诉讼法对辩护制度的完善

2012 年刑事诉讼法突出了对辩护权的保障，在总则关于保障当事人诉讼权利的规定中，突出了对"犯罪嫌疑人、被告人和其他诉讼参与人依法享有

---

① 参见乔金茹：《政府管理法还是律师权利法——对新修改〈律师法〉的解读》，载《河南司法警官职业学院学报》2008 年第 2 期。

的辩护权和其他诉讼权利"的保障，将辩护权作为公民诉讼权利的核心，强化了辩护人在诉讼各阶段的权利。

1. 调整了律师的责任和在侦查阶段的地位。刑事诉讼法对"辩护人的责任"进行了重新定位，明确了刑事辩护包括实体辩护和程序辩护两个方面，增加了辩护人在诉讼中的要求回避、申诉复议，申请变更强制措施等权利，强化了司法机关告知当事人可委托辩护人的义务。对侦查阶段听取律师意见予以规定，并明确要求侦查终结时将案件移送情况告知犯罪嫌疑人及其辩护律师。

2. 完善了会见权、阅卷权、调取证据的规定。刑事诉讼法在完善辩护制度上，基本实现了同律师法的衔接。对律师会见权和阅卷权予以修订，赋予律师会见时"可以向犯罪嫌疑人、被告人核实有关证据"的权利，并对阅卷权在律师法的基础上作了补充和完善，扩大了阅卷范围，增加了律师申请检察院、法院调取司法机关掌握的而未提交的犯罪嫌疑人、被告人无罪或者罪轻材料的权利等规定，进一步充实了辩护权的内容和保障律师执业的权利。

3. 完善了刑事诉讼中的法律援助制度。增加了当事人申请法律援助的权利，扩大了法律援助的对象范围，并将提供法律援助的时间提前到侦查阶段开始，更加有利于犯罪嫌疑人、被告人辩护权的有效实现。

4. 加强了律师的执业保障。2012 年刑事诉讼法对修改前刑事诉讼法第 38 条予以修改，取消了主体中的"辩护律师"而代之以"辩护人或者其他任何人"，淡化了对辩护律师的表述，逻辑上更周延。并增加规定"辩护人涉嫌犯罪的，应当由办理辩护人所承办案件的侦查机关以外的侦查机关办理。辩护人是律师的，应当及时通知其所在的律师事务所或者所属的律师协会"，以避免同一案件的侦查机关随意对辩护人立案侦查和采取强制措施，保障辩护人依法履行职责。在律师法的基础上完善了律师的保密义务及其例外规定，并增加了辩护人或诉讼代理人认为司法机关阻碍其行使诉讼权利时的申诉控告权。

四、刑事强制措施改革

及时有效的刑事强制措施可以保证刑事诉讼顺利进行，使犯罪嫌疑人和被告人不逃避侦查、起诉和审判，从而保障社会安全。但刑事强制措施的适用直接关系到公民人身、自由、财产等方面的基本权利，易对公民权利造成侵害。我国刑事司法实践中存在滥用拘留权，适用逮捕工具化和普遍化的现象，存在违法羁押、超期羁押、变相羁押的现象，缺乏足够的替代羁押措施和权利救济措施，极大地损害了犯罪嫌疑人、被告人的权利。[1] 如何既保证刑事诉讼的顺利进行，同时不对公民权利造成不应有的侵害是刑事司法改革的目标，也是建设现代法治的要求。

（一）取保候审、监视居住的完善

监视居住和取保候审都是限制犯罪嫌疑人、被告人的人身自由强制措施，但限制自由的程度不同，为适应实践需要，2012 年刑事诉讼法将取保候审和监视居住的适用条件分开规定。

增加了取保候审的适用条件，扩大了取保候审的适用范围，增加了被取保候审人应当遵守的规定，完善了取保候审的适用程序，增强了适用的可操作性和规范性。

立足于将监视居住的性质定位为"减少羁押的替代措施"，将监视居住的适用条件修改为两大类。就执行场所、监视居住执行后的通知、委托辩护人、监视居住的具体措施、监督等予以规定，进一步完善了监视居住的执行程序。修改了被监视居住人应当遵守的规定，明确了监视居住期限应当折抵刑期。

（二）逮捕制度改革

1. 逮捕必要性及说理制度。为严格把握逮捕条件，保证逮捕决定的正确性，并通过公开说理的方式减少不服逮捕或不捕决定现象，从 2008 年开始检察院开始探索建立"逮捕必要性"证明制度，全面推行不捕说理制度，提高不捕案件释法说理的质量和水平，在工作机制上予以改进。

2. 职务犯罪案件审查逮捕制度改革。为了加强对职务犯罪案件侦查的监督制约，2009 年 9 最高人民检察院下发了《关于省级以下人民检察院立案侦查的案件由上一级人民检察院审查决定逮捕的决定（试行）》，建立了职务犯罪案件本级检察院和上级检察院双重审查程序，确立了报请逮捕书逮捕必要性说明制度，规定了讯问犯罪嫌疑人，听取律师意见的情形和方式。

3. 逮捕阶段讯问犯罪嫌疑人制度。2010 年最高人民检察院、公安部制定下发了《关于审查逮捕阶段讯问犯罪嫌疑人的规定》，明确了应当讯问犯罪嫌疑人的情形、讯问的要求、讯问的重点以及听取律师意见的方式等，这一规定有利于保障追诉权的正确行使和犯罪嫌疑人的合法权利。[2]

---

[1] 参见马长生、秦少斌、胡凤英：《论刑事诉讼中强制措施的完善——现行审前羁押制度考察》，载《中国检察》（第 10 卷），北京大学出版社 2006 年版，第 5～8 页；陈瑞华：《刑事强制措施改革的新动向与新思考》，载《人民检察》2008 年第 24 期。

[2] 中国社会科学院法学所研究课题组：《2010 年中国法治状况的分析与展望》，载《中国法治发展报告（2011）》，社会科学文献出版社 2011 年版，第 18 页。

4. 逮捕制度的全面完善。2012 年刑事诉讼法在改革实践的基础上，就逮捕制度进行了进一步完善，主要表现在：（1）完善逮捕条件。为解决司法实践中对逮捕条件理解不一致的问题，将现行刑事诉讼法第 60 条规定的逮捕条件中的"发生社会危险性"的情形作了列举式的规定。（2）完善审查逮捕程序。吸收了 2010 年最高人民检察院、公安部《关于审查逮捕阶段讯问犯罪嫌疑人的规定》中有关规定，增加规定人民检察院审查批准逮捕应当讯问犯罪嫌疑人的情形，规定可以询问证人等诉讼参与人，听取辩护律师的意见，辩护律师提出要求的，应当听取辩护律师的意见。这些规定有利于正确适用逮捕，也有利于保护犯罪嫌疑人的合法权利。（3）规定检察院应当对羁押的必要性进行审查，对于不需要继续羁押的，应当建议予以释放或者变更强制措施。这一规定在一定程度上体现了司法审查原则，有利于及时发现对犯罪嫌疑人进行非法羁押的行为并及时予以纠正。

（三）对强制措施的变更、撤销和解除

2012 年刑事诉讼法赋予在取保候审中犯罪嫌疑人、被告人、辩护人等相关人员申请变更强制措施的权利，规定了公检法机关审查通知并告知理由的义务；明确检察院对审查羁押的必要性进行审查，对不需要继续羁押的，建议予以释放或者变更强制措施；明确了不能在法定期限内办结的，法定期限届满即应将被羁押的犯罪嫌疑人、被告人予以释放的原则，并作了在需要继续查证、审理的情形下，对犯罪嫌疑人、被告人才可以取保候审或者监视居住的例外规定；明确了在法定情形下公检法机关变更、撤销和解除强制措施的义务和犯罪嫌疑人、被告人及其法定代理人、近亲属、辩护人要求变更、解除强制措施的权利。这些规定在一定程度上强化了犯罪嫌疑人、被告人的权利保障。

（四）当事人和辩护人救济权的完善

完善司法机关对被采取强制措施人家属的通知义务。2012 年刑事诉讼法规定被指定监视居住和逮捕的，除无法通知的以外，应当在执行强制措施后 24 小时以内通知家属。被拘留的，除特定案件（涉嫌危害国家安全犯罪、恐怖活动犯罪）和特定情形（无法通知、通知可能有碍侦查的情形）外应在拘留后 24 小时以内通知家属，并规定有碍侦查情形消失以后，应当立即通知被拘留人的家属。

明确了当事人和辩护人、诉讼代理人、利害关系人等认为司法机关及其工作人员在侦查过程中采取涉及其人身财产的强制措施、查封、扣押、冻结等措施，侵犯其合法权益的五种情形进行申诉控告的权利，并赋予当事人对处理不服向同级或上一级人民检察院再申诉的救济权，有利于当事人权利的保障和对侦查活动的规制。

（五）对羁押场所的规定

2012年刑事诉讼法规定拘留、逮捕的犯罪嫌疑人应当立即送往看守所羁押，侦查人员对犯罪嫌疑人的讯问，也应当在看守所内进行。建立了侦押分立制度，对防止刑讯逼供等非法取证行为，保证被拘留、逮捕人的合法权利具有重要意义。[①]

五、侦查措施的完善

为适应新的社会条件下，应对新型犯罪、犯罪方式呈现智能化、国际化、组织化的特征，为解决侦查权力运作的现实困境，实现对犯罪的控制，2012年刑事诉讼法设专节较为详尽地对技术侦查、秘密侦查等侦查手段予以规定，使之合法化、规范化，这也是通过法律规制这类侦查措施，使之在法治的轨道上运行，不致因滥用而侵害公民权利的必由之路。

1. 规定适用技术侦查措施的范围。刑事诉讼法规定，公安机关根据侦查犯罪的需要可使用技术侦查措施的案件范围包括：危害国家安全犯罪、恐怖活动犯罪、黑社会性质的组织犯罪、重大毒品犯罪或者其他严重危害社会的犯罪案件；人民检察院根据侦查犯罪的需要，可使用技术侦查措施的案件包括：重大的贪污、贿赂犯罪案件和利用职权实施的严重侵犯公民人身权利的重大犯罪案件；对追捕被通缉或者批准、决定逮捕的在逃的犯罪嫌疑人、被告人也可采取追捕所必需的技术侦查措施。

2. 严格技术侦查措施的批准、执行程序及其限制。刑事诉讼法规定技术侦查措施的使用必须经过严格的批准手续，批准决定应根据侦查犯罪的需要，确定采取侦查措施的种类和适用对象，规定了解除、延长及时间条件。规定了执行技术侦查中严格措施种类、适用对象、期限的要求，对知悉的国家秘密、商业秘密、个人隐私的保密要求，对无关材料及时销毁的要求及对获取材料用途的限制。规定了有关单位和个人的配合和保密义务。

3. 规定了秘密侦查、控制下交付的合法地位及其限制。

4. 规定了使用这些侦查措施所获得的材料可作为证据使用的地位。

此外，还对一些常规的侦查措施也进行了完善，在勘验、检查中对采集指纹、血液、尿液等生物样本的检查方法予以规定，增加了对财物、文件予以查

[①]　参见刘玫、宋桂兰：《论刑事诉讼强制措施之立法再修改——以刑事诉讼法修正案（草案）为蓝本》，载《甘肃政法学院学报》2011年第6期；《中华人民共和国刑事诉讼法修正案（草案）》及其说明。

封的措施，扩大了查封、扣押的范围，以适应侦查工作的现实需要。

六、发回重审制度改革

2012 年刑事诉讼法规定，对因原判决事实不清楚或证据不足而发回重审的案件作出判决后，被告人提出上诉或检察院提出抗诉的，第二审人民法院应当依法作出判决或者裁定，明确对因判决事实不清或证据不足发回重审限定为一次。这一修改有利于解决司法实践中存在二审法院违背无罪推定原则，对于事实不清、证据不足的案件，多次责令原审法院再审，从而造成对被告人的反复追诉和超期羁押的问题。

鉴于实践中存在规避"上诉不加刑原则"，通过第二审人民法院发回重审，由下级人民法院在重审过程中加刑的状况，2012 年刑事诉讼法增加规定，第二审人民法院发回重新审判的案件，除有新的犯罪事实，人民检察院补充起诉的以外，原审人民法院不得加重被告人的刑罚，有利于保障被告人的权利。

七、劳动教养制度改革

我国的劳动教养制度是一种较长时间剥夺人身自由的特殊行政处罚，涉及公民权利自由的保障，这种措施尽管在维护社会治安方面发挥了一定作用，但存在不少弊端和问题。[1] 如违背了司法权的独占性，缺乏必要的监督制约，没有法定诉讼程序的保障，程序权利与实体权利均易受到损害，劳动教养的法律性质与其实际严厉程度不相适应，在人身自由丧失程度上和期限上远比作为刑罚种类的管制和拘役要严厉得多，实践中易被滥用，存在很大的随意性和混乱性，等等。[2] 随着我国签署有关联合国国际人权公约，推进依法治国进程的加快，对现行劳动教养制度予以改革成为适应改革开放，健全法制建设，保障人权的迫切要求。

（一）劳动教养审批方式改革

劳动教养制度改革，首先从审批方式的改革开始。为增强劳教审批程序的公开性和透明度，提高劳教决定的公正性，更好地保护公民合法权益，2005

[1] 参见陈光中：《关于司法体制改革的几点看法》，载李林主编：《依法治国与深化司法体制改革》，社会科学文献出版社 2008 年版，第 11～12 页；张建伟：《刑事司法：多元价值与制度配置》，人民法院出版社 2003 年版，第 97～98 页。

[2] 参见储槐植：《刑罚现代化：刑法修改的价值定向》，载储槐植：《刑事一体化与关系刑法论》，北京大学出版社 1997 年版，第 473～475 页；张建伟：《刑事司法：多元价值与制度配置》，人民法院出版社 2003 年版，第 94～96 页、第 102～109 页；刘仁文：《"劳教"制度只能立足改革》，载《社会与公益》2011 年第 9 期。

年公安部制定下发了《关于进一步加强和改进劳动教养审批工作的通知》和《关于进一步加强和改进劳动教养审批工作的实施意见》两个文件，对劳动教养审批的方式、程序、内容等方面进行改革，改革的内容包括：[①]

1. 推行律师代理制度。即由律师代理部分劳动者案件，为违法犯罪嫌疑人提供法律帮助。除涉及国家秘密的案件，在办理劳动教养案件中，违法犯罪嫌疑人要求聘请律师的，公安机关应当允许。

2. 推行劳动教养聆询制度。在作出劳动教养决定前，除涉及国家秘密的案件，组织、利用邪教破坏国家法律实施的案件，吸食、注射毒品的案件以及案情简单且违法犯罪嫌疑人承认违法犯罪事实、对裁决无异议的案件外，公安机关都要告知违法犯罪嫌疑人有申请聆询的权利。

3. 缩短劳动教养期限。要求在法律规定的 1—3 年期限幅度内，缩短实际决定劳动教养的期限，即在对违法犯罪行为人决定劳动教养期限时，一般按照 1 年、1 年 3 个月和 1 年 6 个月三个档次掌握，仅对实施扒窃、吸毒和组织、利用邪教组织破坏国家法律实施等屡教不改、教育改造难度大的，以及具有规定从重情节的违法犯罪行为人，可以决定劳动教养 1 年 9 个月或 2 年。

4. 扩大所外执行范围。对确有必要劳动教养的盲、聋、哑人，严重病患者，怀孕或哺乳自己不满 1 周岁婴儿的妇女，以及年满 60 周岁又有疾病等丧失劳动能力者，或具有下列情形之一的违法犯罪嫌疑人，可以决定劳动教养所外执行：（1）有特殊业务技术专长，确为本单位生产、科研所必需，其单位提出申请的；（2）家庭成员患有严重疾病、生活不能自理或没有生活来源，确需本人照顾或扶养的。除上述所外执行适用范围外，对确有悔改表现，且不投送场所执行不致发生社会危险性的，也可以在依法决定劳动教养的同时决定所外执行。

5. 强化监督工作。积极推行劳动教养复议案件公开听取意见制度和公安机关负责人出庭应诉劳动教养行政诉讼案件制度。有些地方积极探索检察院对劳动教养的监督。

（二）改革劳动教养执行制度

2005 年司法部下发了《关于进一步深化劳教办特色推进管理工作改革的意见》，深化劳教执行制度改革，实施"封闭式、半开放式、开放式"三种管

---

① 以下关于劳动教养审批制度的改革内容，参见熊秋红：《中国司法改革述评》，载李林主编：《依法治国与深化司法体制改革》，社会科学文献出版社 2008 年版，第 42 页；公安部《关于印发〈关于进一步加强和改进劳动教养审批工作的实施意见〉的通知》（公法〔2005〕292 号），载 http://www.cixi.gov.cn/art/2008/6/19/art_ 17970_ 280231. html。

理模式，以半开放式管理为重点，在建制、区域、处遇、警戒程度上区别管理，创新了劳动教养执行方式，有利于保障被劳动教养人的权利，实现劳动教养的目的。①

（三）违法行为教育矫治试点工作

从 2008 年开始，劳动教养机关开始开展强制隔离戒毒模式试点工作，2009 年原司法部劳动教养管理局更名为司法部劳动教养管理局（戒毒管理局），其职能在指导、监督劳动教养的执行工作基础上，增加了指导、监督司法行政系统戒毒场所的管理工作，建立了融合强制戒毒和劳教戒毒优势的强制隔离戒毒制度。②

为将劳动教养制度改革为违法行为教育矫治制度，推进教育矫治立法，在前期对劳动教养制度改革的基础上，2011 年 7 月最高人民法院等十部委联合下发了《违法行为教育矫治委员会试点工作方案》的通知，就违法行为教育矫治委员会的设置及其运行程序开始在部分省市开始进行试点工作。③

（四）劳动教养制度的废止

由于劳动教养在法理上的缺陷及其在实施过程中对公民权利的侵犯，也由于我们对人权价值关注的加强，2013 年 11 月十八届三中全会《中共中央关于全面深化改革若干重大问题的决定》提出，废止劳动教养制度，完善对违法犯罪行为的惩治和矫正法律，健全社区矫正制度。同年 12 月 28 日第十二届全国人大常委会第六次会议通过废止有关劳动教养法律规定的决定，即废止1957 年 8 月 1 日第一届全国人大常委会第七十八次会议通过的《全国人民代表大会常委会批准国务院关于劳动教养问题的决定的决议》及《国务院关于劳动教养问题的决定》，1979 年 11 月 29 日第五届全国人大常委会第十二次会议通过的《全国人民代表大会常务委员会批准国务院关于劳动教养的补充规定的决议》及《国务院关于劳动教养的补充规定》。根据十二届全国人大常委会的决定，劳动教养制度废止前，依法作出的劳教决定有效；在劳动教养制度废止后，对正在被依法执行劳教的人员，解除劳动教养，剩余期限不再执行。在我国延续半个多世纪的劳动教养制度正式废止。

---

① 司法部《关于进一步深化劳教办特色推进管理工作改革的意见》，载 http://wenku.baidu.com/view/03dd0c2fe2bd960590c67736.html.

② 参见中央政法委员会政法研究所编：《司法在改革中前行》，中国长安出版社 2011 年版，第 210 ~ 218 页；《中国法律年鉴 2009 年》，中国法律年鉴出版社 2009 年版，第 245 页。《中国法律年鉴2010 年》，中国法律年鉴出版社 2010 年版，第 236 ~ 237 页。

③ 参见南京市人民政府《关于成立南京市违法行为教育矫治委员会试点工作领导小组的通知》，载http://www.110/fagui/law_ 387347. html.

八、看守所管理制度改革

根据1990年发布施行的《中华人民共和国看守所条例》规定，"看守所是羁押依法被逮捕、刑事拘留的人犯的机关"，同时也承担"被判处有期徒刑一年以下，或者余刑在一年以下，不便送往劳动改造场所执行的罪犯"的监管职责。根据这一条例的规定，看守所的任务是"依据国家法律对被羁押的人犯实行武装警戒看守，保障安全；对人犯进行教育；管理人犯的生活和卫生；保障侦查、起诉和审判工作的顺利进行"。"看守所由本级公安机关管辖。"这一条例主要强调看守所对保障侦查、起诉、审判的作用，并未涉及保障被羁押人员权利的问题。近些年来，存在于刑事司法过程中的超期羁押、刑讯逼供、违法取证等危害犯罪嫌疑人、被告人人权的现象，被羁押人缺乏有效的救济方式，无法获得律师帮助，以及一些监管执法失职渎职、执法不作为，"牢头狱霸"致人死亡的情况，引起人们对看守所体制改革的关注和国家的重视。针对实践中存在的这些问题，为促进对看守所监管活动的监督，提高人权保障水平，近些年对看守所管理制度进行了一定改革。

1. 明确多部门对看守所监管活动的职责。2010年中央综治办、最高人民法院、最高人民检察院、公安部、司法部、国家发改委、财政部、住房和城乡建设部、卫生部联合下发了《关于综合治理看守所安全管理工作的意见》，要求各部门明确职责，建立长效工作机制，加强对看守所工作的管理、监督、支持，保证看守所安全文明和在押人员合法权益。①

2. 建立了一系列旨在保障被羁押人员生活、医疗、身体健康及安全的工作制度和措施。

3. 完善了被羁押人员的权利告知、保障和救济制度。制定了《看守所向在押人员告知权利和义务的规定》，推行办案单位提讯、提审以及律师会见预约制度，推行在押人员视频会见制度，保障在押人员会见权。为了防止刑讯逼供，将入所体检作为必要程序，建立了严格的提讯制度，并实行讯问同步录音录像，严格限制将在押人员提出看守所。为防止超期羁押，实行了换押和羁押期限变更通知制度。②

4. 完善监督制度。建立了在押人员约见所领导、民警、驻所检察官制度。

---

① 中央政法委员会政法研究所编：《法治在改革中前行》，中国长安出版社2011年版，第189页、第183页。

② 参见中央政法委员会政法研究所编：《法治在改革中前行》，中国长安出版社2011年版，第183～186页。

完善驻所检察制度，推行在驻看守所检察室与监管单位信息联网，实行动态监督，同时明确驻所检察监督的范围和方式。逐步推行看守所向社会开放的制度，进一步提高监管工作的透明度，加强社会监督。

2011 年公安部起草修订了《看守所条例》草案，这一草案"褪去 20 年来与中国法治发展不一致的部分弊病，比如羁押对象称谓由'人犯'替换成'犯罪嫌疑人、被告人和罪犯'"①。修订草案增加了保障人权的原则，将依法保障犯罪嫌疑人、被告人和罪犯的合法权益，为犯罪嫌疑人、被告人和罪犯行使合法权利提供便利予以规定。增加了规范提讯，提外审程序等以及在押人员的会见亲属、通信权等有助于保障在押人员权利的规定。② 但并未涉及对看守所管理体制进行"侦羁分离"改革。

近年来我国刑事司法改革在加强侦查权的配置、提高犯罪控制能力的同时，更多地体现在刑事司法各项制度中人权保障因素的增强，与人类社会发展的潮流相适应，但二者在我国刑事司法实践中的地位与实现方式受我国历史传统与现实条件的制约呈现出与西方国家不尽相同的特点。

第三节　寻求人权保障与犯罪控制的平衡

——我国刑事司法改革的特点及原因分析

一、我国当前刑事司法改革的特点

我国是以一个注重秩序为传统的国家，对犯罪的控制一直是刑事司法的重心，但随着改革开放的不断深入，经济社会发展，人权保障观念日益深入人心，我国的刑事司法也不断适应形势的变化，试图在二者之间寻求平衡，立足于惩罚犯罪与保障人权的结合。既注意加强对刑事司法权的控制，逐步赋予犯罪嫌疑人、被告人更多的权利，提供更多的程序保障，又努力从提高犯罪控制水平的层面上，为保障人权提供必要的条件和基础。在改革过程中虽体现出对人权保障的重视，但与作为联合国刑事司法准则、国际人权公约的要求相比仍然存在较大的差距，表现出极大的保留性和不彻底性，表现出对人权保障措施

---

① 刘炜：《看守所"侦羁分离"改革流产》，载《民主与法制时报》2011 年 1 月 24 日第 B2 版。
② 参见黄洪彬：《〈看守所条例〉修订案增人权保障原则引关注》，载 http://www.jcrb.com/zhuanti/szzt/2011lh/yuqing/jujiao/201103/t20110310_ 509820. html。

冲击犯罪控制效率的担心与忧虑，且在司法环境及配套措施不到位的情况下，现在改革措施在达到人权保障目的方面仍有一定障碍。具体表现在以下两个方面：

（一）　近期刑事司法改革重心体现在人权保障向度上的努力

从 1979 年刑事法制初建，到 20 世纪 90 年代中期刑法、刑事诉讼法改革，尤其是近些年来我国在人权保障方面取得了巨大的进步。无论是通过制度的重新建构、完善，还是在工作机制上的创新，都努力体现对公民自由和基本权利的尊重，对人权保障价值的认可和提升，改革重心体现在人权保障向度上的努力。有人提出，我国现代刑事司法制度的构建，就是人权保障型刑事司法制度的型塑过程。[①]

1979 年刑法和刑事诉讼法的颁布结束了刑事司法中无法可依的局面，但这两个法律明显带有阶级斗争色彩，体现着有罪推定思想，具有重刑重罚倾向，程序规定粗陋。随着社会发展进步，刑事法制进一步发展，90 年代中期的刑事司法改革中开始体现人权保障的特点。如 1997 年刑法中明确规定了罪刑法定、法律面前人人平等、罪刑相当的原则，取消了类推的规定。1996 年刑事诉讼法确定了疑罪从无的原则，将律师参与诉讼的时间提前到侦查阶段，废止了收容审查制度、免予起诉制度等。[②]

近些年的改革更是将加强刑事司法中的人权保障作为改革的重心，如前文所述，我国近年来刑事司法改革在人权保障向度上的努力体现在很多方面：

在死刑制度方面，《刑法修正案（八）》减少了 13 个非暴力性经济犯罪的死刑，体现了刑罚轻缓人道的趋势。在程序方面，将死刑复核权全面收归最高人民法院，规定死刑案件二审必须开庭，明确了最高人民法院在死刑复核过程中接受人民检察院监督和听取律师辩护意见的方式。在证据方面，专门制定了针对死刑案件审查判断证据的证明标准、证据审查认定规则。从实体、程序和证据方面加强对死刑案件的控制。

在刑事证据制度方面，规定"不得强迫任何人证实自己有罪"，确立了非法获得供述的排除规则，增加了非法证据审核认定程序的规定，增加了犯罪嫌疑人、被告人及其辩护人申请调查非法证据的权利，确立了对取得言词证据合法性举证责任由公诉方承担的证明责任及讯问人员出庭作证的制度，并规定了存疑证据的排除。证据制度方面的这些改革完善，对于遏制司法实践中存在的

---

① 　冯军、孙学军：《刑事司法改革导向与公众诉求的冲突及其消解》，载《福建公安高等专科学校学报》2006 年第 6 期。

② 　参见蔡定剑：《刑事司法制度改革的人性化趋向》，载《团结》2009 年第 2 期。

刑讯逼供等侵犯人权的行为有重要作用。

在辩护制度方面，明确了律师在侦查阶段辩护人的地位，将委托辩护人的时间由审查起诉阶段提前到了侦查阶段，并强化了司法机关的告知义务。完善了律师的会见权和阅卷权以及申请调取证据权。扩大了法律援助的阶段和范围，并且完善了律师的执业保障，在辩护内容上，增加了被告人、辩护人可就定罪量刑问题进行辩论的权利，从而加强了犯罪嫌疑人、被告人的抵抗司法不法侵害的力量。

在刑事强制措施方面，（1）体现出慎用羁押措施的改革倾向，如2012年刑事诉讼法监视居住的性质定位为"减少羁押的替代措施"，在司法实践中的审查批准环节推行报请逮捕书逮捕必要性说明制度，确立了审查逮捕阶段讯问犯罪嫌疑人和听取律师意见的制度以及检察院对羁押必要性进行审查的制度；（2）增强了司法机关在适用和变更强制措施时的告知义务；（3）增加了被追诉人要求、解除强制措施的权利以及申请救济权，加强了检察机关的监督；（4）明确了羁押和讯问场所的要求以及侦查讯问全程同步录音录像的规定。

在审判制度方面，对发回重审制度的改革，包括限制对事实不清楚或者证据不足的案件的发回重审的次数，不得加重被告人的刑罚的规定，对二审开庭的强制性规定以及不开庭审理应讯问被告人，听取其他当事人、辩护人、诉讼代理人意见的规定，对强化对被告人在程序方面和实体方面的权利保障也有重要意义。

此外，还表现在对劳动教养制度的改革及废止，看守所管理方面加强对被羁押人基本人权方面的保障以及2012年刑事诉讼法中一些细节的规定上。如对不能在规定的侦查羁押、审查起诉、一审、二审期限内办结的案件，规定应将犯罪嫌疑人、被告人予以释放；为防止因节假日而延长犯罪嫌疑人、被告人的羁押期限，规定犯罪嫌疑人、被告人或者罪犯在押期间，应当至期满之日为止，不得因节假日而延长；为防止随意限制人身自由，规定不得以连续传唤、拘传的形式变相拘禁犯罪嫌疑人，对传唤、拘传的犯罪嫌疑人应保证其必要的饮食、休息时间；为防止刑讯逼供等问题的发生，规定了对讯问过程进行录音录像的条款，对可能判处无期徒刑或者死刑的，规定必须就讯问过程进行录音或者录像，而且录音或者录像应当全程进行，保持完整性，等等。①

（二）我国刑事司法改革仍以秩序本位、犯罪控制为基本出发点

我国仍处于社会转型时期，对社会秩序的控制在整个社会发展中具有举足

---

① 参见刘欢、王士杰：《论〈刑事诉讼法修正案（草案）〉对我国民主法制建设的新贡献》，载《齐齐哈尔大学学报（哲学社会科学版）》2011年第5期。

轻重的作用，因此秩序本位仍然是我国刑事司法改革的主导价值目标，打击犯罪和保障人权，均为"合法稳定的公共秩序"服务，因此，立法与司法总体上偏重对犯罪的控制，对公共利益的维护。虽然近年来的改革极大地加强了人权保障，但改革路径并未采取通过增强被追诉方与追诉方的对抗来实现，而主要通过对公权力行使的规范和监督来实现，其最终的价值目标仍然是秩序、社会安全和犯罪控制。

1. 我国侦查强制措施的适用偏向社会保障与惩治犯罪。在刑事强制措施改革方面对犯罪嫌疑人、被告人的救济权规定仍较为薄弱。我国侦查强制措施的审批，尤其是审前羁押措施的使用远未建立由中立第三方予以审查的制度，对强制性措施的使用仍然主要采用内部审批的模式，侧重于强调侦查的效率；强制措施的变更方面，将取保候审作为公安机关、人民检察院、人民法院的一项权力加以规定，而不将申请取保候审规定为犯罪嫌疑人、被告人依法享有的诉讼权利，没有规定申请人的救济权。着眼于从规范公安机关及时执行监视居住和取保候审的角度，而非着眼于犯罪嫌疑人、被告人对执行取保候审、监视居住程序违法的情形的救济。对公检法机关适用强制措施的授权性规定宽泛有余，限制不足；① 在看守所管理制度改革方面，未实行完全的侦押分离，没有确立看守所中立的体制，一方面，是由于管理体制的沿袭，难以较短时间内予以更改，另一方面，看守所隶属于公安局依然在重获取犯罪线索方面具有一定的作用，而将看守所交由司法部管理，则无疑会使打击犯罪的效率有所降低。

2. 在刑事证据制度方面仍强调客观真实。我国刑事证据制度改革的立足点在于减少冤假错案，遏制司法中的刑讯逼供，其价值取向在于社会秩序与安全。如仍然强调被告人的供述义务。2012 年刑事诉讼法对修改前刑事诉讼法93 条的主要内容予以保留，即"侦查人员在讯问犯罪嫌疑人的时候，应当首先讯问犯罪嫌疑人是否有犯罪行为，让他陈述有罪的情节或者无罪的辩解，然后向他提出问题。犯罪嫌疑人对侦查人员的提问，应当如实回答。但是对与本案无关的问题，有拒绝回答的权利"。同时增加"侦查人员在讯问犯罪嫌疑人的时候，应当告知犯罪嫌疑人如实供述自己罪行可以从宽处理的法律规定"。被告人口供在证据体系中依然处于重要位置，这样的规定表现了我国在诉讼结构的设计中强调被追诉方对国家追诉机关的配合，重视犯罪嫌疑人、被告人口供对及时、准确查明案情的作用；在作证豁免制度方面，初步建立了被告人的配偶、父母、子女可不出庭作证的制度，即有限的作证豁免制度，但在侦查阶

① 参见刘玫、宋桂兰：《论刑事诉讼强制措施之立法再修改——以刑事诉讼法修正案（草案）为蓝本》，载《甘肃政法学院学报》2011 年第 6 期。

段以及其他如律师、医护人员、国家公职人员对履职获知的秘密事项的作证豁免则未提及，与之相应刑法在伪证罪和窝藏包庇罪中没有对应当享有拒绝作证特权的特定人员作出排除规定，表明查明案情真相，控制犯罪在刑事司法活动中的重要价值，而基于职业信任所产生的拒绝作证权所体现的对其他制度的保护则相对较弱。

3. 在辩护权方面未建立对律师的充分信任。基于对国家目前犯罪形势和实践中律师作用的认识，对讯问犯罪嫌疑人时辩护律师的在场权未予提及。在加强律师执业保障方面有了进展，对辩护人涉嫌犯罪的，规定由办理辩护人所承办案件的侦查机关以外的侦查机关办理，但并未取消律师的伪证罪，这表明其价值取向在于不得妨碍打击犯罪的需要，作这一规定的目的是为了避免由同一案件的侦查机关随意对辩护人立案侦查，采取强制措施，从而造成对律师执业权利的损害，进而影响案件事实的查明与当事人辩护权的实现。

4. 刑事司法未建立起以庭审为中心的运作方式。1996 年刑事诉讼法修改在庭审中引入了对抗制的因素，但由于不具备相应的配套措施和规定，庭审并没能发挥查明案件真相的功能，刑事司法的重心仍在侦查阶段，侦查阶段承担了查明案情事实的主要功能，主要表现之一就是第一审案件审理中，被告人庭上供述成为整个案件调查阶段的重心，证人普遍不出庭，法庭审判中认可使用证人在审判前进行陈述的笔录作为认定事实的根据，使庭审中质证流于形式。"两个证据规定"和 2012 年刑事诉讼法均就证人出庭作出明确规定，但并未确立证人普遍出庭制度，而是规定"证人证言对案件定罪量刑有重大影响，并且公诉人、当事人或者辩护人、诉讼代理人有异议的，或者人民法院认为证人有必要出庭作证的，证人应当出庭作证"。因而对侦查阶段形成的大部分证人笔录仍持认可态度，仅在追诉与被诉双方有异议，或者法庭认为有必要时规定证人必须出庭。其功能目标主要是防止侦查阶段出现刑讯逼供等严重侵犯人权的问题，防止冤假错案。

二、我国刑事司法改革的原因分析

"法律发展不可能与其赖以存在的社会制度的变化以及社会的变化着的情感和要求相分离。一位欧洲学者，比较法律社会学的开山鼻祖这样归纳他的经验发现，他解释说'法律发展的重心不在于立法，不在于法律科学，也不在于司法，而在于社会本身'。"① 我国刑事司法改革中在人权保障与犯罪控制方面的定位、成就乃至差距和遗憾无不体现着司法对于社会基础的被动性，体现

---

① ［美］H. W. 埃尔曼：《比较法律文化》，贺卫方、高鸿钧译，清华大学出版社 2002 年版，第 3 页。

着社会变迁与社会基础对改革的决定与制约作用。

（一）人权保障的要求是市场经济发展的必然结果

在人类社会的早期，占意识形态主流的是"神权"、"君权"，人们"只是在人与人的关系中盲目地屈从着义务，争取着权利"[1]，"权利"观念产生于商品交换之中，人权观念随着资本主义经济发展而逐步发展，并占据意识形态的主导地位。"大规模的贸易，特别是国际贸易，尤其是世界贸易，要求有自己的、在行动上不受限制的商品所有者，他们作为商品所有者来说是有平等权利的，他们根据对他们来说全部是平等的（至少在当地是平等的）权利进行交换"，[2] "一旦社会的经济进步，把摆脱封建桎梏和通过消除封建不平等来确立权利平等的要求提到日程上来，这种要求就必定迅速地获得更大的规模……这种要求就很自然地获得了普通的、超出个别国家范围的性质，而自由和平等也很自然地被宣布为人权。"[3] 独立系统的人权思想源于欧洲 16 世纪时期商品生产和交换繁荣时期，人们从所处的新的经济关系中形成了自己对世间一切事物的新观念和新思想，并作为新兴资产阶级向封建制度夺取权力的要求而得到进一步发展。"'天赋人权'论完全是历史的产物——它是商品经济代替自然经济的斗争所孕育的，同时，它也完全是特定阶级的思想形态——只有当时勇敢向君王'特权'和僧侣'神权'宣战的资产阶级才能系统地提出它和宣传它。"[4] 也正是在这样的历史背景下，人权保障被列为刑事司法的重要价值目标，并随着人类历史的进步而不断赋予新的内容和保护手段。

"权利永远不能超出社会经济结构以及经济结构所制约的社会的文化发展。"[5] 我国古代以自然经济为基础所建立起来的家国同构的社会体系中没有孕育权利意识的土壤，新中国成立后高度的计划经济体制下没有私有财产，也没有个人权利意识。20 世纪 70 年代改革开放后，商品交换及后来市场经济的确立和发展，实现了利益的个别化，私人拥有部分社会生产，个人逐步脱离"单位"而成为"社会人"。利益个别化促使人们高度关注个人自身的权益，这成为人权保障观念形成的社会经济基础。由于市场经济必须以确认和保障个人所有权、使用权为基本前提，大大激发和增强了社会公众的个人权利意识，并蕴含着公平、竞争的意识，因而市场经济的确立和发展也催化了权利意识的

---

[1]　陈飞、韩德强：《从人权事实看人权的价值》，载《东岳论丛》1999 年第 6 期。

[2]　《马克思恩格斯选集》（第 3 卷），人民出版社 1972 年版，第 144 页。

[3]　《马克思恩格斯选集》（第 3 卷），人民出版社 1972 年版，第 145 页。

[4]　胡义成：《"天赋人权论"四百年祭——欧美早期人权理论回视》，载《益阳师专学报》2001 年第 1 期。

[5]　《马克思恩格斯全集》（第 19 卷），人民出版社 1963 年版，第 22 页。

萌醒。① 这种经济上的深刻变革带来在政治、法律、文化上以及价值观念上对权利主体地位、权利意识的萌生乃至确立，突出表现在我国 2004 年宪法修正案对尊重人保障人权及私有财产保障的规定上。"权利产生的自然根源在于遭受到了侵犯，而人天生具有的自我保护本能，必然会对其遭受的侵犯作出反应，以求得自身的生存与发展，能像其他人一样正常的生活。"② 刑事司法中的个人面临国家公权力的侵犯，因而反映在刑事司法领域就是人权保障理念的逐步确立和在制度层面上进行一系列有利于个人抵抗来自国家权力侵犯的改革。从 90 年代中期刑法、刑事诉讼法修改即体现出人权保障观念对立法和司法的巨大影响，近年来的刑事司法改革则更突出表现在人权保障向度上的努力，进行了一系列加强刑事司法中人权保障的改革。

（二）全球化背景下法律文化的交流和传播推动了人权保障的进程

从 20 世纪 80 年代起，全球化已成为当今世界的重要时代特征。全球化进程始于经济全球化，并影响到政治、法律和文化等各个层面。我国实行改革开放以后，与世界其他国家的交往日益密切，越来越深入地卷入到全球贸易和竞争中，卷入到全球化浪潮之中。"全球化指的是社会交往的跨洲际流动和模式在规模上的扩大、在广度上的增加、在速度上的递增，以及影响力的深入。它指的是人类组织在规模上的变化或变革，这些组织把相距遥远的社会联结起来，并扩大了权力关系在世界各地区和各大洲的影响。"③ 在这一背景下，在刑事司法制度方面，一方面表现为国与国之间的交流日益深入，国与国之间在法律制度之间的借鉴和影响加深；另一方面表现为形成一系列有关国际组织、国际条约，对国内法的影响和约束力增强。

随着全球化的进程，各种文明相互碰撞、融合，在这一过程中，法律文化得到空前交流与传播，尤其是以西方法治发达国家为代表的法律文化对包括我国在内的许多国家产生巨大的影响和冲击。我国刑事司法改革正在经历从传统向现代转型的过程，而在这一现代化转型的过程中，我国的制度设计主要表现为对西方国家刑事司法理念、制度、诉讼模式的借鉴和移植，现代化在某种程度上是一个"西方化"或"英美化"的过程，西方国家兴起于 17、18 世纪的人权保障观念及体现这一理念的制度也传播到我国。理论界与实践部门在研究刑事司法改革问题或者提出立法建议时，常常用比较的方法，介绍西方国家在相关方面的理念和制度及对我国的适用性。我国 20 世纪 90 年代进行了刑事司

---

① 王晓波、牛方玉：《浅论我国社会转型背景下的私权保障》，载《大连干部学刊》2010 年第 1 期。
② 陈飞、韩德强：《从人权事实看人权的价值》，载《东岳论丛》1999 年第 6 期。
③ 转引自王晓广：《法律文化全球化——对一个合理悖论的阐析》，载《天中学刊》2010 年第 3 期。

法改革以及近期改革的有关人权保障的很多制度，如庭审制度的当事人化改造、辩护制度改革、证据制度的改革，对部分罪名中死刑的取消等所体现的正是西方主流法律理念与文化的影响。

二战后随着人权保障的全球化，国际法上关于刑事司法人权保障的公约和条约确立了刑事诉讼程序和刑事司法活动的基本权利保障标准，也称"最低限度"的要求和标准，我国也确认或批准了有关方面的国际条约和文件。许多学者主张，这些标准具有普适性，主张我国刑事立法中吸收这些刑事司法最低标准，以此来改造我国的刑事司法制度。这些理论和研究无疑对我国的刑事司法改革产生一定影响。此外，一些如联合国人权理事会、反虐待委员会、"大赦国际"等国际间的政府组织与非政府组织的活动及带有意识形态色彩国际舆论也对我国在人权保障方面的工作产生巨大的压力，对推进我国刑事司法制度中对人权保障的加强有一定影响。

（三）社会转型时期对秩序的特殊需要决定了刑事司法改革的定位

我国正处于社会转型时期。社会转型是指社会由传统社会向现代社会的一种发展与成长过程，特别是指社会的结构性变动，包括社会体制在较短时间内急剧的转变、社会结构的重大转变、社会发展的阶段性转变。[①] 新旧体制交换，利益主体和社会结构发生重大变化，管理机制和社会规范削弱甚至失效，社会矛盾和社会问题日益突出，从而导致治安状况的恶化，犯罪率增高。社会秩序是社会存在和发展的必要条件，"首要的问题不是自由，而是创建一个合法的公共秩序。很显然，人类可以没有自由而有秩序，但不能没有秩序而有自由"[②]。我国是一个超大规模的社会，维持转型时期社会秩序的稳定，关系到我国作为一个国家在国际竞争中的生存问题，关系着向现代化转型的代价及其成败，因而秩序在这一时期具有重要意义。由社会转型而带来的犯罪总量增高，新型犯罪、暴力犯罪增多等问题，又对社会秩序和安全造成重大威胁和伤害，因而，控制犯罪成为我国现时期维护社会秩序的理性目标选择。从整个社会来看，犯罪控制是一个多层次、多方位的问题，涉及社会整合体系的重建、价值体系的完善、社会制度规范体系的完备，等等。刑事司法领域是实现犯罪控制目标的一个重要领域，需要从立法、司法以及刑罚执行的过程中完成这一使命。

美国著名刑事学家赫伯特·佩克曾提出两种刑事司法模式，即以保障社会安宁和社会福利为重心，主张采取严厉的司法手段以图最大限度地控制犯罪的

① 钱洋：《浅议我国社会转型期治安秩序之重建》，载《河南公安高等专科学校学报》2010年第3期。
② ［美］塞缪尔·亨廷顿：《变革社会中的政治秩序》，华夏出版社1988年版，第8页。

犯罪控制模式和以强调个人权利至上，重视司法手段的适当性和司法民主的正当程序模式。这两种模式所强调的仅是刑事诉讼侧重点不同，而非将犯罪控制与保障人权完全对立。① 以此观之，侧重于控制犯罪更适合我国当前社会和犯罪形势的要求，也符合我国目前刑事司法改革所处的阶段。

（四）社会控制水平限制了人权保障的程度

首先，刑事司法中人权保障的程度受社会整体控制水平的影响。社会整体控制水平越高，其抑制和预防犯罪的功能就强，也更具备通过理性程序解决纠纷、化解矛盾，实现对犯罪人教育矫治的基础和条件。我国所处的转型社会期，传统的伦理道德对人的约束力下降，国家行政整合能力下降，原有适用于传统社会和计划经济条件下的社会控制体系迅速弱化或失效，而新的社会控制机制尚未形成，社会整体控制水平较弱。由于有国家强制力作保证，因而在社会治安形势严峻的情况下，通过刑事司法实行犯罪控制成为必然选择，导致司法领域内对犯罪进行控制的压力增大。人权保障与犯罪控制之间出现了巨大的冲突，无法找到合适的平衡点。在维护社会治安的巨大的压力下，社会整体倾向于采用强有力的措施对社会的安全与秩序予以保护，而忽视或淡化对人权的保障。

其次，刑事司法中对人权保障的水平也决定了侦查水平，尤其是证据获取能力。我国社会治理水平尚未达到一定水平，对个人日常行为的常规监控能力无法形成一套周全的证据客观化生成机制，出于市场因素与自身利益的考虑，工厂、银行、通信、医疗、教育等部门难于履行各自在社会治理中应承担的职责，也使社会的证据客观化生成机能大大削弱。② 近年来的司法改革也在强调信息化在提高刑事司法水平方面的作用，强调证据客观生成机制的建立，如2011 年最高人民法院、最高人民检察院、公安部、工业和信息化部等 15 家单位会签下发了《关于建立实名制信息快速查询协作执法机制的实施意见》，现阶段，该机制的建立旨在"将政府部门和社会服务行业建立的各类实名制服务管理信息系统作为侦查机关办案工作的重要信息源，率先在已经集中建立全国数据库的中央政法机关与国务院相关部门及其所属社会单位之间开展合作，通过构建实名制信息快速查询协作执法的共享平台和工作制度，提高在侦查工作中及时获取犯罪嫌疑人相关社会活动证据信息的准确性和时效性，加快提升

---

① 任秀芳、陈平：《犯罪控制与刑事审判》，载《浙江万里学院学报》2010 年第 1 期。
② 左卫民等：《中国刑事诉讼运行机制实证研究（二）》，法律出版社 2009 年版，第 90 页。

侦查办案工作的效率和水平"①。这些证据客观化生成机制的逐步完善将大大减弱口供在侦查中的作用，从而使对犯罪的追究更加理性，使我国的人权保障水平有更大的提高。但总体来说，我国社会治理水平仍然较低，证据客观化生成机制远未建立，因而为实现维护社会秩序的目标，侦查活动在较长一段时间内仍将停留在以口供为中心的状态之中，获得犯罪嫌疑人、被告人的口供对于迅速查明案件，追究犯罪仍具有重要作用，而这一目标的达到则必然导致对犯罪嫌疑人的绝对控制，由此而导致侦查中羁押适用的普遍性难以有较大改观。因而，在我国当前侦查水平和阶段下人权保障导向的刑事司法改革的主要任务在于如何防止冤假错案，减少严重侵害公民权益的执法和司法行为。

（五）诉讼传统影响了人权保障的内涵

人权思想起源于古希腊斯多葛学派的自然法观念，由格老秀斯首先提出，经洛克等人系统化，并经卢梭、杰佛逊、潘恩等人规范化、法律化的"天赋人权"思想，以及以其为核心的古典自然法在17、18世纪成为人们反抗专制国家，规制国家权力行使的思想武器，也成为建立现代资本主义国家的制度根基，由此也构建了近现代西方资本主义国家刑事司法的主导思想和精神。二次世界大战以后新自然法学派的兴起及其高度重视人权思想对刑事司法领域的影响，是西方诉讼传统自然发展的结果。我国历史上从未有西方意义上的人权观念，当代人权保障观念的兴起与我国改革开放后，受西方先进的刑事司法制度和思想的影响有关。保障人权观念在我国当代的获得接受与发展在一定程度上也与我国历史上以儒家思想为代表的"人本"思想有关，或者可以说，我国当前的人权保障观念和在司法中的体现及其实现水平，其实质并非纯粹西方意义上人权保障观念。西方意义上人权保障观念的核心是"社会实现这种权利（即天赋权利，作者注）的能力，即'权力'却来自统一的天赋权利，利用这种权力来侵犯个人所有的天赋权利，是不能容许的"，"取消任何不适合形式的政府，是人民不可剥夺的权利"。② 权利足以抗衡和制约国家权力。

与西方的人权观不同，我国历史上的人本主义也强调人的价值，但人的价值体现在社会关系中，是以集体本位为基础的"人的价值"。在刑事司法中更多强调的是集体利益和社会秩序，个人作为某一社会关系整体意义上的个人而存在。"在中国的传统社会中，刑事司法是社会控制的重要手段，刑事司法的

---

① 《国家建立实名制信息快速查询协作执法机制》，载 http：//bm. aybm. cn/xbm/68/fanye_ nr. asp？ = 6369&title = &lb = 0&lbl = 202。

② 托马斯·潘恩有关天赋权利的思想，见张宏生、谷春德主编：《西方法律思想史》北京大学出版社 2000 年版，第 218 页。

合法性在很大程度上依赖于刑事司法的有效性——对刑事犯罪的打击力度，以此来获得人们对其统治合法性的认同。"① 这种对社会治安的高效控制有时是以公民权利和尊严的牺牲为代价的，犯罪嫌疑人或者被告人则作为国家刑事追诉的对象，从未获得过如西方近代以来"在诉讼中的主体地位"。传统司法中"三复奏"、"五复奏"的死刑复核制度，慎刑恤狱，大赦、存留养亲等体现人本色彩的司法制度也是基于对犯罪规律的深刻认识，从维护社会秩序，预防犯罪的角度出发而设计的。虽然改革开放 30 年来，随着权利意识的加强，人们对权利保障的诉求日益增长，但当因对犯罪嫌疑人、被告人的权利保障影响到实体公正，影响社会安定秩序时，则会引发普遍的反对，表现了普通民众在感情上对于秩序价值的深厚依赖。考察我国刑事司法改革的脉络，我们可以看到，我国目前能得到社会普遍认同和实现的人权保障思想在某些方面体现的仍是"宽则得众，惠则足以使人"②、"博施于民，而能济众"③ 的仁政观，是为统治长久计的民贵君轻思想在现代的延传。

传统的司法观念深深植根于法律文化之中，影响人们的行为方式和司法的实际运行，传统观念会随着社会和形势的发展发生变革，但其过程是一个渐进的、逐步转化的过程，刑事刑法改革的路径和成就不可避免地受到延传千年诉讼传统和法律思维方式的影响，尤其在普通司法人员和大众的认知层面，这一影响更为深远。

本章小结

秩序与自由是刑事司法改革的重要价值，二者均不可偏废，犯罪发生后，对犯罪进行惩治以维护社会秩序，但若在刑事司法中侵犯当事人的权利同样是对法律秩序的破坏，尤其是滥用公权力对公民权利造成的损害对社会秩序造成的伤害更大。因此，在刑事司法中寻求人权保障与犯罪控制的平衡即成为近代以来各国刑事司法改革的主线。

刑事司法中人权保障与犯罪控制的关系可以表现为两方面：一方面是二者

---

① 冯军、孙学军：《刑事司法改革导向与公众诉求的冲突及其消解》，载《福建公安高等专科学校学报》2006 年第 6 期。

② 《论语·阳货》。

③ 《论语·雍也》。

相互压制。即在一定的历史条件和社会控制水平下，对犯罪控制和人权保障价值的尊崇呈现此长彼消的状况。要实现犯罪控制的目的，则必须限制犯罪嫌疑人、被告人的防御权。而要实现对犯罪嫌疑人、被告人的权利的保障，则以对犯罪控制的乏力为代价。这使得寻找二者的平衡点成为各国立法与司法者所需面对的艰难抉择。另一方面则是二者相互促进。相互促进的关系表现为随着社会控制水平的提高，对犯罪控制水平提高，从而能进一步提高在刑事诉讼中人权保障的水平，赋予犯罪嫌疑人、被告人更多的防御权，使之对抗国家追诉权，给予其更多的参与权、说服权，使其受到人道的、公正的待遇。同时，由于人权保障水平的提高，个体主体地位的确立和提升，个体利益和主张通过理性的渠道和方式解决有利于深层次社会矛盾和纠纷的解决，从而在更大程度上提升社会管理水平，减少和预防犯罪，达到控制犯罪的目的。

无疑，在社会转型期对安全与秩序的追求使我们不能不特别重视对犯罪的控制，然而，控制的方式不应当是"以暴制暴"，在宽严相济刑事政策成为我国基本刑事政策的背景下，如何实现人权保障与犯罪控制的平衡有了其更广阔的空间。从人类刑事司法发展的总趋势来看，人权保障获得了越来越重要的位置。重视人权保障，也是实现犯罪控制的基础。"对人的尊重和保障可以使那些发生在个人、社会、文化和其他许多社会现象中的矛盾得到合理与公正的解决，它体现了人类生存的基本意义，而且是国际信任与安全的必要基础。"①二者并非非此即彼的关系。在我国目前的现实条件下应考虑以下几方面的问题：

一是在刑事司法改革中既要考虑犯罪控制的要求，也要注重对犯罪嫌疑人、被告人提供有效的权利保障，要兼顾社会秩序与个人自由，兼顾社会安全与公民权利，寻求二者的最佳平衡，从而实现社会公正。

二是刑事立法应遵循保障人权、规范权力运行的理念。在立法中渗透人文精神，尊重与保障人权的理念，对刑事司法权力的运行尽可能规范。

三是侦查权的适度扩张与充分法治化。赋予侦查机关与犯罪类型、手法、范围、严重程度相适应的侦查权和侦查能力是刑事领域要实现社会控制的目标的首要途径，也是实现人权保障的基础。通过法治化的途径实现对侦查权的规范，从而防范国家强制力对人权的侵害与威胁，通过发展证据生成客观化的条件，提高侦查和诉讼中的证明能力，弱化犯罪嫌疑人、被告人口供在建立证据体系中的作用，强化其他证据的作用。

四是重视当事人的参与权、辩护权，赋予其充分的救济权和救济渠道。规

---

① 张建伟：《刑事司法：多元价值与制度配置》，人民法院出版社 2003 年版，第 60 页。

范公权力的运行，注重以权利制约权力、以监督制约权力，以程序制约权力，保证公权力的规范运行，保证无辜的人不受追究，保证有罪的人受到公正的追诉。

五是从实现社会控制的目标出发，既应注重对犯罪嫌疑人、被告人权利的保护，也应重视被害人的人权保障。赋予被害人在刑事司法过程中的知情权、救济权、刑罚执行阶段的参与权，获得国家补偿权和社会的帮助权等。

第五章　刑事司法改革重心之二：保证刑事司法权的正确行使

动用刑事司法权追究和惩罚犯罪，是为了恢复和保护为犯罪所破坏的秩序，这一权力的行使是为了达到"善"的目的——维护社会所必需的秩序。但这一权力行使的过程本身则有可能带有"恶"的因素——侵犯公民的权利，伤害自由价值。因此，对刑事司法权的控制成为必不可少的环节，是实现一定社会条件下自由与秩序价值平衡的关键。

第一节　刑事司法权控制的主要模式

"权力是一种支配性力量，是有目的地支配他人的力量。"① 权力的行使具有绝对性和强制性，马克斯·韦伯（Max Weber）认为，"权力意味着在一种社会关系里哪怕是遇到反对也能贯彻自己意志的任何机会，不管这种机会是建立在什么基础之上。"② 这种力量可以是建设性的，也可以成为破坏性的，关键在于如何使用。美国政治家麦迪逊说："如果人都是天使，就不需要任何政府了。如果是天使统治人，就不需要对政府有任何外在的或内在的控制了。在组织一个人统治人的政府时，最大困难在于必须首先使政府能管理被统治者，然后再使政府管理自身。毫无疑问，依靠人民是对政府的主要控制；但是经验教导人们，必须有辅助性的预防措施。"③ 加之权力的强制性、不平等性和可交换性，会导致权力的行使的异化，或者权力扩张，侵犯人民权利，或者权力的行使者为追求私利而滥用权力。权力必须加以控制，否则就会自我扩张，被

---

① 曲新久：《刑事政策权力分析》，中国政法大学出版社 2002 年版，第 17 页。
② ［德］马克斯·韦伯：《经济与社会》（上卷），林荣远译，商务印书馆 1997 年版，第 81 页。
③ ［美］汉密尔顿、杰伊、麦迪逊：《联邦党人文集》，程逢如、在汉、舒逊译，商务印书馆 1997 年版，第 264 页。

腐蚀、滥用。因此，必须通过一定的方式对权力进行制约，对权力的行使者进行监督，以防止权力的滥用和专断，以保障不对人民自由和权利的危害。司法权力也具有这样的属性，刑事司法权力在维护公共安全的同时，也极易侵犯相对人的自由和权利。因此，对刑事司法权力的控制是必然的要求。

刑事司法中自由裁量权的存在要求必须予以控制。自由裁量权是由法律赋予的、特定国家机关及其人员拥有的，根据自己认为适宜与否决定是否采取某种措施、是否给予某种救济或者是否采纳某项证据的权力。[①] 要将抽象性、原则性的法律适用于具体的案件，司法自由裁量权是不可避免的，自由裁量权是法治的必要补充，是司法人员运用法律解决具体社会纷争的必要方式。但自由裁量权不是随心所欲的，必须受到一定的限制，否则就难以实现法律所赋予的目的，存在被滥用的危险。自由裁量权的行使应在法律限定的范围内，并符合一定的价值目标，因而需要对其行使的合理控制。

从各国的刑事司法实践来看，对刑事司法权行使的控制大致分为以下几种模式：一是通过法律的明确规定规制权力的行使；二是以权力制约权力，即通过权力分立实现权力对权力的制约；三是以程序制约权力，即通过设置并遵循缜密的刑事司法程序实现对刑事司法权的制约；四是以权利制约权力，即通过赋予诉讼当事人的参与权、辩护权、救济权等程序与实体权利实现对刑事司法权的制约；五是以公开制约权力，即通过权力公开行使接受公众监督，从而形成对刑事司法权行使的控制。考察各国的立法和司法制度，对权力的监督和制约在刑事司法的不同阶段可具体表现为以下方式：

一、对刑事侦查权的控制

侦查权的行使具有较强的封闭性和强制性，如不善加控制，极易对公民的自由和权利造成威胁，或者因怠于行使职权，而放纵犯罪，损害社会秩序和安全，因此，很多国家针对侦查权的行使设置了不尽相同的控制方式。

（一）公诉权对侦查权的控制

在许多国家，起诉机关具有完全的侦查权、立案控制权和指挥侦查权，从而使侦查从属于起诉。作为起诉活动的准备性活动，侦查机关依据检察机关的要求进行侦查活动，在立案、采取侦查措施、收集证据等方面听从检察机关提出的要求，以实现对侦查权的控制，防止警察机关在办理刑事案件中不追究、滥追究、不当侵害公民权利现象的发生。对于检察机关与侦查机关的关系及对

---

① 张建伟：《刑事司法：多元价值与制度配置》，人民法院出版社 2003 年版，第 207 页。

侦查权的控制程度有不同的模式：

1. 检察机关拥有完全的侦查权。如德国、日本、朝鲜、蒙古、苏联等国家均赋予检察机关对一切刑事案件的直接侦查权和命令或指示其他侦查机关侦查的权力。[①]

2. 立案控制权。《法国刑事诉讼法》、英国 1985 年的《犯罪起诉法》、苏联《检察院法》以及保加利亚、阿尔巴尼亚、朝鲜和蒙古等国的刑事诉讼法赋予起诉机关监督立案是否合法的权力，以防止作为实际行使侦查权的警察机关不当行使侦查权，有案不立或擅自撤销案件。如英国 1985 年《犯罪起诉法》规定，警察局长应将本辖区内的每一起严重犯罪通知检察官。[②]

3. 检察机关的指挥侦查权。多数国家如法国、日本、德国、苏联、东欧诸国、朝鲜、蒙古都规定了起诉机关的指挥侦查权。《日本刑事诉讼法》第193 条规定，检察官在其管辖区域内对司法警察职员所进行的侦查可以作必要的一般指示，进行必要的一般指挥；检察官在自行侦查的情况下认为有必要时，可以指挥司法警察职员使之辅助侦查；司法警察职员应当服从检察官的指示或指挥。[③] 英美国家起诉机关对侦查的指挥力度相对于大陆法系国家而言较弱，但其对侦查活动也有一定程度的干预。起诉机关对侦查的控制权也体现在警察作为控方证人出庭作证问题上。[④]

（二）对强制侦查的司法审查

防止侦查权异化和滥用的最主要的手段是对强制侦查措施的司法审查制度，也称"令状主义"原则，即在刑事诉讼中，执行侦查职能的警察或其他机关，只有在获得法官签发的令状后，才有权实施扣押、搜查、人身检查和逮捕等侦查行为。警察即使在紧急情况下所采取的强制侦查措施，也必须事后得到法官的认可。[⑤]

这一制度起源于英国 1215 年的《大宪章》，为现代许多法治国家所采用。如英国《1984 年与刑事证据法》及《1984 年警察与刑事证据法执行守则》规定，除了逮捕前的搜查、逮捕附带的搜查和逮捕后的搜查不需要搜查证——只

---

① 参见金明焕主编：《比较检察制度研究》，中国检察出版社 1993 年版，第 71～73 页、第 62 页。

② 参见金明焕主编：《比较检察制度研究》，中国检察出版社 1993 年版，第 66 页、第 67 页；陈光中主编：《外国刑事司法程序比较研究》，法律出版社 1988 年版，第 74 页；龙宗智：《英国检察制度的重大改革》，载《人民检察》1987 年第 6 期。

③ 参见金明焕主编：《比较检察制度研究》，中国检察出版社 1993 年版，第 92 页。

④ 参见马贵翔、胡铭：《正当程序与刑事诉讼的现代化》，中国检察出版社 2007 年版，第 116～117 页。

⑤ 丛书涵：《司法令状规则初探》，载《宜宾学院学报》2002 年第 3 期。

需要遵守有关逮捕的规定——其他警察搜查时，必须事先向治安法官提出书面申请，证明有搜查的必要和合理理由，由治安法官批准后签发搜查证，由警察负责执行。逮捕更必须向治安法官提出书面申请并获批准。《美国联邦刑事诉讼规则》第 4 条规定："如果控告表明，或者根据提出控告的宣誓书获释，有合理根据相信有犯罪行为发生并且由被告人所为，应签发逮捕被告人令状给法律授权的官员执行。……逮捕令由治安法官签发"；第 41 条规定："联邦治安法官有权签发搜查和扣押令状。"《德国基本法》第 19 条规定："所有涉及限制公民自由、财产、隐私权的强制措施都要经过司法审查。"这一司法审查的机关一般是法院，检察官具有特殊条件下签发令状的权力。日本在侦查过程中需要扣押、搜查和对被疑人实施逮捕时，也须依照审判官签发的令状进行。《公民权利和政治权利国际公约》等国际法上也就这一原则作出规定。

此外，通过对违法证据的排除和确认诉讼行为无效，也是法官对侦查行为进行事后制约的手段。如在法国，申请宣布某项程序性行为无效，是上诉法院审查起诉庭对司法警察的初步侦查和预审法官的正式侦查活动实施司法审查的主要途径。①

（三）通过增强犯罪嫌疑人的防御能力实现对侦查权的制约

由于侦查对象是侦查权滥用的直接受害者，所以由侦查对象抵制权力滥用可以调动侦查对象的能动性并取得良好的效果。鉴于作为普通个人的侦查对象力量与国家侦查机关相比力量微弱，因而通过法律加强和提升侦查对象的防御能力是实现对侦查权控制的重要方式。②

其具体方式包括：首先通过立法赋予犯罪嫌疑人知情权、沉默权、辩解权、申请保释权、申诉权等一系列诉讼权利加强对犯罪嫌疑人的实体权利的保障和救济，从而在客观上规范和限制侦查权的行使，防止其对公民权利的侵犯。如关于沉默权的规定，《美国宪法修正案》第 5 条规定，任何人不得被迫自证其罪，并形成了米兰达规则。英国的《法官规则》规定，一旦警察有了确凿的证据怀疑一个人实施了犯罪，他应该立刻对这个人进行警告，警告的内容是："你没有义务一定要讲什么，除非你自己愿意讲，但一旦你讲了什么，就会被记录下来并用作证据。"《意大利刑事诉讼法典》也规定"在开始讯问

---

① 参见姚石京：《论强制侦查的法律控制》，载张智辉主编：《中国检察》（第 10 卷），北京大学出版社 2006 年版，第 63～64 页；陈真、邓剑光：《建构与价值——刑事司法的若干制度研究》，四川大学出版社 2004 年版，第 20 页。

② 陈真、邓剑光：《建构与价值——刑事司法的若干制度研究》，四川大学出版社 2004 年版，第 18～19 页。

前……还应当告知被讯问者，他有权不回答提问。"法国、德国以及日本等国的刑事诉讼法均规定了沉默权。① 与此类似，犯罪嫌疑人的知情权、申诉权、辩解权等权利均有利于规范侦查权的行使。其次，还包括犯罪嫌疑人在侦查阶段获得律师帮助的权利，通过律师的参与对侦查权的行使形成制约。包括保证犯罪嫌疑人的会见权、律师的阅卷权、调查取证权、律师在场权等，如在美国，在刑事侦查的调查、讯问、传讯等阶段，律师均有权在场。《法国刑事诉讼法》规定，犯罪嫌疑人被拘留 20 小时之后，可以要求会见律师，并可以在秘密得以保守的条件下会见被拘留人。在预审法官讯问时，则必须有双方当事人的律师在场。《日本刑事诉讼法》规定，被告人或嫌疑人可以随时选任辩护人，等等。② 通过使犯罪嫌疑人获得律师的帮助，大大提高了犯罪嫌疑人的防御能力，可以制约侦查权的行使，防止侦查人员滥用职权，防止侵犯人权的现象发生。

二、对刑事公诉权的控制

为防止对公民提起不当起诉，使公民卷入不应有的诉讼之中，或者防止检察官在行使自由裁量权时损害社会公正，需要对公诉权的行使予以控制。对刑事公诉权的控制范围和方式主要有以下几种：

（一）通过立法或发布统一的公诉政策

通过立法或发布统一的公诉政策，为检察官行使公诉权提供标准，指导自由裁量权的行使。《日本刑事诉讼法》第 248 条规定，检察官根据犯罪人的性格、年龄及境遇、犯罪轻重与犯罪后的情况，认为没有必要追诉时，可以不提起公诉。其范围的确定应遵循以下三条原则：（1）凶恶犯不适用起诉犹豫；（2）起诉犹豫必须有利于犯罪预防；（3）起诉犹豫要与刑事政策和检察官的司法裁量相统一。德国各州司法部发布起诉标准，指导检察机关适用不起诉的情况。《英国皇家检察官准则》详细列举了检察官在决定是否起诉时所需考虑的种种公共利益因素。美国司法部通过颁布司法指南为起诉提供统一的政策指导。③

（二）庭前公诉审查程序

为制约检察官提起控诉的权力，在检察机关提出公诉意见，法院正式开庭审理前，由法官（或者陪审团）对控诉方或控辩双方的材料进行初步审查并

---

① 参见丁德恒：《沉默权探析》，载《滁州职业技术学院学报》2004 年第 3 期。
② 参见谢佳芬：《刑事辩护制度研究》，中国政法大学生 2008 年博士论文，第 75 页、第 76 页。
③ 参见谢小剑：《公诉权制约制度研究》，四川大学 2007 年博士学位论文，第 1 页。

作出决定，以使那些不应当起诉或者控诉方准备不充分的案件不进入审判程序。除日本外，当今世界主要发达国家都设置了一定的程序由法官对公诉进行审查。庭前公诉审查程序一般均应遵循实质审查原则，实行起诉与审判的隔离或起诉状一本主义，以防止法官预断，有些国家实行书面审，有些则开庭审查。如在英国有起诉审程序，检察官的起诉书草案应先交治安法院进行预审或起诉审，以决定是否交付审判；美国有预审程序，检察官对轻罪可直接向管辖法院提出控告，对重罪案件则或者向大陪审团提出控告状，由大陪审团审查决定是否提出公诉书，或者交由预审法官即地方法官先进行预审，具有较强的对抗性、公开化趋势；在法国有二级预审制度，检察官或检察长对案件是否正式提起公诉无最终决定权，而须经预审法庭同意，对重罪则须启动二级预审程序经审查庭同意；德国有中间程序，检察官提起公诉则应申请进行预审调查，由预审调查审判官审查是否可以起诉；意大利适用普通程序审判的刑事案件，须由预审法官在检察官、被害人及其律师、被告人及其辩护人的共同参与下，就案件是否具备起诉的理由进行审查。①

（三）对不起诉的司法制约

这种制约方式是指基于法律规定或当事人申请，对检察机关作出的不起诉决定提交法官审查。1964 年《德国刑事诉讼法》第 153 条规定：如果犯罪行为轻微，且追究刑事责任对于公共利益又没有意义，检察机关可以通过多种途径决定终止诉讼，但原则上应征求法院同意。目前这一规定的适用范围受到限制。此外，德国还有强制起诉制度，对检察院的不起诉决定，如果告诉人是被害人则可申请复议，如对复议决定不服则可向州上诉法院提出上诉，州上诉法院审查后认为被害人的申请成立，对检察官发布强制令，要求他对被告人提出指控。与德国的强制起诉相似，日本有准起诉制度，法官对认为提起告发或告诉人的申请有理由，要作出将案件移送管辖法院审理的决定，但作出审查裁决的法官和进行审理的法官要更换，并由法院指定律师担任检察职务，进行公诉。在英美国家，法院一般不审查检察官的不起诉决定，但从 20 世纪后期也开始借鉴大陆法系的做法，对不起诉决定进行一定的司法审查。②

（四）对公诉权的社会制约

对公诉权的社会制约包括前述庭前公诉审查中的美国的陪审团预审，由大陪审团由 16—23 人组成，采取秘密、不公开的、非抗辩的方式审查案件以决

---

① 参见马贵翔、胡铭：《正当程序与刑事诉讼的现代化》，中国检察出版社 2007 年版，第 128～131 页；谢小剑：《公诉权制约制度研究》，四川大学 2007 年博士学位论文，第 133～137 页。

② 参见谢小剑：《公诉权制约制度研究》，四川大学 2007 年博士学位论文，第 130～133 页。

定是否对被告人提起控诉。较为典型的还有日本的检察审查会监督。日本的检察审查会由从拥有众议院选举权的人中抽签选定 11 名成员组成，可以由根据控告人、检举人、请求人或犯罪被害人的书面申请或审查会过半数委员同意后依职权启动对检察官不起诉案件的审查程序，依情况作出"不起诉不当"或"应当起诉"的决议。检察官可以依此决议对不起诉案件重新审查，决定起诉或维持原不起诉决定。近期日本司法改革强化了检察审查会的权限，若检察官收到检察审查会的应当起诉的决议后仍不起诉的，检察审查会可以二次审查，重新作出决议，若仍作出应当起诉的决定，则将决议书及其副本送达地方法院，由法院指定律师代替检察官提起公诉。[1]

（五）赋予当事人对不起诉决定的救济

这种方式主要指被告人如果认为自己无罪而不服不起诉决定的，检察院须撤销不起诉决定依法提起公诉，被害人不服不起诉决定，可直接向法院提起诉讼。德国有"强制起诉"制度，《德国刑事诉讼法》第 172 条规定，当告诉人同时又是被害人的时候，可以在法律所确认的案件范围内允许向法院申请对检察官的不起诉决定进行裁判；第 175 条规定："法官认为申请正当时，裁定准予提起公诉。裁定由检察院负责执行。"在日本和韩国，则有"准起诉"制度，告诉人或告发人可请求交付审判，法院审查诊断不起诉决定不当时，命令律师担当公诉。[2]

（六）上级检察机关或检察官的制约

"检察一体化原则是除美国以外，英国、法国、德国、日本检察制度都普遍遵循的一项规则。"[3] 上级检察官一般通过指令和对不起诉决定的事后复议制约下级检察官公诉权的行使。当涉及一些具有政治敏感性或对社会有重大影响的案件时，上级检察官会要求下级检察官汇报案件的办理情况，在充分掌握案情后作出具体指示。在大陆法系国家，检察官作出不起诉决定之后，适格的当事人可以提出请求启动程序，由上级检察官对不起诉决定进行审查，以最终决定是否维持下级检察官的不起诉决定。如《德国刑事诉讼法》第 171 条、第 172 条第 1 款规定，告诉人同时又是被害人的时候，不服检察院不支持要求提起公诉的申请或者侦查终结后决定停止程序的决定时，可以在接到通知后 2 周内向检察院的上级官员抗告。告诉人如果对检察院的上级官员拒绝裁决不

---

[1] 参见谢小剑：《公诉权制约制度研究》，四川大学 2007 年博士学位论文，第 151~152 页；许海丽：《日本检察审查会制度的评析与启示》，载《广西政法干部管理学院学报》2008 年第 2 期。

[2] 参见张建伟：《刑事司法：多元价值与制度配置》，人民法院出版社 2003 年版，第 205~206 页。

[3] 谢小剑：《公诉权制约制度研究》，四川大学 2007 年博士学位论文，第 113 页。

服，可以在 1 月内向州高级法院申请做出强制起诉的决定。此外，有些特定案件在作出公诉决定之前必须首先得到上级检察官的批准，这也是上级检察官对下级检察官公诉权制约的方式之一。①

三、对刑事审判权的控制

（一）通过严密的法律规定实现对审判权的控制

"法律的基本作用之一乃是约束和限制权力，不论这种权力是私人权利还是政府权力，在法律统治的地方，权力的自由行使受到了规则的阻碍，这些规则迫使掌权者按一定的行为方式行事。通过颁布旨在指导未来行动的行为标准，法律缩小了就事论事的判决范围……"② 以成文法传统为主要特征的大陆法系国家强调通过严密精细的法律规定来限制和约束审判权的行使，强调法律条文的明确和公开，司法机关在处理被告人的罪刑问题时严格按照罪刑法定的原则，反对类推。"当一部法典业已厘定，就应逐字遵守，法官唯一的使命就是判定公民的行为是否符合成文法律。"③ "法官对任何案件都应进行三段论式的逻辑推理。大前提是一般法律，小前提是行为是否符合法律，结论是自由或者刑罚。"④ 罪刑法定原则使审判权限定在法定的范围之内，严密的法律是约束和限制审判权正确行使，不违背法律原则的前提。

（二）通过程序规则控制审判权

英美法系国家与大陆法系国家不同，没有高度精密的成文法传统，但其对抗式的诉讼模式十分强调程序的作用，其对审判权的制约通过严格遵循法定的程序来实现。如自白任意性规则、非法证据排除规则、排除传闻证据规则等一系列规则的设置使法官在行使审判权时受到一定方式的制约。⑤

（三）公诉权对审判权的制约

在欧洲中世纪广泛流行的纠问式诉讼制度下，法官集控告与审判权于一身，造成法官专横独断和对人权的恣意践踏和侵犯。针对这一状况，资产阶段革命过程中逐步形成了控诉权与审判权分离，并由不同国家机关行使的格局，

---

① 参见谢小剑：《公诉权制约制度研究》，四川大学 2007 年博士学位论文，第 116～118 页；[德] 克劳思·罗科信：《刑事诉讼法》，吴丽琪译，法律出版社 2003 年版，第 373 页。

② E. 博登海默：《法理学：法律哲学与法律方法》，邓正来译，中国政法大学出版社 2004 年版，第 372 页。

③ [意] 贝卡利亚：《论犯罪与刑罚》，黄风译，中国大百科全书出版社 1993 年版，第 13 页。

④ [意] 贝卡利亚：《论犯罪与刑罚》，黄风译，中国大百科全书出版社 1993 年版，第 12 页。

⑤ 参见刘晓英：《对刑事审判权制约的思考》，载《政法论坛》1997 年第 1 期。

即控审分离原则，要求审判机关必须基于起诉机关的控诉才能启动审判程序，并且其审判的范围不能超越控诉的范围，通过控诉权实现对审判权的制约，防止审判权的专断，造成对人民权利的压迫。其制衡的基础及意义在于：公诉是一种建议权（或认为权），审判是一种确定权；公诉是一种主动权，审判是一种被动权；公诉方的主张成为审判对象或诉讼的对象，审判范围不能突破指控。① 公诉权对审判的制约主要体现在通过起诉的范围限制审判的范围，公诉方起诉的主体与行为事实即为法院审判的对象。如《德国刑事诉讼法》第 155条规定，法院不得就未经起诉的犯罪和未经起诉的被告人进行审判；第 246 条规定，法院判决的对象是公诉被告人的行为，这种行为已在公诉中指明并经过审判的结果而明确。②

（四）通过对审判权的分割实现制约

英美国家的陪审制度通过赋予陪审团和法官以不同的裁决权限，相互制约，防止法官专断。陪审团分为大陪审团和小陪审团，其中小陪团的职责是就案件的事实问题进行裁决，决定被告是否有罪，一般不涉及量刑问题。当陪审团裁决被告人有罪时，由法官决定刑罚。对陪审团的裁决一般不允许上诉。如果法官认为陪审团的裁决存在重大错误时，可以撤销其裁决重新判决。法国、希腊、西班牙、葡萄牙、荷兰等大陆法系国家则设立了预审法官制度，预审法官与审判法官相分离，由预审法官行使批准拘留、逮捕、司法管制和临时羁押等开庭前的审判权，审判法官行使案件审理权，由不同法官行使不同的职责以实现对审判权的制约。此外还有参审制度，体现了民众对于司法权的分享与监督。如在法国，重罪法院审理法律规定的重罪案件，由陪审员与法官一起审理案件并作出判决。在整个审理过程中，陪审员与法官职权相当，合作审案并作出最终裁决，其裁决具有终局性。③

（五）公民程序性权利对审判权的制约

这种方式通过赋予被告人广泛的程序性权利以制约审判权的不正当行使。如美国宪法将不得强迫自证其罪，刑事被告人享有迅速公开审判、通知其被指控犯罪的性质和理由，准予与对方证人对质，接受律师帮助等刑事司法中被告人的程序性权利规定在宪法中，通过对这些基本权利的保证来规制审判权的正

---

① 参见马贵翔、胡铭：《正当程序与刑事诉讼的现代化》，中国检察出版社 2007 年版，第 106 页。
② 参见北京政法学院诉讼法教研室编：《刑事诉讼法参考资料第 2 辑》（下册），1980 年版，第 229页、第 265 页。
③ 参见林榕年、叶秋华：《外国法制史》，中国人民大学出版社 2008 年版，第 212～213 页；陈群：《法国刑事参审制度及其启示》，载《黑龙江省政法管理干部学院学报》2007 年第 1 期。

确行使。① 此外，审判公开、判决理由制度等均能形成对审判权的制约。

四、对刑罚执行权的控制

刑罚的执行是实现国家刑罚权的重要环节，能否得到正确有效的执行，既关系到社会公平感的恢复，也关系到被执行人的权利保障和对社会的回归。

（一）通过法律规定合适的刑罚执行程序

为保证刑罚的正确执行，很多国家都对执行的程序，执行中的各种情形设定较为科学的条件或程序，通过制定专门的刑事执行法或在刑事诉讼法中予以专门规定予以实现。俄罗斯制定了专门的《俄罗斯联邦刑事执行法典》，对刑罚执行的程序作了缜密的规定。对于刑罚变更，如免于服刑需建立在法院裁判的基础之上。挪威议会在 2001 年通过了《刑罚执行法案》，适用于监禁刑罚、特别刑事惩罚和社区刑罚的执行和羁押候审。美国的《监狱与犯人》明确规定了减刑制度的对象条件、实质条件和限度条件，并允许事后撤销和再行恢复。英国的监狱法或监督管理法中规定了减刑和假释制度，明确规定了减刑的根据和限制、假释的条件。德国 1977 年颁布了《刑罚执行法》规定了一系列刑罚执行的制度，并在刑法典、刑事诉讼法典中就执行中的假释、监外执行问题作了明确的规定。如为避免犯罪人差异大，考核评奖制度易受人为因素干扰，德国摒弃了传统的奖励制假释制度，《德国刑法典》第 57 条对假释作了具体的规定，实行有条件假释，称"余刑的缓刑"。《德国刑事诉讼法》将监外执行的规定表述为"推迟自由刑的执行"的规定，规定在犯罪人发生精神病或患有或其他严重疾病等情况下可推迟或中断自由刑的执行。监外执行不能折抵刑期，这种规定可避免执行中的腐败行为。②

（二）由法院或假释委员会通过公开方式决定减刑假释问题

一般而言，大陆法系减刑、假释问题由法院决定，英美法系国家则设立专门的假释委员会。在法国，1970 年以前假释由司法部长书面审查作出决定，此后假释决定主体逐步司法化。按照现行《法国刑事诉讼法》的规定，决定是否假释的权力由刑罚执行法庭或执行法官执掌，采取对审辩论的方式，对假释裁判，被判刑人、检察官均有权提出上诉或抗诉。减刑也由执行法官审查决定。在德国，假释由法院负责，假释的决定由法院在听取检察院、监狱和被判

① 参见刘晓英：《对刑事审判权制约的思考》，载《政法论坛》1997 年第 1 期。
② 参见陈涛：《论我国刑罚执行法律监督制度的完善》，安徽大学 2006 年硕士论文，第 20 页、第 18 页；陈梦琪：《挪威的刑罚执行与人权保护制度评析》，载《人民检察》2006 年第 9 期；白雪松：《中国减刑假释制度研究》，内蒙古大学 2010 年硕士学位论文，第 10～12 页。

刑人的意见后作出。俄罗斯于 2001 年《联邦刑事诉讼法典》规定决定减刑、假释时采用开庭审理的方式，对法官作出的裁决，有关机构或个人有权提出申诉或抗诉。美国联邦以及多数的州都设立有假释委员会作为专门机关来审查决定是否准许假释，假释委员会进行审查时必须举行听证，听证之前须获得对犯罪被害人影响的评价。英国也设有专门的假释委员会。①

（三）赋予检察机关对刑罚执行的指挥监督权

为利于对司法专横的分权与制衡，法国法律赋予了检察机关监督法院判决裁定执行方面极大的权力，如《法国刑事诉讼法》第 22 条规定，检察官保证司法裁决的执行；第 707 条规定，检察院应促使有关本身的每一个判决的执行，并规定"应共和国检察官的要求，判决应在其最后生效地执行"；第 709 条规定，共和国检察官和检察长有权直接动用公众力量，确保判决的执行。在日本，基于检察机关作为国家的追诉机关，控制刑罚执行的权力是其追诉目标实现的应有之义的认识，赋予检察官保证法院裁决执行的权力，《日本刑事诉讼法》第 472 条规定，裁判的执行，由与作出该项裁判的法院相对应的检察厅的检察官指挥。但在第 70 条第 1 款但书规定的场合、第 108 条第 1 款但书规定的场合以及其他在性质上应当由法院或者法官指挥的场合，不在此限。上诉的裁判或者因撤回上诉而执行下级法院的裁判时，由与上诉法院相对应的检察厅的检察官指挥。但诉讼记录在下级法院或者在与该法院相对应的检察厅时，由与该法院相对应的检察厅的检察官指挥。苏联将检察机关定位为法律监督机关，赋予检察机关对刑事执行判决执行中的广泛的指挥和监督权。苏联《检察院组织法》规定，检察机关"对拘留场所、监管场所，对执行法院判处的刑罚和其他强制措施进行执行监督"。1997 年开始施行的《俄罗斯联邦刑事执行法典》，将对刑罚执行机构和机关的行政遵守法律情况的检察监督权力赋予了检察机关，由俄罗斯联邦总检察长及其下属检察长依照《俄罗斯联邦检察院法》实行监督，并就相关刑罚执行的程序作了缜密的规定。②

（四）专门外部监督机构的监督

有些国家设立了专门的机构以监督刑罚执行机构的运行。如在英国设有监狱和缓刑问题申诉专员，申诉专员接受在押犯罪及缓刑犯人的申诉，并可进行独立调查，提出书面答复并向监狱总长提出解决问题的方案，一般而言，监狱总长会接受申诉专员的意见。还设有皇家监狱督察院，其监督侧重于监狱的条

---

① 参见白雪松：《中国减刑假释制度研究》，内蒙古大学 2010 年硕士学位论文，第 9～13 页。

② 参见陈涛：《论我国刑罚执行法律监督制度的完善》，安徽大学 2006 年硕士论文，第 18～20 页。

件及罪犯的待遇，有一套明确、详细而透明的检查标准。皇家监狱督察院通过对监狱进行事先通知的检查与临时性检察进行监狱日常监管活动，在检察完毕后要提出检查报告并予以发表，为公众周知。挪威在矫正机构的六个行政区中，每个区域都有一个监督委员会对该区域监狱和缓刑机构进行监督，每个委员会有五名成员，受一位法官领导。委员会成员对监狱进行视察，与不受监狱职员的监督而与任何犯人交谈，得到相关犯人同意后可以查阅该犯人在监狱内服刑的任何文件。犯人也可以要求与委员进行预约。委员会每年会有一份报告提交至区域政府处、司法与公安部。①

（五）社会力量的监督

在英国，每个监狱都设有一个由12—20名业外人士组成的独立监管委员会，这一委员会通过每日派成员视察监督，每月召开会议，接受监狱长提交的报告，与犯人和工作人员交谈，接见犯人，接受犯人的投诉，对投诉事项进行独立调查来实现对监狱的监督。委员会每年要向内政大臣提交一份报告，且报告会公之于众，并可就有关问题向地区当局、监狱总长或部长反映。挪威的监狱探访者、犯人亲友组织、回归之路等组织对于监督刑罚执行也有一定作用。②

第二节　我国的刑事司法权运行的现状及改革进程

经过新中国成立后，尤其是改革开放以来的法制建设，我国已初步建立了法律监督的架构和规范体系，形成了一定的权力控制系统，但是很多规定过于原则，程序不够完善，同时也存在监督制约空白的领域，影响到刑事司法权力的正确行使，也影响到公民权利的保障。主要表现在：侦查程序的封闭性导致侦查权力受外部制约较小；检察机关的法律监督权难以真正落实，"处于一种名义上的权力与现实上的权力相分离的尴尬境地"；③对检察机关的起诉裁量权限制过多，既不利于提高诉讼效率，也不利于实现社会公共利益和对刑罚个

---

① 参见季美君：《人性化的监狱管理与刑罚执行监督》，载《国家检察官学院学报》2007年第2期；陈梦琪：《挪威的刑罚执行与人权保护制度评析》，载《人民检察》2006年第9期。
② 参见季美君：《人性化的监狱管理与刑罚执行监督》，载《国家检察官学院学报》2007年第2期；陈梦琪：《挪威的刑罚执行与人权保护制度评析》，载《人民检察》2006年第9期。
③ 陈兴良：《中国刑事司法改革的考察——以刘涌案和佘祥林案为标本》，载李林主编：《依法治国与深化司法体制改革》，社会科学文献出版社2008年版，第20页。

别化；在量刑问题上法官自由裁量权过大，同罪不同罚现象较为严重；辩护权软弱，无法形成对公权力的制约；刑罚执行中存在减刑、假释、保外就医不规范等问题；不同程度上存在司法腐败、司法权滥用、司法权行使不规范的现象。

近年来，尤其是 2008 年以来推动的刑事司法改革突出强调以对权力的监督制约为核心，在刑事司法权的控制方面进行了多项制度的改革和完善。

一、对侦查权的监督制约

（一）刑事立案和侦查监督

立案在我国刑事诉讼中是一个启动刑事侦查权的独立程序，既关系到犯罪是否能得到追究，也起着将屏蔽和人权保障功能。2010 年 7 月，最高人民检察院与公安部联合发布了《关于刑事立案监督有关问题的规定（试行）》，明确了检察机关对应当立案而不立案以及不应当立案而立案的，均应予以监督，规定了刑事立案监督的程序和机制：（1）建立了刑事案件信息通报制度，要求公安机关定期向检察机关通报刑事案件发案、报案、立案、破案等情况。（2）建立了立案监督接受投诉机制。（3）明确了检察机关对"违法立案"的监督权。（4）完善了立案监督的程序，即检察机关可要求公安机关说明不立案或者立案理由，并可采取调查核实、询问办案人员和有关当事人，查阅、复印有关法律文书和案卷材料的方式，设立了后续督促、催办程序。

在侦查监督方面：（1）加强对侦查取证活动的监督。2010 年 6 月最高人民法院、最高人民检察院、公安部、国家安全部、司法部联合出台了《关于办理死刑案件审查判断证据若干问题的规定》和《关于办理刑事案件排除非法证据若干问题的规定》，通过强化对证据的审查，加强对侦查取证活动的监督。（2）完善审查逮捕制度。2010 年 8 月最高人民检察院、公安部联合下发的《关于审查逮捕阶段讯问犯罪嫌疑人的规定》明确了审查逮捕应当讯问犯罪嫌疑人的案件范围。对可能存在刑讯逼供、暴力取证等违法犯罪行为的，必须讯问犯罪嫌疑人，对不予以讯问的犯罪嫌疑人则通过送达听取犯罪嫌疑人意见书，书面听取其意见。明确听取律师意见的情形及对侦查活动有违法情形的处理。（3）建立对强制性侦查措施的监督。2012 年刑事诉讼法为进一步强化对侦查措施的监督，增加规定当事人、利害关系人认为司法机关及其工作人员不依法解除、变更强制措施，不依法退还取保候审保证金，违法采取搜查、查封、扣押、冻结，不依法解除查封、扣押、冻结，阻碍辩护人、诉讼代理人依法履行职责，侵害其合法权益时可向该司法机关申诉或者控告，对司法机关处理不服的，可向同级或者上一级人民检察院申诉的权利。人民检察院应进行审查，并有权调查核实，依法纠正。

（二）职务犯罪案件审查逮捕制度改革

为加强对检察机关查办职务犯罪案件的监督制约，2005 年最高人民检察院曾发布《关于省级以下人民检察院对直接受理侦查案件作撤销案件、不起诉决定报上一级人民检察院批准的规定（试行）》和《人民检察院直接受理侦查案件立案、逮捕实行备案审查的规定（试行）》对检察院直接受理侦查案件实行"双报批、双报备"的工作制度，审查逮捕属于备案的范围。由于我国职务犯罪案件的侦查、批准逮捕和起诉均由同一检察机关负责，监督较为薄弱。为进一步加强和完善对检察机关直接受理侦查的职务犯罪案件审查逮捕活动的监督，在现行的法律框架内，对职务犯罪案件审查逮捕的主体和程序进行了调整。

2009 年 9 月最高人民检察院发布《关于省级以下人民检察院立案侦查的案件由上一级人民检察院审查决定逮捕的规定（试行）》，规定对省级以下（不含省级）人民检察院立案侦查的案件，需要逮捕犯罪嫌疑人的，应当报请上一级人民检察院审查决定，确立了本级人民检察院和上级检察院双重审查程序，明确了逮捕必要性说明和不批准逮捕理由说明的要求，规定了讯问犯罪嫌疑人的条件和要求以及听取律师意见的制度。为与这一改革相适应，2012 年刑事诉讼法将检察院直接受理案件中被拘留人审查逮捕决定的时间调整为14 日。

这一制度的实行加强了职务犯罪案件审查逮捕工作的监督制约，使审查逮捕质量明显提高。据有关材料显示，这一改革并未导致办案力度的下降，使检察机关职务犯罪侦查行为更加规范，改革后，全国检察机关办理的职务犯罪案件不捕率与改革前一年同期相比，上升了约 4 个百分点，捕后撤案率、不起诉率、无罪率分别下降了 0.15、2.2、0.09 个百分点。①

（三）侦查讯问全程同步录音录像

在信息技术逐步发展的背景下，推行侦查讯问全程同步录音录像是解决刑事诉讼中刑讯逼供以及固定证据、证明犯罪嫌疑人供述自愿性的问题的重要途径之一。

2005 年最高人民检察院下发了《人民检察院讯问职务犯罪嫌疑人实行全程同步录音录像的规定》，此后，检察院在职务犯罪侦查过程中逐步推进讯问犯罪嫌疑人全程同步录音录像工作。2008 年最高人民检察院修改完善了《人

---

① 参见中央政法委员会政法研究所编：《法治在改革中前行》，中国长安出版社 2011 年版，第 40 页。

民检察院讯问职务犯罪嫌疑人实行全程同步录音录像的规定〈试行〉》，并就该项制度的技术支持及标准出台了相应规定，进一步对侦查讯问全程同步录音录像工作予以规范。目前全国绝大多数检察机关在办理职务犯罪案件讯问犯罪人实行全程同步录音录像，并逐步在询问关键证人、搜查扣押等环节推行同步录音录像。

2010 年最高人民法院、最高人民检察院、公安部、国家安全部、司法部联合下发的《关于办理死刑案件审查判断证据若干问题的规定》和《关于办理刑事案件排除非法证据若干问题的规定》特别规定了公诉人应当提供原始的讯问过程录音录像和讯问人员出庭作证的制度，明确了讯问过程的录音录像作为排除非法证据的证明作用。2012 年刑事诉讼法规定侦查人员在讯问犯罪嫌疑人的时候，可以对讯问过程进行录音或者录像；对于可能判处无期徒刑或者死刑的，2012 年刑事诉讼法规定应当对讯问过程进行录音或者录像，并要求录音或者录像应当全程进行并保持完整性，从而在法律上确立了这一制度。

二、对审判权的监督制约

（一）量刑规范化改革

"规范裁量权，将量刑纳入法庭审理程序"，即通称的量刑规范化改革，这项改革旨在进一步规范法官审理刑事案件的刑罚裁量权，通过将量刑纳入法庭审理程序，增强量刑的公开性与透明度，统一法律适用标准。

2008 年 7 月最高人民法院开始确定试点单位，进行量刑规范化试点工作，2009 年将试点范围扩大到全国 120 多家法院。在总结试点经验基础之上，最高人民法院于 2010 年 9 月发布了《人民法院量刑指导意见（试行）》，并与最高人民检察院、公安部、国家安全部、司法部会签下发了《关于规范量刑程序若干问题的意见（试行）》，从 2010 年 10 月 1 日起在全国全面推行量刑规范化改革。此后，最高人民检察院下发了《关于积极推进量刑规范化改革全面开展量刑建议工作的通知》，对检察机关进一步做好量刑建议工作提出具体要求。最高人民法院、最高人民检察院、公安部、国家安全部、司法部联合下发《关于加强协调配合积极推进量刑规范化改革的通知》，对推进量刑规范化改革做出具体部署。2012 年刑事诉讼法对量刑规范化改革予以确认，明确规定在法庭审理过程中，对与定罪、量刑有关的事实、证据都应当进行调查、辩论。

量刑规范化改革，改变了传统量刑方法，建立了以定量分析为主、定性分析为辅的量刑方法，统一量刑步骤，并将量刑纳入法庭审理程序，建立相对独立的量刑程序。这项改革通过合理细分法定刑幅度，明确量刑情节的量化标准，为法院的量刑工作提供了定量标准和步骤，通过在法庭审理中引入量刑意见和建议，建立相对独立的量刑程序，在法庭审理过程中查明量刑事实，就量刑问题提出意见、进行辩论，保证控辩双方以及被害人有效地参与量刑活动，提高了量刑的透明度，有助于正确量刑，提高案件质量，解决同案不同判的问题，也有效限制了法官的自由裁量权。量刑规范化也是检察机关对审判权进行监督制约的新途径，是我国权力监督制约方式上的新突破。据有关材料统计，试行量刑规范化改革之后，上诉率、抗诉率、上访申诉率明显下降，当庭认罪率、退赃退赔率、服判息诉率明显提升。如吉林省法院刑事案件退赃退赔率为61.43%、服判息诉率为91.2%，重庆市法院刑事案件服判息诉率为92.27%；一些基层法院，如上海市普陀区法院当庭宣判率、服判息诉率平均达到100%。① 但在我国刑事诉讼中律师参与率低的情况下，在缺乏辩护律师帮助的情况下，独立的量刑程序对保障被告人的权利方面存在一定问题，需要相关配套制度跟上。

（二）完善二审和审判监督程序

二审程序和审判监督程序承担监督纠正未生效或生效判决的功能，2012年刑事诉讼法对二审和审判监督程序进行了完善。

1. 扩大了二审应当开庭的案件范围。除死刑上诉案件外，规定当事人对第一审判决认定的事实、证据提出异议，可能影响定罪量刑的，第二审人民法院应当开庭审理。

2. 完善发回重审制度，限制发回重审的次数。为避免反复发回重审，原审人民法院对于判决事实不清楚、证据不足发回重审的案件作出判决后，被告人上诉或人民检察院抗诉的案件，第二审人民法院应当依法作出判决或裁定。

3. 对审判监督程序进行修改。细化、补充了关于申诉案件重审的条件，增加规定，除原审人民法院审理更适宜的，上级人民法院指令下级人民法院再审，应当指令原审人民法院以外的下级人民法院审理；规定再审开庭审理的案件，同级人民检察院应当派员出席法庭；规定了再审案件强制措施的决定主体；增加规定审判监督程序中原判决、裁定的中止执行制度。

（三）对刑事审判活动的法律监督

作为加强检察机关对刑事审判活动监督的重要形式，2010年最高人民法院、最高人民检察院会签了《关于人民检察院检察长列席人民法院审判委员会会议的实施意见》，明确检察长列席人民法院审判委员会的情形、程序。最

---

① 中央政法委员会政法研究所编：《法治在改革中前行》，中国长安出版社2011年版，第21页。

高人民检察院发布了《关于加强对职务犯罪案件第一审判决法律监督的若干规定（试行）》、《关于加强适用简易程序公诉案件诉讼监督工作的通知》，建立了职务犯罪案件第一审判决同步审查制度，强化了对适用简易程序案件的诉讼监督。在完善死刑复核法律监督程序中，明确了最高人民法院不核准或者长期不核准死刑的案件，应当通报最高人民检察院并听取意见。

三、对刑罚执行和监管场所的监督制约

（一）对减刑、假释案件的监督制度

从 2004 年起，法院开始探索对减刑、假释案件实行公示制度和有条件的公开听证制度，以增强减刑、假释工作的公开性和透明度。针对减刑、假释、保外就医等刑罚执行环节中存在的问题，2007 年最高人民检察院制定了《关于减刑、假释法律监督工作的程序规定》建立并推进了刑罚执行变更同步监督机制。2012 年 1 月最高人民法院公布了《关于办理减刑、假释案件具体应用法律若干问题的规定》对减刑、假释的条件和规则进行了细化，规定人民法院审理减刑、假释案件一律予以公示，明确了应当开庭进行审理的六种情形，规定减刑、假释的裁定在作出之日起 7 日内送达有关执行机关、人民检察院以及罪犯本人。通过细化条件，进行公示和对部分案件的开庭审理以及将裁定送达人民检察院加强对减刑、假释裁定过程的监督。2012 年刑事诉讼法修正案明确规定执行机关提出减刑、假释建议书时，应接受人民检察院同步监督的制度。十八届三中全会提出，要严格规范减刑、假释、保外就医程序，强化监督制度。2014 年 1 月中共中央政法委发布的《关于严格规范减刑、假释、暂予监外执行，切实防止司法腐败的意见》中提出，建立相关信息公示，减刑、假释书网上公开制度，推进刑罚执行机关、审判机关、检察机关减刑、假释网上协同办案平台建设以及对特定人员减刑、假释裁定逐级备案审查制度。[1]

（二）建立对暂予监外执行的法律监督

2012 年刑事诉讼法加强了对监外执行的规定，明确规定监狱、看守所应当将暂予以监外执行意见副本抄送人民检察院，人民检察院可提出书面意见，并明确了检察院书面意见引起重新核查暂予监外执行的效力。2014 年 1 月中共中央政法委发布的《关于严格规范减刑、假释、暂予监外执行，切实防止

① 中共中央政法委《关于严格规范减刑、假释、暂予监外执行，切实防止司法腐败的意见》，载 ht-tp：//www.jicheng-dl.com/html/falvredian/zhonggongzhongyangzhengfaweiguanyuyangeguifanjianx.html。

司法腐败的意见》就暂予监外执行决定中的信息公开、暂予监外执行决定书网上公开以及特定人员暂予监外执行决定逐级备案审查制度做出规定。①

（三）完善对监管场所的监督

为加强对监管场所的监督，全国绝大部分监管场所设立了派驻检察室。2010 年最高人民检察院与公安部联合下发了《关于人民检察院对看守所实施法律监督若干问题的意见》，进一步明确和规范了对看守所执法和管理活动的监督范围、监督方式、监督程序及监督责任。

四、对诉讼中渎职行为的法律监督

针对检察机关法律监督手段单一、监督刚性不足、局限于事后监督等问题，2010 年 7 月最高人民法院、最高人民检察院、公安部、国家安全部、司法部联合下发了《关于对司法工作人员在诉讼活动中的渎职行为加强法律监督的若干规定（试行）》，规定了检察机关可以进行调查核实的司法工作人员在诉讼活动中的 12 种渎职行为。明确了依法审查案件材料、调查核实违法事实、提出纠正违法意见、建议更换办案人、立案侦查职务犯罪等法律监督措施。

五、司法公开与民主监督

在近些年来的改革中，侦查、起诉、审判等环节逐步完善了权利义务告知、执法和诉讼文书说理、案件公开听证等制度。通过邀请党外人士召开会议、开展联合调研和聘请党外人士担任特邀和特约监督员等方式，加强党外人士对司法工作的民主监督。为加强和保障公众的舆论监督权，从 2006 年开始，最高人民法院、最高人民检察院、公安部和司法部陆续发布或完善了本系统的新闻发布制度，最高人民检察院于 2010 年起，推行诽谤罪案件批捕权上提一级制度。十八届三中全会《中共中央关于全面深化改革若干重大问题的决定》提出，要推进审判公开、检务公开，增强法律文书说理性，推动公开法院生效裁判文书。目前，最高人民法院、最高人民检察院等部门开始进行试点和制定审判公开、检务公开方面的规范性意见工作，建立了案件信息公开系统，司法公开的力度进一步加强。通过司法公开和民主监督、舆论监督加强对刑事司法权行使的监督和制约。

---

① 中共中央政法委《关于严格规范减刑、假释、暂予监外执行，切实防止司法腐败的意见》，载 ht-tp：//www. jicheng－dl. com/html/falvredian/zhonggongzhongyangzhengfaweiguanyuyangeguifanjianx. html.

（一）人民陪审员制度的完善

人民陪审员制度是我国设立的人民参与并监督司法的最重要、最直接的制度。2004 年 8 月，全国人大常委会第十一次会议通过了《关于完善人民陪审员制度的决定》，并于 2005 年 5 月 1 日正式实施。2010 年最高人民法院先后下发了《关于人民陪审员参加审判活动若干问题的规定》和《关于进一步加强和推进人民陪审工作的若干意见》，这些法律与文件的内容及效果主要包括：通过明确人民陪审员的产生方式和任职条件，明确采用随机抽取参与陪审具体案件的方式，使人民陪审员的产生更具广泛性；通过规定人民陪审员在审判过程中的职权和责任等内容，明确人民陪审员除不能担任审判长，与法官具有同等权利，使人民陪审员对审判的监督和制约更具实质性；通过规定除适用简易程序和法律另有规定的外，凡涉及群体利益、人民群众广泛关注以及其他社会影响较大的第一审刑事、民事、行政案件，以及当事人申请由陪审员参加合议庭审判的，均由人民陪审员和法官共同组成合议庭进行审理，明确了人民陪审员参加审判的案件范围。这些改革是对人民陪审员制度的完善，也是民主监督和制约刑事司法权的一项重要制度改进。

（二）人民监督员制度改革

为加强对检察职务犯罪侦查权的外部监督，从 2003 年 8 月开始，最高人民检察院启动人民监督员制度试点工作，2010 年 10 月，最高人民检察院下发了《关于实行人民监督员制度的规定》，在全国全面推行人民监督员制度。人民监督员制度将检察机关具有终局性决定权且容易发生问题的环节作为监督内容，即（1）应当立案而不立案或者不应当立案而立案的；（2）超期羁押的或者检察机关延长羁押期限的决定不正确的；（3）违法搜查、扣押、冻结的或者违法处理扣押、冻结款物的；（4）拟撤销案件的；（5）拟不起诉的；（6）应当给予刑事赔偿而不依法予以赔偿的；（7）检察人员在办案中有徇私舞弊、贪赃枉法、刑讯逼供、暴力取证等违法违纪情况的。通过设定程序，由人民监督员对这些案件进行监督，提出监督意见，强化对检察机关行使检察权的监督，对检察权的行使起到了一定的规范作用。"截至 2011 年，各地人民监督员共监督案件 35514 件，提出不同意检察机关原拟定意见的 1653 件，检察机关采纳 908 件，占 54.93%。"①

2010 年全面推行人民监督员制度后，改革了人民监督员的选任方式，规

---

① 参见中央政法委员会政法研究所编：《法治在改革中前行》，中国长安出版社 2011 年版，第 56 ~ 57 页。

定人民监督员由上级人民检察院统一选任。为增强人民监督员制度的民主性和公信力，探索人民监督员选任外部化的途径，在部分地区进行由"人民监督员选任委员会"对人民监督员进行选任、管理的试点工作。2014 年在已有工作的基础上，人民监督员制度改革进一步推进，开展了由司法行政部门选任人民监督员的试点工作，同时，也开始了监督范围和监督程序改革的试点工作。人民群众有序参与司法、监督司法的制度得到进一步的发展。

这些制度方面的改进体现了对刑事司法权滥用的警惕，强调通过加强监督和制约实现对刑事司法权行使的控制，在这一点上我国以监督制约为核心的刑事司法改革有着与西方法治发达国家控制刑事司法权行使相同的目标。但同时，我国对刑事司法权行使的控制沿袭我国历史上长久以来形成的，以及建国之后建立的一系列制度，具有不同于其他国家的方式和价值取向。

第三节　路径依赖与制度选择
——我国刑事司法权控制的特点及成因

一个国家的制度发展与运行无法脱离其固有的制度轨迹，在司法权的控制上尤其体现着我国固有的权力运行机制与体制对其控制方式的决定作用，体现着我国社会基础与文化传统的深刻影响。在适应新的形势进行制度改革的过程中，新旧的因素交错发生作用，造就了我国刑事司法改革在这方面特定的表现方式。

一、我国刑事司法权控制的特点

（一）控权模式的行政性

我国对刑事司法权的控制在很大程度上仍采取的是行政性的制约方式。具体表现在：

1. 目标考核和结果导向

在我国的刑事司法系统中，无论是行政性较强的侦查机关，具有行政与司法双重属性的检察机关，还是专司审判的法院普遍设立了办案绩效考核评价体系。通过设定一定的指标、方法来发挥监督办案人员依法规范办案，提高办案质量，保证办案数量的作用。为克服以往考评体系的不足，近些年来"为了加强对各级政法机关执法办案考评的指导，中央政法委积极加强顶层设计，在总结各地各部门经验做法的基础上，出台了关于建立健全政法机关执法办案考评机制的指导意见。最高人民法院、最高人民检察院、公安部、司法部等也相继出台改革措施，本着有利于规范办案工作，有利于促进公正、廉洁、规范执法，有利于维护人民群众利益和科学务实、简便易行的原则，从立案侦查、审查批捕和起诉、审理以及监管执行各环节对考核评价标准与工作机制推出了一系列改革。"① 这些改革旨在设立更为完善的指标体现，在客观上起到了控制权力正确行使的目标，这种通过数据指标来考核的方式充分体现了我国刑事司法权力控制行政性的特点。此外，在侦查机关、检察机关、法院普遍建立了司法责任制度，即对办错的案件实行责任追究制度，通过明确和追究司法人员办错案件的责任达到避免或减少冤假错案的目的，从而实现对刑事司法权规范行使的控制。

2. 上下级通过请示、书面审查方式进行制约的方式占主导，侧重于单向度制约

在侦查阶段，公安机关除逮捕措施的适用须由检察机关批准外，拘留、取保候审等限制人身自由的措施与搜查、扣押、查封等对财产的强制性侦查措施均遵循侦查机关内部审批的方式。根据一些学者的实证考察，在刑事拘留中遵循的是"层级式审查"的方式，存在侦查部门领导审查、法制部门审核、公安局领导决定、集体决策（限于某些地方，针对疑难复杂案件）等审批环节。在这些审查中，有些审查较松，如部门领导的审查，有些如法制部门的审核较为严格。② 对取保候审的审批则设更多层级，实践中存在"四级审批"与"六级审批"的模式，其中四级审批是一般情形，六级审批一般只适用于已被逮捕的犯罪嫌疑人。③ 近些年来的刑事司法改革基于对人权保障的重视和对权力制约的要求，赋予了当事人对这些适用这些措施不服的申诉权，但其基本的控权方式没有改变，通过公安机关内部严格的行政控制技术达到控制侦查权的目的。

在检察权行使的控制方面，主要分为对检察机关直接受理侦查案件中侦查权的控制和对公诉权的控制。为加强对检察机关权力的制约，尤其是具有实体性处置权力的撤销案件、不起诉和对犯罪嫌疑人权利有较大影响的立案、逮捕的制约，2005 年建立了"双报批，双报备"制度，即省级以下人民检察院办理直接受理侦查案件，拟作撤销案件、不起诉决定的，应当报上一级人民检察

---

① 中央政法委员会政法研究所编：《司法在改革中前行》，长安出版社 2011 年版，第 322 页。

② 参见左卫民等：《中国刑事诉讼运行机制实证研究（二）》，法律出版社 2009 年版，第 51～72 页，第四章"侦查权力的控制如何实现——以刑事拘留审批制度为例的分析"。

③ 参见左卫民等：《中国刑事诉讼运行机制实证研究（二）》，法律出版社 2009 年版，第 73～80 页，第五章"一样的过程，不一样的结果——取保候审审批决定程序实证研究"。

院批准，决定立案、逮捕的，应当报上一级人民检察院备案审查。2009 年为进一步加强对检察机关直接立案侦查案件审查逮捕的制约，对该类案件的审查逮捕权的配置进行了改革，但囿于现实体现与条件的限制，也只是在检察机关内部上下级之间进行重新分配，通过加强上下级检察院之间的监督，来实现对职务犯罪侦查逮捕权的控制。在检察机关内部对是否起诉或不起诉有来自部门负责人、检察长或检察委员会的一系列严格的内部行政审查方式。

与以上情形相对，对侦查阶段限制人身、财产等强制性措施的使用缺乏法官审查等相应的司法审查机制，对起诉与不起诉的制约也缺乏如通过预审程序，由法官进行听证审查的方式，而往往通过书面审查、听取承办人的汇报等方式进行，较少采取听证等公开的方式。近些年来在审查逮捕环节增加了当事人的程序参与和制约因素，但从对侦查与起诉权制约仍主要以书面审、上下级内部制约为其基本的方式。

在对审判权的控制方式上，我国长期以来存在着"司法裁判的行政审批模式"，[1] 庭审法官对案件的裁判需经过副庭长、庭长、副院长、院长的审批，对于重大疑难案件则由审判委员会讨论决定，以此来实现对承办法官裁判权的制约。近些年来，法院系统推出了审判长负责制、主审法官负责制改革，其主旨虽在于弱化法院院长、庭长审批案件的权力，使审判委员会讨论案件的范围有所减少，但事实上，这些改革的结果使审判长或主审法官逐渐取代院长、庭长，拥有对本合议庭所审理的案件进行审核批准的权力。[2] 经历数年改革之后，权力控制的方式并未发生根本改变。

（二）监督主体的多元性与法律监督的专门性

新中国成立之初，受苏联司法模式的影响，结合我国自身的情况，建立了检察机关作为专门的法律监督机关，宪法也赋予了检察机关以独立的法律监督职权。我国对刑事司法权监督制约的一个重要特点即在于检察机关作为专门的法律监督机关行使对诉讼中司法权力行使的法律监督职责。"根据我国宪法和法律规定，检察权自成体系，具有其特定的范围和程度，它区别于立法权中的法律监督职权，平行于行政权、审判权，有别于党的纪律检查监督、民主监督、舆论监督和群众监督。"[3] 这种专门性体现在监督主体的专门性和监督手

---

① 参见陈瑞华：《问题与主义之间——刑事诉讼基本问题研究（第二版）》，中国人民大学出版社 2008 年版，第 49~83 页，第二章"司法裁判的行政决策模式——对中国法院'司法行政化'现象的重新考察"。

② 参见陈瑞华：《问题与主义之间——刑事诉讼基本问题研究（第二版）》，中国人民大学出版社 2008 年版，第 69 页。

③ 姚丽：《初探中国检察制度改革的瓶颈》，载《法制与社会》2010 年第 13 期。

段与程序的专门性上。在我国，检察机关作为专门的法律监督机关，对整个诉讼活动实行全过程的专门监督，对刑事司法权的监督范围涵盖诉讼的全部过程。近年来的改革立足于加强检察机关专门法律监督，细化了监督环节，包括对将侦查机关应当立案而不立案和不应当立案而立案的情形，均纳入检察监督的范围；通过加强证据审查加强对侦查阶段违法侦查行为的监督；通过量刑建议，加强对法院量刑的监督制约；加强了对适用简易程序公诉案件诉讼监督；加强对死刑复核案件的法律监督；通过建立驻所监督，实行信息联网，建立约见检察官，受理在押人员投诉等机制加强对看守所的监督；建立了刑罚执行变更同步监督机制，加强对刑罚执行的监督；等等。在监督手段上，增加了对司法人员渎职行为进行调查核实、提出纠正意见、建议更换办案人等法律监督措施。改革的方向和方式充分考虑了检察机关作为专门法律监督机关的特性。

除传统的行政性控权模式以及检察机关的法律监督外，对刑事司法权的监督制约主体还包括：党委及党委政法委的监督，人大及其常委会的监督，人大代表和政协委员的监督，民主人士及无党派人士的监督，还存在社会监督、舆论监督等监督方式，呈现监督主体多元化的特点。这些监督从方方面面，不同角度形成对司法权行使的监督。总体来看，这类监督属于体外监督、非常规性的监督，法律依据和规范不尽完善，存在某种程度上的任意性，所进行监督制约具有非法律化的特点，监督侧重于对案件政治效果和社会效果的考量，倾向于利益的平衡与案件处理的社会功能。

（三）民主性、权利化制约因素逐步增强

民主因素介入司法是监督司法权规范行使的重要途径之一，司法公开和司法民主可促进司法权的规范行使，减少司法的恣意。首先，民主性因素表现在民众对司法的参与上，即人民陪审员制度的完善。这些年的改革通过明确人民陪审员的产生方式和任职条件，赋予了陪审员与法官的审判权力。这些改革使人民陪审员对审判的监督和制约更具实质性。虽然因其对陪审员任职的要求导致其民主的广泛性受限，现实运作中仍可能出现"陪而不审"的情况，但通过制度化的途径探索和改善民众对司法的参与，其对刑事司法权进行监督制约具有积极意义。

其次，民主性因素表现在民众对司法的监督上。我国现阶段的改革主要表现为：（1）司法公开。司法公开为民众监督司法提供了可能性，使司法权的运作更加透明，也更规范，也是获得民众对司法信任的基础。在法院方面，在总结审判过程公开，审判结果公开改革成果的基础上，最高人民法院于2009年发布了《关于司法公开的六项规定》，提出了立案公开、庭审公开、执行公开、听证公开、文书公开以及审务公开的具体要求，属于司法过程中的动态的

公开，既针对一般民众，也针对特定诉讼当事人。检察系统则有"检务公开"，公安系统推出了"警务公开"的制度，有利于提高民众对刑事司法运行的知情程度。（2）新闻媒体的监督。随着现代信息传播技术的日益发达，新闻媒体因其具有广泛的社会渗透力，承载着民意而在监督司法中发挥着日益重要的作用。刑事司法改革中一些重要制度的改进，在很大程度上源于媒体的舆论监督，如近些年来媒体曝光的湖北佘祥林案、云南杜培武案等重大的冤假错案，成为我国证据制度的改革的直接催化剂。发生在看守所内的"躲猫猫"事件、"喝开水"死亡事件经媒体报道后引发社会对看守所人权保障状况的重视和热议，也成为完善看守所管理和监督制度改革的重要契机。（3）人民监督员制度改革。从 2003 年人民监督员制度开始试点到 2010 年在全国全面推行，人民监督员制度的不断完善体现了诉讼民主制度化的一条路径。这一制度的引入打破了检察机关在侦查、起诉环节的相对封闭性，尽管人民监督员的决定不具有终局效力，但无疑对检察环节的决定产生相应的影响，将社会的评价判断引入司法过程中。尽管在人民监督员的选任方面还存在广泛性、社会化不足的问题，其诉讼性、程序化的程度不高，但仍然是制度化、程序化民主的重要尝试和改革，是对司法权力制约民主性因素增强的标志。

最后，对司法权控制过程中权利性因素增强。传统上，我国对刑事司法权的制约主要采取的是以权力制约权力的模式，对通过赋予犯罪嫌疑人、被告人相应权利，来实现对国家权力的对抗和制约的方式较少采用，刑事司法中注重保证查明事实真相，关注犯罪嫌疑人、被告人是否有罪的问题，关注当事人的实体权利，而对当事人如何实现这些实体权利以及程序性权利则关注较少。犯罪嫌疑人、被告人的辩护权受到法律与事实上的限制，一般无权因司法权力的滥用而启动对司法权力的审查，也没有制约程序的参与权。近年来，随着社会进步与法治建设的推进，人权保障观念逐步深入人心，刑事司法权的行使逐步开始脱离自我运行、自我约束和控制的轨道，犯罪嫌疑人、被告人的主体地位被逐步认识到，赋予犯罪嫌疑人、被告人的辩护权、救济权、程序性权利逐步得到重视和加强，对刑事司法权的行使开始形成一定的制约。具体体现在：（1）程序性制裁机制开始确立。突出表现在 2010 年"两个证据规定"对非法证据排除规则的确立，明确了对于明显违反法律和有关规定取得的证据，不能作为定案的根据，在要求被告方提供证据或线索的基础上，明确由控诉方对被告人供述的合法性负证明责任。（2）司法过程中当事人的知情权，司法机关的通知、告知义务增强。强化了侦查机关采取强制措施时通知家属的义务，赋予当事人申请变更强制措施的权利，规定了公检法机关审查通知并告知理由的义务。强化了司法机关告知当事人可委托辩护人的义务，增加规定侦查终结时应将案件移送情况告知犯罪嫌疑人及其辩护律师的义务。（3）犯罪嫌疑人、被告人的辩护权有所加强。2007 年律师法在保障律师会见权，细化、充实阅卷权的内容，扩大了律师的调查取证权，强化了律师权利保障。2012 年刑事诉讼法又对此进行了确认和进一步的保障。（4）增加了在立案侦查阶段当中人的申诉控告权。在近年的改革中在立案和侦查过程中赋予并加强了当事人对不服立案或不立案决定，不服对强制措施的适用，以及妨碍行使辩护权行为可予以申诉控告权利。

（四）监督制约存在一定的低效和异化现象

检察机关作为专司法律监督的机关，虽然其监督的范围很广，但实践中存在知情渠道不畅、监督措施不力、人力不足等问题，导致监督的乏力和虚化。如有的学者提出，"公安机关对检察院的多次通知不予理睬的现象时有发生，法院对检察院的抗诉未审的情况也屡见不鲜。……立案通知书、纠正违法通知书甚至退回补充侦查的决定，公安机关都敢敷衍搪塞，一般不会执行或作出实质性的改变，毋庸说通过法律监督来遏止刑讯逼供、超期羁押、剥夺律师会见权等违反法律程序的行为。"[①] 对侦查行为中的滥用职权、侵犯人权的现象不能有效纠正，进而影响到司法公正。在审判监督方面，存在对抗诉长期不作处理的问题，对通过检察建议和纠正违法通知书进行监督的效果得不到实现等现象，监督对于规范刑事司法权行使的效力不高。实践中由于公、检、法等部门人员长期接触、人情关系等原因，往往更多地考虑到配合和制约，对程序上的违法方面的监督较弱。对刑罚执行的监督也存在薄弱环节，起不到纠正违法的作用。民主监督存在一定的虚化现象，如人民陪审员制度在实践中存在民主性保障不足，有些陪审员成为在法院长期工作的人员，有些案件中则存在"只陪不审"无法有效发挥作用的现象。人民监督员的选任存在不够客观中立等问题，社会监督、民主党派监督则存在由于缺乏规范和程序，监督较为随意，由于缺乏足够知情权而流于形式等问题。对我国刑事司法权力的控制，不可谓不多，既有司法机关内部行政性的层层控权，也有上级对下级司法机关的控制和约束，还有党委监督、人大监督、公众监督、民主监督等，权力监督制约虽多，层层设防，但司法中仍然存在权力滥用、权力行使不规范等现象。

监督制约的异化首先表现为由于对公诉权、审判权这两项刑事司法权行使的制约具有单向性的特征，拥有公诉权和审判权的主体缺乏相对独立性，缺乏与监督制约相对的"对抗"权利和资源，职业保障不足，在法律上缺乏对外

---

① 薛全忠、董鹏：《检察机关诉讼监督的瓶颈与对策研究》，载《湖北职业技术学院学报》2011 年第2 期。

部监督制约的对抗或者提出异议权，容易导致监督制约异化为对司法权能的非法干预，从而诱发刑事司法权的滥用。如在众多监督主体中的党委监督和人大监督中，更多侧重于社会整体利益、社会效果的监督，但由于对社会效果的衡量具有模糊性和任意性，且我国法律未就法律理由与公共利益衡量作出谁先谁后的区分，司法实践中对两个标准同时考虑，或以社会效果或整体利益的考量优先，易造成某些个人借社会效果为由干预刑事司法权的运作的潜在危险，导致外部监督制约机关的意见间接代替了法官、检察官的独立判断，法官检察官坚持独立判断易被认为是不服从领导、不接受监督；其次表现在过于强调上级机关对下级机关权力行使的单向制约，不能保证下级机关在行使权力时的相对独立性，依然无法有效解决权力滥用的问题。如在近年加强上级检察院对下级检察院权力行使的制约方面也存在强调制约，忽视检察权独立性的问题。在推进检察一体化改革中，出现片面强调下级检察院对上级检察院的服从的义务，不注意保障下级检察院和检察官的相对独立性，没有规定相应的职务转移权和职务收取权。[①] 加强上级检察院对下级检察院权力的控制在保证法律平等适用，制约地方权力干预方面有一定作用，但将权力集中于上级检察院其实依然难免存在权力的滥用问题，这种权力监督制约的单向性，易造成对上级权力的贯彻与屈服，而并不利于刑事司法权的正确行使，无法保证权力行使的合目的性；再者，这种异化也表现为大监督在某种程度上成为人大代表个人或某些利益集团诉求的载体，媒体监督易导致媒体审判，以非理性方式代替司法的理性判断。

二、形成我国刑事司法权控制特点的成因

（一）我国传统司法权行使的固有特点影响我国刑事司法权的控制模式

传统上，我国的司法与行政没有明显严格的区分，在长达数千年的历史发展过程中，一直沿袭司法机关与行政机关合二为一、行政机关兼理司法职权的制度。在中央，君主掌握最高司法权，最高行政长官会负责处理皇帝交办的案件，在地方，主管一个地方的行政官员同时掌管该地的司法审判，承担审判职能的机构属于行政权力系统的一部分，刑事司法权仅是行政权的一项职能，司法活动是行政活动的组成部分，二者在机构和职能上相互结合、彼此渗透。因此，司法审判职能的行使完全遵循着行政权行使的规律和特点，对刑事司法权

---

① 参见谢小剑、刘莉芬：《法律监督理论下检察权的配置》，载《犯罪研究》2010 年第 1 期。

的制约自然也遵循的是对行政权制约的方式。我国历史上除司法权受至高无上的君权和作为君权辅佐的"中枢"权力的领导和制约以外，对刑事司法权的制约方式大致有以下几种：

1. 刑事司法系统内部的制约。主要通过审判权的分立、对重大案件的会审制度和案件复审制度达到监督和制约的目的。如宋代刑事司法系统内部通过三种方式进行对刑事司法权的制约。一是通过刑事审判机构的多元设置，使得刑事审判权分散行使，以达到不同审判机构之间相互制约的目的；二是通过鞫谳分司制度的确立，使审判机构不同职能部门之间形成制约；三是确立刑案复审制度，即通过保障当事人的上诉和申诉权，使上级审判机构能了解下级审判机构对案件的审理情况，从而形成上级审判机构对下级审判机构的制约。① 唐代的"三司推事"，明清时期的"三司会审"、"九卿会审（也称圆审）"、"秋审"、"朝审"、"热审"制度，通过不同部门行政长官临时组成法庭对重大疑难案件进行审理，彼此制约，实现对刑事司法权行使的控制。

2. 独立监察权对其他权力包括刑事司法权的监督和制约。"'监察'，是中国古代对官吏实施法律监督的重要措施。中国古代统治者重视监察立法，重视监察机构的设置及监察权力的真正实现，这一特殊的'风宪'组织在弹劾和纠举国家机关及官吏的违法失职方面发挥了重要作用，对振塑朝纲、整饬吏治功不可没。"② 监察权既依附于皇权和行政权，又自成系统，具有相对独立性。监察权的范围广泛，其中重要一项职能即"监督并兼理司法刑狱"，③ 监察机构通过受理申诉和控告，参与刑事司法等方式实现对刑事司法权行使的监督与制约作用。如在唐朝，"御史台有权监督大理寺的审判，以及刑部的审判复核。同时也参与全国重大疑难案件的审判工作，并有权受理有关行政方面的诉讼。"④

3. 通过严格的官员选任和责任追究制强化对司法人员的制约。我国古代官制中没有专门的司法人员，汉朝之时利用"举孝廉"、"察举制"选拔有德、才之人任官，隋唐之后的科举制度成为选拔人才充实官僚队伍的主要途径，我国古代主司审判的人员均来自以这些方式选拔的人才，注重以儒学为主的才学和品德。为使审判人员恪守其职责，对这些官员设立了较高的道德要求和严密的责任制度。如宋代审判官员责任制度涉及的内容基本上涵盖了刑事审判的各

---

① 参见陈玉忠：《宋代审判权的制约机制研究》，河北大学历史学 2009 年博士论文，第 158 页。

② 孙季萍、冯勇：《中国传统官僚政治中的权力制约机制》，北京大学出版社 2010 年版，第 270 页。

③ 孙季萍、冯勇：《中国传统官僚政治中的权力制约机制》，北京大学出版社 2010 年版，第 285 页。

④ 曾宪义主编：《中国法制史》，北京大学出版社、高等教育出版社 2009 年版，第 169 页。

个环节，主要包括违法受诉的责任、违法检验责任、拷囚违制及致死的责任、状外求罪的责任、断狱稽违的责任、判决不引律令的责任、故出入人罪和失出入人罪的责任等。尤其对拷囚违制及致死及故出入人罪和失出入人罪的责任规定更详细，即使凡失出入人罪的法官，也不得再充任审判官。①

清末司法改革按照西方三权分立的做法，将审判权从行政权中予以分离，建立了检察制度，但在实际的司法运作中，固有的思维方式或隐或显地影响着制度的变迁，显示了依照西方模式建立起来的刑事司法制度与实践运行的严重背离。在法院内部、检察机关内部管理仍然遵循行政化的方式，司法的自立自主并未形成，也无法依靠司法职业的自律来实现司法的公正，因此"对司法权的控制手段仍然还是层层设防，党的监督、上下级之间的监督、人大的监督、社会舆论的监督甚至还有像'末位淘汰'这样的内部监管机制。"② 这种历史传承或许能解释我国近年来以监督制约为核心的刑事司法改革所采取的方式和路径。

（二）我国现行的司法体制决定了我国刑事司法权监督制约的方式

我国尚未建立如西方法治发达国家所普遍实行的"司法令状制度"，这与我国的司法体制、法院在国家结构中的地位有关。司法令状制度建立的体制基础在于，司法具有独立性，检察机关属于行政系属，起诉与侦查的关系密切。英美和大陆法系的司法体制的整个框架与我国不同。首先，受17、18世纪启蒙思想家以自然法、社会契约论为基础的权力制衡理论的影响，近现代资本主义国家建立了程度不同的立法、行政和司法三权分立并相互制约的政治体制，国会、行政首脑和最高法院的地位平等，相互制约平衡，司法权具有独立裁断的属性。其次，检察机关均属于政府系统，与行政机关关系密切，易受到行政干预。如在法国，其检察官受司法部长领导，德国检察机关受司法部领导，美国最高检察机关即是司法部，司法部长为美国联邦总检察长，英国行家检察署接受政府机关的总检察长领导。③ 再者，大陆法系国家实行检警一体化，警察没有权力终结案件，由检察官或预审法官决定是否终结侦查，英美国家警察机关亦无权决定是否终结案件，因此需由中立的第三方——法官就侦查中的有关事项作出裁断，体现司法权对行政权的制约。

---

① 参见陈玉忠：《宋代审判权的制约机制研究》，河北大学历史学2009年博士论文，第158~159页。

② 任喜荣：《刑官的世界——中国法律人职业化的历史透视》，法律出版社2007年版，第158页。

③ 参见谢小剑：《公诉权制约制度研究》，法律出版社2009年版，第294页。

在我国，审判权并不具有完全的独立性和中立性，并不具备西方国家法院的宪法地位与实际作用。人民代表大会制度是我国的根本政治制度，国家行政机关、审判机关和检察机关是由人民代表大会产生并对人民代表大会负责，根据人民代表大会的授权行使部分国家权力。权力制衡原理在议行合一的体制下遵循另外的运行模式。我国宪法没有确立"规范的"司法独立原则，只是规定了法院独立行使审判权的原则，即"人民法院依照法律规定独立行使审判权，不受行政机关、社会团体和个人的干涉。"它意味着审判机关"对行政权的独立、对社会团体的独立，以及对个人的独立，而不是对权力机关的独立，对党的独立。"① 而且，"由于历史、传统和意识形态方面的原因……法院一直被视为无产阶级专政的工具和维护社会治安的'刀把子'，处于附庸的工具地位，在主流的意识形态中，法院和军队、公安及其他行政机关没有什么区别。"② 在具有长期民主法治传统的西方社会中，三权分立体制下的法院拥有极大的权力，而在我国，受到体制、经济社会条件、文化、法官素质等多种因素影响，司法的实际功能有限。以法院或法官"中立第三方"的身份对司法行为进行审查的现实性和实际效果有限。因此，我国尚未建立起如西方法治发达国家对于侦查阶段强制性侦查措施的司法令状制度，也未建立起对起诉权的司法审查制度。

检察机关作为专门法律监督机关的宪法地位直接影响了近年来刑事司法改革中着力加强检察机关的专门法律监督。在人民代表大会制度之下的人民检察院作为专门的法律监督机关具有与法院、行政机关同等的宪法地位和相对的独立性。在检警关系上，检察机关与公安机关相对独立，侦查机关具有相对独立的侦查权和终结案件权。我国宪法规定，人民检察院是国家的法律监督机关。人民检察院依照法律规定独立行使检察权，不受行政机关、社会团体和个人的干涉。这一制度设计源于列宁关于法律监督的学说，并受苏联的影响而在我国建立，沿用至今，已成为我国司法制度中一个具有鲜明特色的制度，深深地影响了刑事司法权的运作形式。因此，近些年在加强检察机关的专门法律监督职能上进行了若干改革，着力加强对侦查阶段的监督和对审判以及刑罚执行方面的监督，突出检察机关作为专门法律监督机关对刑事司法权运行的监督和制约权。

---

① 参见左卫民、冯军：《以监督权为视角：最高法院与全国人大关系的若干思考》，载《社会科学研究》2005 年第 4 期。
② 转引自左卫民、冯军：《以监督权为视角：最高法院与全国人大关系的若干思考》，载《社会科学研究》2005 年第 4 期。

（三）我国传统的人情社会是导致监督制约低效或异化的原因之一

有效的权力监督建立于三个原理之上，即强制性原理、全覆盖原理和生疏化原理，即监督的有效性必须建立在以相应权力为支撑的强制性的，不可规避的制度安排上；必须以监督与被监督之间的信息对称为基础，确保权力运行在时间和空间上不留任何监督"死角"；必须以一定的组织措施降低掌权者与知情人之间的熟络程度，有效阻隔"熟人社会"潜规则对权力运行和监督的消极影响。① 而这三个条件在我国目前的社会状态中均有所欠缺。

我国正处于社会转型期，这一转型包括从传统社会向现代社会的转型，传统因素与现代因素在这一过程中社会中的此消彼长。我国的传统社会即人情社会，人情社会是熟人社会，是由血缘和地缘而形成的社会，社会成员彼此熟悉，经常来往，守望互助。这一社会主要依靠道德约束，基于费孝通先生所言的"差序格局"，其适用的规则是特殊主义而非普遍主义的，针对不同的人采取不同的标准。② 现代社会是契约型社会，或者说是理性社会、法治社会，由于社会的高流动性、市场经济占主导，是以陌生人为主的社会，因此依靠普遍的规则——法律来实现对社会的控制。在向现代化转型的过程中，我们就刑事司法权的运作建立了一定制度化的监督制约体系，但传统人情社会的因素对其有效性具有消解或减弱的作用。

首先，从有效的权力监督之强制性原理——权力足以相互制衡的角度来看，由于传统人情社会主要依靠道德的约束，尤其是对"上级"寄予更高的道德期待和能力期待，也赋予更多的权力，使监督与被监督者之间无法形成有效的制衡，易导致监督异化为不当干预，形成另一种权力滥用。其次，从有效权力监督的全覆盖原理，即监督与被监督者之间的信息对称来看，在我国社会转型时期，基于不愿接受监督的人性弱点、权力行使的便利性以及对既得利益的维护，掌握权力的人常通过各种方式有意无意地延续监督与被监督之间事实上的信息不对称现状，使得监督主体难以发挥有效作用。最后，从监督与被监督者之间的熟络程度而言，也易使监督制约流于空泛。一个地方的公检法司工作人员长期生活在一个地方，不仅相互之间具有各种社会关系，而且在日常工作中形成了共同的利益，共同的立场和情感。在上下级的权力监督制约中也存在这样的问题。如在检察系统上下级之间的关系，有人调查发现，"承办了我国绝大多数公诉案件的市级检察院和县级检察之际，上下级之间一般维持一种

---

① 参见肖仲思、罗比：《有效权力监督的三个原理性问题》，载《广州大学学报（社会科学版）》2011 年第 7 期。

② 参见冯必扬：《人情社会与契约社会——基于社会交换理论的视角》，载《社会科学》2011 年第 9 期。

密切的合作关系，难于开展有效的制约。"① 重关系、重人情有效维系了传统人情社会的和谐有效运转，普遍规则的适用以及生硬的监督则为这一社会系统所排斥。"当人情与原则发生冲突时，'抹不开脸'使大多数监督者感到特别焦虑，于是，原则的灵活性就有可能被最大化以至于无原则，如何规避问责有时甚至不可思议地成为监督者与被监督者的共同追求。"②

本章小结

　　刑事司法权的行使是保障社会秩序的重要手段，但同时这一手段应有必要的限制。一方面要尊重执法或司法人员所拥有的权力，以实现其控制犯罪的目标，另一方面要设立相应的控制系统，防止权力的扩张或滥用对自由价值的侵害。对刑事司法权力行使的监督制约应在权力运行传统与现实的基础上寻找进一步的突破。

　　从宏观层面上，需要处理好两大关系：（1）处理好依法独立行使权力与监督制约的关系，通过权力法定和程序对监督制约予以规范。我国宪法规定："人民法院依照法律规定独立行使审判权，不受行政机关、社会团体和个人的干涉。""人民检察院依照法律规定独立行使检察权，不受行政机关、社会团体和个人的干涉。"审判权和检察权由于其在国家权力运行中的独特地位及其运行的独特规律，要求不受外界干预独立行使。但与此同时，权力的行使又不能不受监督和制约。我国对刑事司法权的行使有人大监督、民主监督、检察机关的法律监督、上级机关的监督，但人大的监督可能异化为人民代表代表个人私利或利益集团的干预和插手，舆论监督可能会误导和影响司法，影响司法的判断，非制度化的民主造成对司法的冲击，上级的监督有时会削弱下级司法机关行使权力的主动性，不规范的监督形成对不正当的干预，更易导致权力的腐化和滥用，影响刑事司法权行使的公正性和效率性。因此，合理确定各权力主体、监督主体的权力范围，确立相应的监督制约的程序是避免监督制约沦为不当干预的有效途径之一。（2）处理好司法自由裁量权与监督制约的关系。自由裁量权在司法活动中必不可少，是将抽象的法律适用于具体案件的需要，也

---

① 谢小剑：《公诉权制约制度研究》，法律出版社 2009 年版，第 288 页。
② 肖仲思、罗比：《有效权力监督的三个原理性问题》，载《广州大学学报（社会科学版）》2011 年第 7 期。

是实现公共利益或社会利益所必不可少的手段，在刑事司法中有利于实现刑罚的个别处遇。在对权力行使进行监督制约的同时不能过分限制司法的自由裁量权，如何使自由裁量权的行使符合法律精神和公共利益，应当在立法上对自由裁量的范围、原则进行明确，实现法律和司法政策、执法标准的尽可能明确化，以指导司法实践中裁量权的行使。同时，通过程序性的监督制约，使自由裁量权的行使符合法治精神和社会公益。

从技术层面上，需加强以下几方面的建设：（1）对刑事司法权力的行使进行规制的前提是加强法律和政策的公开性和明确性，使立法和政策对犯罪与刑罚的规定、公民权利义务的规范逐步精密、准确，对国家机关权力的划分、职权和义务、权力行使的方式应以法律予以尽可能明确的规范。（2）应当强调监督制约的程序性、规范性，注重在刑事司法程序中通过权力行使主体之间的制衡实现信息对称和权力控制。（3）从近期来看，通过以过程为导向和以结果为导向的行政性权力控制机制对防止刑事权力的恣意的问题起着重要作用，应进一步增强其民主性、科学性，防止干预和形成对自由裁量权的不适当控制。（4）从长远看，应通过诉讼化、公开化的方式，更加注重通过程序的设置赋予当事人更多的防御权与救济权，以实现对刑事司法权的控制。

第六章 刑事司法改革重心之三：
追求有效率的公正

公正与效率是刑事司法的重要价值目标，在当前的社会状态中二者既存在统一性，也存在某种程度的冲突。如何实现有效率的公正是各国刑事司法普遍追求的目标。

第一节 诉讼效率的基本要求与实现途径

从 20 世纪 50、60 年代开始，西方国家受日益增多的犯罪案件的困扰，司法机关案件积压情况严重，在此情况下，效率成为司法活动追求的价值目标之一，甚至成为司法公正的重要因素。许多国家所进行的司法改革主要以提高司法效率为主要价值取向，试图通过提高效率以进一步实现公正。在刑事司法中实现诉讼效率的途径主要表现为对程序进行繁简分流和对自愿协商及处分原则的认可。

一、审前对案件的分流主要表现在起诉裁量权的运用更为广泛

起诉裁量制度赋予检察官在起诉阶段对案件是否进入诉讼程序的决定权。其运行方式在各国有所不同，但其实质均在于通过撤销案件、无条件不起诉、附条件不起诉等方式，实现对案件的分流。

其具体方式包括：将案件撤销不再追诉；根据法律规定对不具备起诉条件的案件不予以起诉，有人称之为无条件不起诉；裁量不起诉，也称为起诉便宜主义，即根据犯罪嫌疑人的性格、年龄、境遇、犯罪的轻重、犯罪后的情况等，认为没有起诉必要的不予以提起公诉；附条件不起诉，也称暂缓起诉，在日本称之为起诉犹豫制度，即对本应提起公诉的犯罪嫌疑人，在其本人同意的情形下要求其在一定期限内履行一定义务，而暂时不予以起诉，犯罪嫌疑人若在规定期限内履行了所要求的义务，对其行为不再作为犯罪起诉追究，否则，

仍作为犯罪予以起诉追究。

起诉裁量制度对案件分流，从而减轻审判和执行阶段的压力，使案件得以迅速处理，起到了重要作用。如在德国，法律规定以起诉法定主义为主，但在刑事诉讼的实际运作中，对犯罪嫌疑人予以起诉是例外，作不起诉或其他替代性处理方式占主流。根据有关统计材料，从 1981 年到 1996 年期间，德国提起公诉案件的比例一直比较低，起诉率最高的 1982 年是 19%，起诉率最低的 1996 年是 12.3%，其余案件均作了不起诉的处理，包括撤销案件、申请处罚令、无条件不起诉、附条件的不起诉，比例一直在上下浮动。德国各州对青少年案件的不起诉率较高，且呈不断上升趋势，从 1985 年平均为 25% 上升到 1992 年的近 50%；在法国的司法实践中，在符合起诉证据条件的前提下，许多不太严重的犯罪案件没有被起诉。[①]

日本法律规定对不具备起诉条件的案件不予起诉，并规定了起诉便宜主义原则，司法实践中这两种不起诉处理方式在检察机关审查起诉的案件中占到了较高比例。据有关统计资料显示，2002 年日本检察机关的不起诉率为 43%，2003 年为 35.6%，其中因不具备起诉条件而不起诉的占 1.9%，其余则属于裁量不起诉或犹豫不起诉。[②] 在实践中，犹豫不起诉案件作出不起诉处理后再起诉的情况也几乎没有。在英美法系国家，"不是每一违法行为都必须受到追诉"，检察官拥有更为广泛的自由裁量权。

二、审判程序的分流主要表现在设定不同层次的审判程序

许多国家根据案件的繁简程度、对司法公正及对当事人权益的影响程度设立并适用不同的审判程序，建立了相对于正常审判程序之外的刑事速决程序或简易程序。

英国的诉讼程序分为正式起诉程序和简易程序。较为严重的犯罪必须由陪审团以正式起诉程序审理，由职业法官和陪审团共同审理，程序复杂，旷日持久。简易程序适用于由治安法院管辖的案件，即判处刑罚不超过 6 个月监禁或 5000 英镑罚金以下的犯罪。简易程序由业余法官组成的法庭进行审理，偶尔

---

① 参见陈光中、汉斯·约格阿尔布莱希特主编：《中德不起诉制度比较研究》，中国检察出版社 2002 年版，第 273 页，转引自顾永忠：《刑事案件繁简分流的新视角——论附条件不起诉和被告人认罪案件程序的立法建构》，载《中外法学》2007 年第 6 期；Goldstein & Mareus, The Myth of Judicial supervision in Three "Inquisitorial" systems：Franee, Italy, and Germany, 87 YALE L. J. 240 （1977），转引自谢小剑：《公诉权制约制度研究》，四川大学 2007 年博士学位论文，第 19～20 页。
② 顾永忠等：《日本近期刑事诉讼法的修改与刑事司法制度的改革》，载《比较法研究》2005 年第 2 期。

也由领薪治安法官审理。①

美国的诉讼程序分为陪审团审判、司法官审理轻微犯罪程序和辩诉交易程序。陪审团审理与英国相同，司法官审理轻微犯罪程序，适用于轻罪、微罪案件，由司法官或者地区法院法官进行简单审理并立即裁判。辩诉交易是由检察官与辩护律师就被告人定罪量刑达成协议，由法官进行形式审查，直接予以确认而对被告人定罪量刑。②

德国刑事司法中的案件处理程序有三种：普通审判程序、被害人参加程序和特别程序。其中特别程序又包括处罚令程序、保安处分程序、简易程序、没收扣押财产程序以及对法人社团处以罚款程序。这几种特别程序与普通程序相比，程序适用简单，能及时迅速的审结案件，属于刑事速决程序。③

法国针对不同类型的犯罪适用不同的审判程序，重罪案件由重罪法院审理，程序复杂。轻罪案件由轻罪法院审判，适用一般的审判程序。违警罪由违警罪法院审理，主要适用两种速决程序，即简易审判程序和综合性罚金诉讼程序。简易审判程序适用于一般违警罪，但其能判处的刑罚仅限于罚金刑。综合性罚金诉讼程序主要适用于有关道路交通的违警罪，其判处的刑罚只限于罚金。④

日本的审判程序分为混合审判制度、简易公审程序、简易命令程序和交通案件即决裁判程序。混合审判制度适用于可能判处死刑、无期徒刑案件，由职业法官和裁判员进行审理；简易公审程序用于轻微的、被告人认罪案件的审理；简易命令程序适用于可能判处50万日元以下罚金或者罚款的案件；交通案件即决裁判程序仅适用于有关交通的刑事案件，是一种介于简易命令程序与一般公审程序之间的特别略式公审程序。⑤

意大利的审判程序分普通程序和特别程序。特别程序又分为简易审判程序、依当事人的要求适用刑罚程序、快速判决程序、立即审判程序和处罚令程序。

这些国家在刑事司法改革过程中一方面仍然注重对普通案件、重要犯罪依

① 参见陈水星：《刑事速决程序研究》，武汉大学2005年硕士学位论文，第4页；顾永忠：《刑事案件繁简分流的新视角——论附条件不起诉和被告人认罪案件程序的立法建构》，载《中外法学》2007年第6期。
② 陈水星：《刑事速决程序研究》，武汉大学2005年硕士学位论文，第5页。
③ 李娜：《刑事速决程序研究》，山东大学2011年硕士学位论文，第8页。
④ 参见陈水星：《刑事速决程序研究》，武汉大学2005年硕士学位论文，第8页；顾永忠：《刑事案件繁简分流的新视角——论附条件不起诉和被告人认罪案件程序的立法建构》，载《中外法学》2007年第6期。
⑤ 参见陈水星：《刑事速决程序研究》，武汉大学2005年硕士学位论文，第10~11页。

普通程序进行审理，保证程序和结果的公正。同时，注重合理调配司法资源，对轻微犯罪设立较普通程序处理更为快捷、简便的审理方式。这些审理方式极大地促进了诉讼效率的实现。

这些刑事速决或简易程序大致通过两种方式达到诉讼效率的目的：一是对普通程序的简化，如美国的司法官审理轻微犯罪程序中，除法律的明确规定以外，司法官可以遵循其认为适当的诉讼规则，从而简化对普通程序的适用。意大利的快速审判程序和立即审判程序均省略了预审程序。而日本简易公审程序的案件，在庭审中往往省略了法庭证据调查，并且不受传闻证据排除规则的限制，案件的判决书可以直接引用公审笔录中记载的有关证据。针对这些案件所设定的速决程序很多都无需开庭，如英国对作有罪答辩的简易案件可迳行判决，意大利的简易审判程序也可不经庭审而结案。[①] 二是扩大这类程序的适用范围。英国的简易程序创建之初只适用于轻微的犯罪，后来治安法院依照简易程序审理的案件除只能由治安法院管辖的简易罪外扩大至既可由刑事法院管辖，又可由治安法院管辖的混合罪、可以简易程序审理的可诉罪和可以正式起诉程序审理的简易罪。据有关资料显示，在英国，绝大部分案件（95%）是由治安法院完成的，其中75%是简易审判，这样英国71.25%的案件是通过简易程序来审理的。意大利的简易程序现在可适用于除无期徒刑以外的一切刑事案件。在日本，有93%以上的案件是按速决程序审结的，其中每年的刑事案件中，有90%以上按略式程序来处理。我国台湾地区在其"刑事诉讼法"的修改中扩大了简易程序的适用范围，加重了科刑效果，放宽了开启程序的限制，规定简易程序不以发现实体真实为导向，并限制了简易程序的救济途径。[②]

三、对自愿协商及处分原则的认可

对诉讼效率的追求同时也体现在源于英美法系的认罪答辩程序得到推广与发展。美国在认罪答辩程序的基础上发展起来的辩诉交易程序不仅在美国适用率高，而且对世界上其他国家产生了了深远影响。这类处理案件的方式体现了当事人自愿协商与处分原则，通过被告人的合作达到迅速处理案件的目的。

（一）有罪答辩制度

罪状认否程序源于英美国家，在英国治安法院依简易程序审理的案件中，

---

① 参见陈水星：《刑事速决程序研究》，武汉大学 2005 年硕士学位论文，第 5 页、第 10 页。

② 参见陈水星：《刑事速决程序研究》，武汉大学 2005 年硕士学位论文第 4 页；李静、张萍：《刑事简易程序多样化探析》，《河北理工学院学报》2003 年第 4 期；[日] 西原春夫主编：《日本刑事诉讼法的形成与特色》，法律出版社、成文堂联合出版 1997 年版，第 410 页、第 409 页；马贵翔、胡铭：《正当程序与刑事诉讼的现代化》，中国检察出版社 2007 年版，导言，第 14 页。

对作无罪答辩的案件，法庭依听证程序审理；对作有罪答辩法庭可迳行判决。对以通信方式作认罪答辩，可能判处的刑罚不超过 3 个月监禁的罪行，法庭可缺席判决。根据英国的司法惯例，对于答辩有罪者，一般给予 1/3 的量刑折扣。①

有罪答辩程序要比刑事审判的程序简略，从而使案件在审理阶段获得了分流，在当事人主义的刑事诉讼中扮演着举足轻重的角色。在英国的治安法院，有罪答辩率为 90% 左右，刑事法院大约为 65%；② 2005 年，美国联邦司法系统中结案的 86680 起刑事案件中共有 78042 起案件中的被告人被裁定有罪，约占总数的 90%。而在 78042 起定罪的案件中，有 74681 起是通过有罪答辩解决的，约占全年案件总数的 86.2%。③

目前许多国家借鉴英美国家的这一制度，以提高诉讼效率。如加拿大《刑事法典》就有罪答辩机制作出相关规定。日本在其刑事司法改革计划中引入了"有罪答辩"制度，以简化其诉讼程序。我国的台湾地区创设了针对被告人有罪答辩的简式程序。2001 年《俄罗斯联邦刑事诉讼法典》规定了刑事被告人认罪的特别程序。

（二）认罪协商程序

认罪协商程序主要指美国的辩诉交易程序，是在有罪答辩制度基础上发展完善的一项制度，辩诉交易程序是指检察官与被告人或者他的律师进行协商从而达成双方均可接受的协议的一种诉讼活动——检察官愿意降低指控罪名或者从轻求刑来换取被告人认罪；被告人愿意以认罪来换取检察官降低指控罪名或者从轻求刑。该项交易所达成的协议经法官采纳后生效。④ 这一制度产生 19 世纪晚期美国的纽约、芝加哥、波士顿等地，1970 年，美国最高法院在 Brady v. United States 中认可了其合宪性，1974 年的《美国联邦刑事诉讼规则》明确将其作为一项法定诉讼制度确立下来。辩诉交易程序以控辩双方协商交易的方式结案，这种案件处理方式使大量案件不再适用复杂、冗长的陪审团审判，从而使定罪量刑问题得到快速解决，节省了司法资源。已经成为美国刑事司法中一种重要且有效的方式，超过 90% 多认罪通过这一程序实现。⑤ 到 2004 年，

① 参见陈水星：《刑事速决程序研究》，武汉大学 2005 年硕士学位论文第 4 页；马运立：《试论有罪答辩机制》，载《政法论丛》2007 年第 6 期。

② 李昌盛：《有罪答辩制的文化基础》，载《人民法院报》2005 年 6 月 17 日。

③ 美国 2005 年联邦司法统计（Federal Justice Statistics, 2005），转引自［美］程乐其：《美国联邦司法制度中的有罪答辩和辩诉交易》，载《公安学刊》2009 年第 6 期。

④ 张建伟：《刑事司法：多元价值与制度配置》，人民法院出版社 2003 年版，第 327 页。

⑤ Bureau of Justice Statistics, Federal Criminal Case Processing, 2002.

美国联邦法院超过 95% 的有罪判决是通过非抗辩方式或者辩诉交易解决的，州法院系统的数据也与此相似。① 随着这一实践的发展，辩诉交易已经传播到诸如德国、俄罗斯、印度、我国台湾地区、南非以及澳大利亚等国家和地区，形成与其本国刑事司法系统相应的辩诉交易程序。② 例如，1988 年《意大利刑事诉讼法典》规定的简易审判程序，被称为"意大利式辩诉交易程序"，适用于除可能判处无期徒刑案件外的所有刑事案件，这一程序允许被告人和检察官就判决达成协议，但这一判决必须由法官批准，而且对刑罚的减轻不得超过常规判决的 1/3。德国的辩诉交易制度大致包括附条件不起诉、处罚令式辩诉交易程序和庭审认罪交易三种类型，近年来，德国采用辩诉交易程序处理的案件占总案件的 15.6%。法国于 2004 年创设了庭前认罪答辩程序，允许被告人在某些轻罪案件中（主刑为罚金刑或者 5 年及以下监禁刑的犯罪）以认罪为前提与检察官进行量刑交易，双方达成协议且被告人履行协议后，检察官就可以驳回案件。2004 年我国台湾地区的刑事司法改革中引进了认罪协商程序，使自愿协商以及处分原则在刑事诉讼中得到了一定的认可，规定除所犯为死刑、无期徒刑、最轻本刑 3 年以下有期徒刑之罪或台湾地区"最高法院"管辖第一审案件外，检察官得于征询被告之意见后，依职权或依被告或其代理人、辩护人之申请就一定事项协商，经双方同意，且被告认罪者，由检察官申请法官进行协商程序。③

以追求诉讼效率为指向的改革是当前西方发达国家刑事司法改革的主要方向，这一价值取向有其重要的法治渊源与社会基础。是对法治要求下程序的复杂、烦琐在社会飞速发展，矛盾纠纷激增的情况下难以实现案件快速处理及公正要求的回应。这种改革的趋向改变了资本主义法治建立初期严格的法治主义，摆脱了严格的罪刑法定、正当程序等的框定，而代之以更为灵活、多样的处理方式，更加强调当事人意愿在刑事司法中的作用，表明刑事司法摆脱了仅满足于定罪量刑，实现形式公正的价值取向，而更多地强调对社会矛盾纠纷的快速妥善处理。

---

① Compendium of Federal Justice Statistics, 2004.

② Turner, L. J. (2009), Plea bargaining across borders, Wolters Kluwer Law & Business, p1.

③ 参见王万习：《刑事审判简易程序研究》，中国政法大学 2005 年硕士学位论文，第 19 页；马运立：《试论有罪答辩机制》，载《政法论丛》2007 年第 6 期；张吉喜：《被告人认罪案件处理程序的比较法考察》，载《时代法学》2009 年第 3 期；马贵翔、胡铭：《正当程序与刑事诉讼的现代化》，中国检察出版社 2007 年版，导言，第 14～15 页；Courts, Law, and Justice Plea Bargaining, Contributors: William J. Chambliss Print Pub (2011), Online Pub. Date: June 24, 2011 Print ISBN: 9781412978576 Online ISBN: 9781412994125 DOI: 10.4135/9781412994125 Print pages: 187 – 201, From SAGE knowledge.

第二节　我国刑事司法中实现司法效率的方式

我国正处于社会转型时期，社会矛盾加剧，犯罪率和犯罪总量居高不下，进入到刑事诉讼程序的案件数量也逐年增长，虽然随着国力的增长和司法在社会控制系统中地位不断加强，国家在政法方面投入的经费和人力有所增长，但司法资源的投入与刑事案件的增长难以同步。由于刑事司法活动本身具有高耗能性特点，刑事司法领域司法资源的稀缺问题十分突出。我国司法系统为刑事积案上涨，案多人少的问题所困扰。与此同时，社会公众对及时解决积案，追求司法的公正与效率的要求则不断增强。"不同的制度安排，会带来不同的资源配置的结果，制度安排的不同会直接影响到经济效率。"[①] 现实的司法状况与司法资源的矛盾促进了我国对寻求提高诉讼效率的司法改革。新时期旨在提高司法效率的改革主要从建立繁简分流的诉讼体系，增加对当事人在刑事案件中的合意予以认可的因素，鼓励犯罪嫌疑人或被告人与政府的合作，从而减少在某些案件上司法资源的消耗，提高司法效率。具体主要有以下几项制度改革和措施：

一、刑事和解

刑事和解是一种通过加害人与被害人之间以协商合作形式恢复原有秩序的案件解决方式，在西方称为"加害人和被害人的和解"。我国基层司法机关于2002 年开始试行刑事和解制度，起初仅适用于轻伤害案件，此后，在公安、检察和法院系统均对刑事和解的案件范围和对象，程序及效果进行了探索和实践。2012 年刑事诉讼法在特别程序编中规定了当事人和解的公诉案件诉讼程序，对当事人可以达到和解协议的范围、程序及其法律后果作出了规定。将公诉案件适用和解程序的范围限定为因民间纠纷引起，涉嫌侵犯人身权利民主权利、侵犯财产犯罪，可能判处 3 年有期徒刑以下刑罚的故意犯罪案件，以及除渎职犯罪以外的可能判处 7 年有期徒刑以下刑罚的过失犯罪案件。犯罪嫌疑人、被告人在 5 年以内曾经故意犯罪的，不适用这一程序。对于当事人之间达

---

① 林振明、赵元松：《司法制度创新与司法效率的衡平——基层法院司法职权与资源优化配置的法经济学分析》，载景汉朝主编：《司法成本与司法效率实证研究》，中国政法大学出版社 2010 年版，第 115 页。

成和解协议的案件，人民法院、人民检察院和公安机关可以依法从宽处理。

我国刑事和解兴起的直接原因与刑事附带民事诉讼案件判决执行率低、对被害人的国家补偿不到位有关。刑事和解在司法实践中的运用有助于节约司法资源，提高司法效率。不同于传统单向度的判决与强制执行，刑事和解中当事人达成的和解协议具有自愿性、合议性，这一性质能促使加害人自觉履行协议，从而使双方利益重新得到平衡。有学者分别从效率与公正的角度对刑事和解的意义作出阐释。"从时间成本上看，它使当事人从繁冗拖沓的正规刑事程序中解放出来，大量地节约了时间；从成本上看，当事人亦无须承担刑事诉讼高昂的费用；从交际成本上看，刑事和解具有相对和缓特征，有利于当事人关系的维护与继续经营等，这些都是刑事和解制度所释放出来的经济绩效。从经济学的成本——收益理论出发，当事人为计较算，通常是倾向于进行和解。于国家层面也能同时起到节约当前本已紧缺的司法资源，在变换方式恢复社会正常秩序的相同结局下更能节约司法成本。"[1] 刑事和解以对被害人利益的关注为出发点，有助于促进被害人、加害人和社会公共利益保护之间的价值平衡，因此，对刑事司法的公正性有促进作用。[2]

二、不起诉制度的完善

我国 1996 年刑事诉讼法对不起诉适用条件及程序规定都比较严格，不起诉分为法定不起诉、酌定不起诉和存疑不起诉三种，这只是基于不起诉原因和条件的划分，无法满足对案件分流的要求。基于处理未成年人案件的需要，从 20 世纪 90 年代开始我国司法实践中开始探索附条件不起诉制度。中央有关司法改革的意见及高检院的改革规划均提出要对这项改革进行探索。北京、上海、云南等地检察机关实行了暂缓起诉试点工作。2012 年刑事诉讼法在特别程序编设立了针对未成年犯罪嫌疑人的附条件不起诉制度。对附条件不起诉适用的案件类型、范围、对象均作了严格的限定，对公安机关的复议、复核权以及被害人的救济权均作了明确规定。

从世界其他国家的诉讼实践来看，不起诉制度是审前实现案件分流的有效方式，可以免除对部分案件的后续审判和刑罚执行，从社会整体上节约诉讼资源，从而能使更多的司法资源投入到确需通过审判来解决的案件中，达到合理配置司法资源、提高诉讼效率的目的。但绝对不起诉对被不起诉人没有制约和

---

[1] 陈彪、蒋华林、叶进：《和谐社会语境下的背弃与暗合：刑事和解的祛魅化论辩与制度型塑》，载《哈尔滨工业大学学报（社会科学版）》2009 年第 1 期。

[2] 参见向朝阳、马静华：《刑事和解的价值构造及中国模式的构建》，载《中国法学》2003 年第 6 期。

监督，绝对不起诉在某些情况下有可能与事实相违背、因没有准确评估被不起诉人的人身危险性而导致错误发生，有违公正，因而有一定的风险。而附条件不起诉制度"既能充分展现不起诉制度的优越性，又能把不起诉制度的风险、负面影响降到最低程度"①，因此也是追求诉讼效率的重要方式。

三、轻微刑事案件快速办理机制

鉴于在日益增多的刑事案件中轻罪案件占有较大比例，而司法资源有限，实践中出现一些轻微刑事案件被告人审前羁押时间过长，有些甚至超过了实际判处的刑期，造成对犯罪嫌疑人、被告人极大不公正的现实，有些地方司法机关在实践中通过创新工作机制，简化工作流程，缩短办案期限，对轻微刑事案件实行"快侦、快捕、快诉、快审"的快速办案机制。出现了"快速审查起诉"、"快速办结"、"三联两定一卡通"（即公、检、法三机关相互联系、相互配合，实现快速办理轻微刑事案件无缝连接，定人员、定时间，对办理轻微刑事案件设定制度标签）、"联动协议"（即检察机关加强与公安机关、人民法院之间的沟通联系，建立"侦、捕、诉、审"联动机制）、"不捕直诉"（即检察机关对被提请检察院批捕的犯罪嫌疑人主观恶性不深，情节较轻，决定不予批捕，建议公安机关直接移送审查起诉）等模式。②

2007 年 1 月 30 日最高人民检察院在总结地方成功做法和经验的基础上，下发了《关于依法快速办理轻微刑事案件的意见》。其基本内容是简化工作流程、缩短办案期限。这一机制的适用对象是：案情简单，事实清楚，证据确实、充分；可能判处 3 年以下有期徒刑、拘役、管制或者单处罚金；犯罪嫌疑人、被告人承认实施了被指控的犯罪；适用法律无争议的案件。此外，规定未成年人犯罪等 8 类案件应当适用快速办理机制。对于危害国家安全的刑事案件、涉外刑事案件、故意实施的职务犯罪案件以及其他重大、疑难、复杂的刑事案件，则不适用快速办理机制。适用快速办理机制的基本要求是严格遵循法定程序，同时，简化内部工作流程，缩短办案期限，充分保障诉讼参与人特别是犯罪嫌疑人、被告人、被害人的各项法定诉讼权利，提高办案效率。这一工作机制改革有益于提高诉讼效率，实现对犯罪嫌疑人、被告人权利的保障。

四、普通程序简化审

我国 1996 年刑事诉讼法规定了刑事案件简易程序，这一程序的适用，对

---

① 顾永忠：《刑事案件繁简分流的新视角论附条件不起诉和被告人认罪案件程序的立法建构》，载《中外法学》2007 年第 6 期。

② 张安敬：《轻微刑事案件快速办理机制研究》，西南政法大学 2009 年硕士论文，第 23 ~ 27 页。

提高诉讼效率起到了积极作用，但其适用率偏低，由于适用简易程序的前提条件之一是依法可能判处 3 年以下有期徒刑、拘役、管制或者单处罚金的案件，因此相当一部分案件特别是被告人认罪的大部分案件仍需适用普通程序审判，实践中无法缓解案多人少，案件积压，犯罪嫌疑人、被告人被长期羁押的矛盾和问题，不利于及时准确惩罚犯罪，也不利于对犯罪嫌疑人、被告人权利的保障。2003 年 3 月，最高人民法院、最高人民检察院、司法部联合发布了《关于适用普通程序审理"被告人认罪案件"的若干意见（试行）》和《关于适用简易程序审理公诉案件的若干意见》，确立了我国被告人认罪案件的处理程序。

从适用条件来看，《关于适用普通程序审理"被告人认罪案件"的若干意见（试行）》规定被告人对被指控的基本犯罪事实无异议，并自愿认罪的第一审公诉案件，可适用简化审。对于被告人系盲、聋、哑人的，可能判处死刑的，外国人犯罪的，有重大社会影响的，被告人认罪但经审查认为可能不构成犯罪的，共同犯罪案件中，有的被告人不认罪或者不同意适用该意见审理的以及其他不宜适用该意见审理的案件，则被排除该程序的适用。

从程序的启动来看，主要是检察院和法院，即检察院可以建议适用该程序。对检察院没有建议适用的，法院可以在征求检察院、被告人及辩护人同意后决定适用该程序。在这一过程中，赋予了被告人以知情权和否决权，规定在适用该程序审理案件前，法院应当向被告人讲明有关法律规定、认罪和适用该意见审理可能导致的法律后果，确认被告人自愿同意适用该意见审理。

简化审对普通程序的简化主要集中于一些程序环节和程序行为，如被告人可以不再陈述犯罪事实；法庭上可以简化或者省略对被告人的讯问、发问；合议庭对无异议的证据，可以经过说明后当庭认证；控辩双方主要围绕确定罪名、量刑及其他有争议的问题进行辩论。在简化审案件中，人民法院可以庭前阅卷。

此外，对于自愿认罪的被告人，法院应酌情予以从轻处罚。

对被告人认罪的刑事案件适用简化审理程序，通过在实体处罚和程序上给予一定的激励，促使被告人自愿认罪，能缩短诉讼时间，降低诉讼成本，提高诉讼效率，且可以最大限度地使被告人从心理上接受审判的结果。刑事案件普通程序简化审在实践中发挥了较大的作用，明显地提高了司法效率，加速了案件的办理进程。有数据显示，适用普通程序简化审的上诉率很低，通常 96%

甚至 100% 的被告人都没有上诉，[①] 有利于被告人对司法判决的认同，满足民众对司法公正的要求。

五、简易程序范围的扩大

我国 1979 年刑事诉讼法没有确立快速处理刑事案件的程序，所有一审案件无论轻重繁简均适用相同的程序。随着 20 世纪 80、90 年代刑事案件数量开始迅速上升，为避免案件积压，提高诉讼效率，1996 年刑事诉讼法在审判程序中设立了简易程序，适用于依法可能判处 3 年以下有期徒刑、拘役、管制、单处罚金的公诉案件，且应当事实清楚、证据充分。这一程序的设立对于解决我国刑事案件大量增加，司法机关办案压力大的问题具有积极的意义，但实践中适用率不高，最初几年只占起诉公诉案件的 18% 左右，2002 年甚至跌到 8.27%。其原因有人归结为于简易程序的决定过程烦琐，在实现诉讼效率方面的优势并不显著，2003 年最高人民法院、最高人民检察院、司法部联合发布《关于适用简易程序审理公诉案件的若干意见》后，简易程序的适用率逐年明显上升，2005 年达到 36.6%。[②]

2012 年刑事诉讼法再修改时，吸收了之前的改革经验，扩大了简易程序适用范围，并对 1996 年刑事诉讼法规定的简易程序进行了改造，除增设权力监督和权利保障措施外，主要将其定位于基层人民法院管辖的被告人认罪的案件，建立了我国的认罪答辩制度。具体表现在：

1. 简易程序的适用范围：将基层人民法院管辖的"认罪"案件，即可能判处有期徒刑以下刑罚、被告人承认自己所犯罪行的案件纳入简易程序处理的范围，突破了 1996 年刑事诉讼法对轻微案件的限制性要求。

2. 合议庭的组成：规定对可能判处 3 年有期徒刑以下刑罚的，仍维持现行规定的可以由审判员一人独任审判；对可能判处 3 年以上有期徒刑的，应当组成合议庭进行审判。

3. 规定适用简易程序审判公诉案件，人民检察院应当派员出席法庭，以加强对简易程序审理案件的监督。

4. 增加被告人在适用简易程序方面的选择权和异议权。此次修改后的简易程序的条件之一，就是被告人认罪且被告人对适用简易程序没有异议，

---

① 参见夏红、肖鹏：《宽严相济的刑事政策对刑事诉讼程序的影响》，载《辽宁师范大学学报（社会科学版）》2010 年第 4 期。

② 顾永忠：《刑事案件繁简分流的新视角论附条件不起诉和被告人认罪案件程序的立法建构》，载《中外法学》2007 年第 6 期。

1996 年刑事诉讼法对简易程序的适用条件则无此规定。2012 年刑事诉讼法规定在庭审宣读起诉书后要有独立的环节确认被告人是否同意适用简易程序审理。

2012 年刑事诉讼法对简易程序的修改，是对我国刑事一审程序进行分层设计的重要改革，是对被告人认罪答辩在法律上的认可，鼓励被告人与国家的合作，有利于减少被告人与国家的对抗，迅速处理轻微刑事案件，有效实现国家追诉目标。

六、刑事案件速裁程序试点

为进一步应对轻微犯罪多发、高发的现状，尤其是 2013 年 12 月劳动教养制度废止之后，一部分原来由劳动教养规制的行为，需分流进入刑事司法领域给刑事司法带来的压力，2014 年 6 月 27 日，第十二届全国人大常委会第九次会议表决通过了《关于授权最高人民法院、最高人民检察院在部分地区开展刑事案件速裁程序试点工作的决定》，授权最高人民法院、最高人民检察院在北京、天津、上海等 18 个城市开展为期 2 年的刑事案件速裁程序试点工作。这一程序的试点，是我国对轻微刑事案件进行快速处理机制的进一步探索。这一程序具有以下特点：

从程序的适用范围来看，刑事案件速裁程序适用于特定的轻微刑事案件，即事实清楚，证据充分，被告人自愿认罪，当事人对适用法律没有争议的危险驾驶、交通肇事、盗窃、诈骗、抢夺、伤害、寻衅滋事等情节较轻，依法可能判处 1 年以下有期徒刑、拘役、管制的案件，或者依法单处罚金的案件。

从其适用的前提条件看，刑事案件速裁程序适用的前提条件之一是被告人自愿认罪，即需保证其认罪出于自愿，而非在威胁利诱、刑讯逼供或精神不正常状态下所做出的。被告人自愿承认指控所涉及的主要犯罪事实或者基本犯罪事实，大大减轻了控方起诉时的证明责任，使控辩双方的对抗性减弱，这是法庭调查、法庭辩论阶段可以简略或取消的重要原因和前提，也是节约诉讼资源，提高诉讼效率的基础。

在办案程序方面更为简略、快捷。与我国刑事诉讼法规定的普通程序、简易程序相比，刑事案件速裁程序对程序予以更多的省略，主要体现在不再限制开庭通知的时间，办案期限可以适当缩短，法律文书可以简化，在庭审时可以不进行法庭调查和法庭辩论。①

　　注重了对被被告人的权利的保障。规定了被告人选择刑事案件速裁程序的同意权、最后陈述意见的权利、上诉权，② 特别是规定了被告人获得律师帮助的权利，在法院、看守所建立法律援助值班律师制度，犯罪嫌疑人、被告人申请提供法律帮助的，应当为其指派法律援助值班律师，保证认罪的自愿性，确保其充分了解适用速裁程序的法律后果。③

　　此外，还规定适用速裁程序的犯罪嫌疑人、被告人，符合取保候审、监视居住条件的，应当取保候审、监视居住。④ 并增加了不公开审理的情形，为保护被告人的隐私权及其他实体权利，对被告人以名誉保护、信息安全等正当理由申请不公开审理的，可以不公开审理。但为防止不公开审理的滥用，危及司法公正，设定了较为严格的启动程序，即被告人申请，公诉机关、辩护人没有异议，并经人民法院院长批准。⑤

---

① 《中国拟在部分地区开展刑事案件速裁程序试点》，载中国新闻网，http：//www.chinalawinfo.com/News/NewsFullText.aspx？NewsId=66800，2014年7月18日访问。
② 《中国拟在部分地区开展刑事案件速裁程序试点》，载中国新闻网，http：//www.chinanews.com/gn/2014/06-23/6308699.shtml，2014年7月16日访问；《周强作关于授权在部分地区开展刑事案件速裁程序试点工作的决定草案说明时表示推动刑案繁简分流满足司法正义期盼》，载中国党建网，http：//news.12371.cn/2014/06/24/ARTI1403563645684438.shtml，2014年7月15日访问。参见全国人民代表大会常务委员会《关于授权最高人民法院、最高人民检察院在部分地区开展刑事案件速裁程序试点工作的决定》；陈菲、杨维汉：《"刑案速裁""醉驾"不公开审理受关注》：载中国科技网，http：//www.wokeji.com/jbsj/lb/201406/t20140626_756834.shtml；《开创司法领域"试验性立法"先河18个地区将试点刑案速裁程序》，载法制网，http：//www.legaldaily.com.cn/locality/content/2014-06/24/content_5621731.htm？node=34710，2014年7月15日访问。
③ 参见全国人民代表大会常务委员会《关于授权最高人民法院、最高人民检察院在部分地区开展刑事案件速裁程序试点工作的决定》；陈菲、杨维汉：《"刑案速裁""醉驾"不公开审理受关注》，载中国科技网，http：//www.wokeji.com/jbsj/lb/201406/t20140626_756834.shtml；《开创司法领域"试验性立法"先河18个地区将试点刑案速裁程序》，载法制网，http：//www.legaldaily.com.cn/locality/content/2014-06/24/content_5621731.htm？node=34710，2014年7月15日访问。
④ 《中国拟在部分地区开展刑事案件速裁程序试点》，载中国新闻网，http：//www.chinanews.com/gn/2014/06-23/6308699.shtml，2014年7月16日访问。
⑤ 《中国拟在部分地区开展刑事案件速裁程序试点》，载中国新闻网，http：//www.chinanews.com/gn/2014/06-23/6308699.shtml，2014年7月17日访问。

第三节 追求诉讼效率的途径与限度
——我国刑事司法追求效率过程的
特点与反思

一、我国刑事司法中追求效率所进行改革的特点

反观我国刑事司法中为追求诉讼效率所进行制度改革的实践，具有以下几个特点：

（一）对诉讼效率的追求主要着眼于国家权力运行成本的降低

我国追求诉讼效率的刑事司法改革与西方法治发达国家建立刑事速决程序的起因不完全一致。西方国家刑事速决程序产生的原因有两方面：一方面是案件数量增加造成司法机关负担加重，另一方面是程序正当化进程导致程序复杂化与司法成本增加，导致司法机关处理案件能力下降，案件积压。与刑事速决程序同步而行的是程序正当化对被告人权利保障的增强。[①] 我国对诉讼效率的追求主要源于日益增长的刑事案件与司法资源投入之间不可避免的矛盾，司法机关困于案多人少、办案负担沉重的压力。1996 年刑事诉讼法在庭审中引入了对抗制诉讼的因素，多少影响了庭审的速度，但由于实际上我国刑事一审普通程序未采取口证原则，证人、鉴定人通常情况下都不出庭，刑事案件律师辩护比例较低，其庭审所耗费的时间、投入的成本，对被告人程序性保障与西方国家普通程序所耗费的司法资源不可同日而语。据有关人员对某基层法 2004 年 60 起刑事案件审判程序的耗费情况所作的实证分析，普通程序的庭审时间平均为近两个小时，简易程序和普通程序简化审则为 30 分钟左右。[②] 此前一些关于快速办理程序的改革，也主要着重在缩短办案时间、减缩办案程序。因此，其着眼点主要是降低国家权力运行的成本，在案件审理中通过程序保障犯罪嫌疑人、被告人权利，降低犯罪嫌疑人、被告人为维护自己权益所付出成本方面的降低与维护则考虑较少。

---

① 具体分析参见左卫民：《刑事诉讼的中国图景》，三联书店 2010 年版，第 51～52 页。
② 参见左卫民：《刑事诉讼的中国图景》，三联书店 2010 年版，第 54～55 页。

（二）犯罪嫌疑人、被告人的意志在刑事司法中的地位有所体现和增强

对自愿协商及处分原则的认可是促进诉讼效率、保证案件判决的可接受性的重要途径。1996 年刑事诉讼法对简易程序的规定无视被告人的选择权，仅要求检察院建议或同意适用。2003 年开始推行的普通程序简化审则开始着眼于被告人认罪，并规定人民法院建议适用简易程序应征求检察院、被告人及辩护人的意见，检察院、被告人及辩护人同意才可适用该程序，要求人民法院应当向被告人讲明有关法律规定、认罪和适用该程序审理可能导致的法律后果，确认被告人自愿同意。2012 年刑事诉讼法在这方面予以了确认，2014 年开始进行的刑事案件速裁程序试点也特别强调了这一点。虽然由于我国刑事审判律师辩护率普遍较低，适用简易程序、普通程序简化审诉讼中律师参加辩护更加缺乏的情况下，被告人程序表达的意志自由如何保证，进而影响到其程序利益的实现是一个很大的问题，但这种因素已出现并逐步增强，尤其是在刑事和解中尊重加害人和被害人双方意志的合意，从轻而对刑罚处罚的轻重产生一定的影响。刑事案件速裁程序试点中增加值班律师的规定，也使被告人在获得律师帮助下能更好地表达其真实意志。

（三）我国的案件分流制度仍有较大的完善空间

从我国近年来刑事司法改革的实践过程来看，我国的案件分流制度较为疏陋简单。首先表现在审前的案件分流功能较弱。与多数西方国家对犯罪的定义不同，我国对构成犯罪一般都有量的要求，因而进入刑事诉讼程序的案件一般而言其社会危害性均较大，在起诉阶段分流以不进入审判程序的案件比例较西方国家可能要低，但这并不意味着其没有分流的空间。我国法律不起诉适用范围规定较为严格，除法定不起诉外，检察机关酌定不起诉权较小，范围仅限定在"对于犯罪情节轻微，依照刑法规定不需要判处刑罚或者免除刑罚"，且在具体适用时通过一系列内部制约及上级检察院监督，刑事案件的不起诉率很低。附条件不起诉制度的适用也很慎重，严格限制其适用范围，对此应当在完善权力制约和权利救济程序的基础上予以完善。其次，在审判阶段的分流制度也较为简单，2012 年刑事诉讼法对简易程序适用的案件作了较为笼统的规定，不再区分案件的严重程度，取消了 1996 年刑事诉讼法规定简易程序仅适用于"依法可能判处三年以下有期徒刑、拘役、管制、单处罚金的公诉案件"，仅在审判组织上予以区分，规定可能判处 3 年以下有期徒刑以下刑罚的，可以组成合议庭进行审判，也可由审判员一人独任审判，对可能判处 3 年以上有期徒刑的，组成合议庭进行审判。也没有规定被告人认罪而可以获得何种实体或程

序上的收益。我国的简易程序都是需要开庭审理的，没有规定可省略法庭审理环节、法官进行书面审的更简略的审判程序。因此，仍然可以进一步通过制度安排来优化资源配置，节约诉讼成本，提高诉讼效率。

二、对我国刑事司法追求效率制度改革的反思

公正是刑事司法的首要价值，它对纠纷的解决和个人权利的保障和实现具有决定性的影响。我国的刑事司法改革应当以提高司法的公正性和判决的公信力为首要目标。刑事司法的进行必然意味着司法资源的投入，对于我国这样的发展中国家，在无损于司法公正的前提下发展提高诉讼效率的制度有很重要的意义，但任何具有司法效率的制度安排不能以牺牲司法的公正、公民的权利为代价，当效率价值与公正价值发生冲突时，应当以公正为先，刑事司法改革应当追求公正前提下的效率和有效率的公正。为此，应当主要考虑以下几个问题：

（一）追求诉讼效率应同时考虑直接成本、错误成本和道德成本

效率主要指成本与收益之间的关系，根据波斯纳、贝勒斯等人的界定，司法成本中既包括经济成本，也包括道德成本。

经济成本中包括直接成本和错误成本，贝勒斯认为，应当同等对待经济成本中的直接成本与错误成本，而不是仅关注直接成本的减少。他说，"作出错误判决时，即产生了法律上的错误成本。……倘若实体法的目的之一是经济效率，那么每一个错误的判决都导致资源的无效率利用，因而是一种不适当的费用。"[1] 有时候二者存在此消彼长的关系，降低司法运行的直接成本，则可能导致其错误成本增加，从而导致资源的无效率利用，从整个社会来看，不是提高了效率，而是使效率降低了。根据我国司法实践的要求，我们有足够的理由认为节约经济成本是刑事司法改革时应当考虑的一个重要因素，在其他条件不变的情况下，通过法律制度的设置，降低司法运行所消耗的经济成本，或者说使司法运行的经济成本最小化是合理的追求和选择。但这一过程中，必须明确在经济成本既包括直接成本，也包括错误成本，应当平衡这二者的关系，从而使程序和制度设计达到成本最小化。

此外，经济成本并非司法唯一所关注的价值。在错误成本之中，还存在一种道德成本。贝勒斯分析在刑事司法中有两类错误判决，一是对无罪者治罪，一是未对有罪者治罪。这两类判决不仅造成了经济上的损害，在第一种情况

① ［美］迈克尔·D. 贝勒斯：《法律的原则——一个规范的分析》，张文显、宋金娜、朱卫国等译，中国大百科全书出版社 1996 年版，第 24 页。

下，侵犯了无罪不治罪的权利（无罪原则），他认为，这种侵权行为即是道德损害或道德成本。[①] 刑事司法中的道德成本实质上是对权利的损害，是对司法公正、法律权威的伤害。因此，不能单纯考虑经济成本，而应将道德成本与经济成本一并加以考虑。贝勒斯提出法律程序的原则有经济成本原则和道德成本原则，经济成本原则要求，使法律程序的经济成本最小化；道德成本的原则要求，使法律程序的道德成本最小化。[②] 因此，在刑事司法改革的过程中要避免单纯以耗费时间的长短和人财物力的多少来评价是否实现效率的要求，而应当综合考虑直接成本、错误成本、道德成本，使三种成本最小化，即既注重减少直接成本，更要注重节省错误成本和尽量避免发生道德成本，注重三者的平衡。

（二）侦查阶段和一审程序中的权利保障是提高诉讼整体效率的基础

2003 年 3 月，最高人民法院、最高人民检察院、司法部联合发布了《关于适用普通程序审理"被告人认罪案件"的若干意见（试行）》和《关于适用简易程序审理公诉案件的若干意见》，确立了我国被告人认罪案件的处理程序。英美国家的罪错认否程序强调被告人认罪的自愿性，从而对认罪案件迳行判决，实现快速处理，其基础在于侦查阶段确立了自白任意性规则，赋予了犯罪嫌疑人沉默权，对强制措施进行司法审查，以保证其在侦查阶段不受国家权力的侵害。我国现阶段尚未摆脱以口供定案的司法习惯，实践中仍存在刑讯逼供的现象。从短期来看，刑讯逼供可以使案件很快获得突破，但易导致冤假错案，增加错误成本，导致翻供、上诉、申诉的增加，增强了受害者对国家权力行使的恐惧和仇恨，造成公民与国家的对抗，从而使诉讼效率和司法公正受到严重的损害。因此，侦查阶段保障犯罪嫌疑人基本权利，是保证被告人认罪程序不违背司法公正的基础，也是诉讼效率的基础。

节省时间、人力但错误的侦查、逮捕、判决虽然节约了直接成本，看似提高了诉讼效率，但必然引起新的社会矛盾，导致较高的上诉率和再审率，引起当事人的不断上诉、申诉，影响了当事人乃至公众对司法的信任，引发伦理方面的危机，从而大大降低诉讼效率，使社会因此而支付更多的诉讼和非诉讼资源。我国刑事一审普通程序设计仍较为简单，对当事人权利的保障也不甚完

---

① ［美］迈克尔·D. 贝勒斯：《法律的原则———一个规范的分析》，张文显、宋金娜、朱卫国等译，中国大百科全书出版社 1996 年版，第 27 页。

② 参见 ［美］迈克尔·D. 贝勒斯：《法律的原则———一个规范的分析》，张文显、宋金娜、朱卫国等译，中国大百科全书出版社 1996 年版，第 26 页、第 29 页。

善，正当程序的要求远未实现，是否能真正做到定罪量刑准确，通过理性说服的方式使被告人认同对自己的判决，还存在较大差距。在追求通过快速处理案件达到诉讼效率的同时，更应当要求注重一审程序的正确性、公正性，尽量增加程序的公正性，充分保障被告人的诉讼权利，使定罪量刑合法正当，尤其是保证司法实践中一审的正确率，这是提高整个司法效率的基础。

（三）警惕简易程序对公正的威胁

程序的价值之一在于它们有助于裁判者有效地制作准确无误的判决，同时能够有效地保障被告人的实体权利，使其生命、财产、自由等不受任意侵犯。① 正式审判程序对程序的要求更加完备和精细，其对刑事案件的处理过程就更为公正，结果亦更为公正。与此相反，简单的程序难以保证处理过程和结果的公正。有学者提出，将简易审决权扩大到应予以起诉罪使审判更为迅速，而且大大节省了开支。② 作者同时提出，"但是，有许多案件，由于其意义重大，或案情复杂，本应由陪审团审理，但却被简易处理。而且，为了将案件交由治安法官管辖，出现了无视比较严重的因素而以不太严重的罪名处理案件的倾向。……这一倾向的结果是，刑事陪审团已趋于名存实亡。"③ 而在陪审团制度下，"无辜者无疑可以受到比在由非专职的治安法官所组成的法庭审理更可靠的保护。"④ 简易程序的适用虽然有利于效率的实现，但对司法公正有一定的威胁。因此，简易程序的适用范围应慎重划定，不能为追求诉讼效率而随意扩大。

从司法实践来看，面对大幅上升的案件，司法机关采取各种措施以提高诉讼效率，但存在片面追求"快速"意义上的效率，从而影响司法公正的问题。改革的主要方式是省略某些程序，"比如缩短立案周期，减少当事人举证期、答辩期，简化法庭调查、辩论、陈述，等等"。⑤ 这种对程序的省略导致对被告人基本诉讼权利伤害，进而影响其实体权利和利益，损害司法公正，影响被告人对裁判结果的认同，从而导致二审程序、审判监督程序的启动乃至涉诉信

① 陈瑞华：《程序正义理论》，中国法制出版社 2010 年版，第 54 页。
② 参见 ［英］J. W. 塞西尔·特纳：《肯尼刑法原理》，王国庆、李启家等译，华夏出版社 1987 年 7 月版，第 600～601 页。
③ ［英］J. W. 塞西尔·特纳：《肯尼刑法原理》，王国庆、李启家等译，华夏出版社 1987 年 7 月版，第 601 页。
④ ［英］J. W. 塞西尔·特纳：《肯尼刑法原理》，王国庆、李启家等译，华夏出版社 1987 年 7 月版，第 601 页。
⑤ 参见蒋飞：《资源配置视野下的司法效率》，载景汉朝主编：《司法成本与司法效率实证研究》，中国政法大学出版社 2010 年版，第 74～75 页。

访，消耗大量的司法资源。通过省略程序达到司法效率的要求，却损害了司法公正，导致更大意义上的不效率。因此，在诉讼过程中保证基本的、必要的程序是保证司法公正的前提，为追求效率的刑事速决程序应保证犯罪嫌疑人、被告人的选择权及诉讼中的基本权利不受侵害。

（四）案件审理上的重复劳动影响司法效率的实现

由于我国目前所处的特殊阶段，人们对司法人员和司法机关缺乏足够的信任，与司法相辅助的纠纷解决机制不健全，或者司法与其他纠纷解决机制没能实现有效衔接，司法的权威性和公信力不高，因此，在案件处理上重复劳动较多。首先，表现在刑事案件的开庭率高，案件分流程序不健全，案件不分大小，进入正式开庭审的数量多，不利于诉讼资源的节省。其次，案件重复审判率高，往往一审无法有效实现查明案件真相，实现对被告人理性的判决过程，无法使被害人权利得到充分的尊重和保障，往往引发二审、反复不断的申请再审，从而消耗了大量的司法资源。再者，有很多案件，在进行诉讼的过程中或者判决后，往往找党委、政府等其他部门，试图通过这些部门干预司法机关的处理，实现对自己有利的处理结果，或者试图通过这些部门的干预，推翻原有判决。[1] 从社会整体的效率上讲，这种在同一案件上的重复劳动，往往造成了成本的极大消耗，既损耗了公共资源，也使当事人处于无尽的讼类之中，丧失创造社会财富的机会成本，也使社会伦理成本、道德成本增加，损害了司法效率。因此，提高司法效率的途径应当放在更广阔的背景下予以思考。

本章小结

公正是刑事司法的主要价值追求，但随着纳入刑事法律调整问题的增加、社会矛盾复杂化，进入司法程序处理的案件日趋增多，如何既保证司法的公正，同时又能有效地处理案件，使案件得以迅速处理，是各国刑事司法改革的重要价值转向。总体来说，各国主要通过案件在审前和审判程序中的分流程序，以及通过被告人与国家的合作，使案件能得以较快速度的解决。这是在法治较为发达的程度之上，在保证基本程序正当性的基础上的改革，它首先建立在总体的程序完备、程序正当基础之上。在我国当前司法资源紧缺、社会矛盾

---

[1]　有关案件处理上的重复劳动，参见章武生：《实现司法高效的障碍及其对策路径研究》，载公丕祥主编：《回顾与展望：人民法院司法改革研究》，人民法院出版社 2009 年版，第 182～183 页。

多发的条件下，追求司法的效率无疑具有重要意义。但与西方发达国家不同，我国的法治建设尚处于建设初期，司法程序不完备，依程序办事，对犯罪嫌疑人、被告人的权利保障尚未得到保证，在这一背景下追求刑事诉讼的效率极易变成对程序的更为简化，对当事人权利更为漠视，效率变成简单的快速、简易。降低诉讼成本仅被理解为对投入司法的直接资源的节省，从而增加错误成本和道德成本，对公正造成危害，引发整个社会诉讼效率的低下。因此，刑事司法中对效率的追求应当从整个社会对案件处理的整体高效这一层次来理解，而不能局限于单个的案件；应当以案件处理的公正为先决条件，而不能单纯追求某一程序中的快捷；应当首先注重在侦查阶段、一审程序中当事人权利的充分保障，增强案件处理过程的正当性和处理结果的公信力，发挥审前程序、一审程序对案件公正处理，妥善处理纠纷，化解矛盾的功能；应当在充分保障当事人知情权、选择权、程序与实体性权利及一般社会公正的基础上，探索更为有效实现效率的途径。

参考文献

一、著作类

1. 高铭暄：《刑法学》，北京大学出版社 1989 年版。
2. 顾培东：《法学与经济学探索》，中国人民公安大学出版社 1994 年版。
3. 曲新久：《刑事政策权力分析》，中国政法大学出版社 2002 年版。
4. 宋英辉译：《日本刑事诉讼法》，中国政法大学出版社 2000 年版。
5. 《中国法治发展报告 No.1—9》，社会科学文献出版社出版。
6. 卞建林：《中国刑事司法改革探索》，中国人民公安大学出版社 2007 年版。
7. 卞建林等主编：《深化刑事司法改革的理论与实践》，中国人民公安大学出版社 2010 年版。
8. 陈光中主编：《刑事诉讼法》，北京大学出版社、高等教育出版社 2002 年版。
9. 陈瑞华：《问题与主义之间——刑事诉讼基本问题研究（第二版）》，中国人民大学出版社 2008 年版。
10. 陈真、邓剑光：《建构与价值——刑事司法的若干制度研究》，四川大学出版社 2004 年版。
11. 储槐植：《刑事一体化与关系刑法论》，北京大学出版社 1997 年版
12. 付子堂：《马克思主义法律思想研究》，高等教育出版社 2005 年版。
13. 高铭暄、赵秉志：《中国刑法立法之演进》，法律出版社 2007 年版。
14. 公丕祥主编：《回顾与展望：人民法院司法改革研究》，人民法院出版社 2009 年版。
15. 胡夏冰：《司法权：性质与构成分析》，人民法院出版社 2003 年版。
16. 怀效锋主编：《清末法制变革史料》（上卷），中国政法大学出版社 2010 年版。
17. 赖亦明、汪荣有主编：《马克思主义基本原理解析》，安徽大学出版社 2007 年版。

18. 李春雷：《中国近代刑事诉讼制度变革研究》，北京大学出版社 2004 年版。

19. 李德顺：《价值论》中国人民大学出版社 2007 年版。

20. 李建明：《刑事司法改革研究》，中国检察出版社 2003 年版。

21. 李林主编：《依法治国与深化司法体制改革》，社会科学文献出版社 2008 年版。

22. 李瑜青等：《法律社会学导论》，上海大学出版社 2004 年版。

23. 梁根林：《刑事政策：立场与范畴》，法律出版社 2005 年版。

24. 林榕年、叶秋华主编：《外国法制史》，中国人民大学出版社 2008 年版。

25. 马贵翔、胡铭：《正当程序与刑事诉讼的现代化》，中国检察出版社 2007 年版。

26. 倪志安等：《马克思主义基本原理教学新体系——基于实践思维方式的阐释》，人民出版社 2009 年版。

27. 任喜荣：《刑官的世界——中国法律人职业化的历史透视》，法律出版社 2007 年版。

28. 沈宗灵：《法理学》，高等教育出版社 1994 年版。

29. 沈宗灵：《现代西方法理学》，北京大学出版社 1992 年版。

30. 孙国华、朱景文主编：《法理学》，中国人民大学 1999 年版。

31. 孙季萍、冯勇：《中国传统官僚政治中的权力制约机制》，北京大学出版社 2010 年版。

32. 汪海燕：《刑事诉讼模式的演进》，中国人民公安大学出版社 2004 年。

33. 王利明：《司法改革研究》，法律出版社 2000 年版。

34. 王牧：《新犯罪学》，高等教育出版社 2005 年版。

35. 王哲：《西方政治法律学说史》，北京大学出版社 1988 年版。

36. 武树臣等：《中国传统法律文化》，北京大学出版社 1994 年版。

37. 谢小剑：《公诉权制约制度研究》，法律出版社 2009 年版。

38. 熊先觉主编：《中国司法制度》，中国政法大学出版社 1986 年版。

39. 尤志安：《清末刑事司法改革研究——以中国刑事诉讼制度近代化为视角》，中国人民公安大学出版社 2004 年版。

40. 尹伊君：《社会变迁的法律解释》，商务印书馆 2010 年版。

41. 曾代伟：《中国法制史》，法律出版社 2001 年版。

42. 曾宪义主编：《中国法制史》，北京大学出版社、高等教育出版社 2009 年版。

43. 张国华编著：《中国法律思想史》，北京大学出版社 1991 年版。

44. 张宏生、谷春德主编：《西方法律思想史》，北京大学出版社 2000 年版。

45. 张建伟：《刑事司法：多元价值与制度配置》，人民法院出版社 2003 年版。

46. 张晋藩：《中国法律的传统与近代转型》，法律出版社 2005 年版。

47. 张乃根：《西方法哲学史纲》，中国政法大学出版社 1993 年版。

48. 张文显：《法学基本范畴研究》，中国政法大学出版社 1993 年版。

49. 章武生、左卫民主编：《中国司法制度导论》，法律出版社 1994 年版。

50. 赵秉志：《刑法改革探索》，法律出版社 2006 年版。

51. 郑杭生、刘少杰：《马克思主义社会学史》，高等教育出版社 2006 年版。

52. 中央政法委员会政法研究所编：《法治在改革中前行》，中国长安出版社 2011 年版。

53. 朱景文主编：《中国法律发展报告》，中国人民大学出版社 2007 年版。

54. 左卫民等：《中国刑事诉讼运行机制实证研究（二）》，法律出版社 2009 年版。

55. 左卫民：《刑事诉讼的中国图景》，三联书店 2010 年版。

56. 《大清新法令》（第 1 卷），商务印书馆 2010 年版。

57. 《韩非子·五台篇》。

58. 《论语·阳货》。

59. 《荀子·王制》。

60. 《论语·雍也》。

61. 《商君书·修权》。

62. 《慎子·威德》。

63. 《慎子·逸文》。

64. 林俊益：《刑事诉讼法概论》（上），新学林出版股份有限公司 2009 年版。

65. 张丽卿：《刑事诉讼法理论与运用》，五南图书出版公司 2008 年版。

66. 苏永钦：《司法改革的再改革》，月旦出版股份有限公司 1998 年版。

二、译作类

1. 《马克思恩格斯全集》（第 3、4、13 卷），人民出版社 1960 年版。

2. ［德］弗兰茨·冯·李斯特：《德国刑法教科书》，许久生译，法律出版社 2000 年版。

3. ［德］黑格尔：《法哲学原理》，商务印书馆 1982 年版。

4. ［德］马克斯·韦伯：《经济与社会》（上卷），林荣远译，商务印书馆 1997 年版。

5. ［古希腊］柏拉图：《理想国》，庞燨春译，中国社会科学出版社 2009 年版。

6. ［古希腊］亚里士多德：《政治学》，吴寿彭译，商务印书馆 1981 年版。

7. ［美］道格拉斯·C. 诺斯：《制度、制度变迁与经济绩效》，杭行译，韦森译审，格致出版社、上海三联书店、上海人民出版社 2008 年版。

8. ［美］约翰·罗尔斯：《正义论》，何怀宏、何包钢、廖申白译，中国社会科学出版社 1988 年版。

9. ［美］E. 博登海默：《法理学：法律哲学与法律方法》，邓正来译，中国政法大学出版社 2004 年版。

10. ［美］H. W. 埃尔曼：《比较法律文化》，贺卫方、高鸿钧译，清华大学出版社 2002 年版。

11. ［美］汉密尔顿、杰伊、麦迪逊：《联邦党人文集》，程逢如、在汉、舒逊等译，商务印书馆 1997 年版。

12. ［美］库利：《人类本性和社会秩序》，包凡一译，华夏出版社 1989 年版。

13. ［美］理查德·A. 波斯纳：《法律的经济分析》，蒋兆康译，中国大百科全书出版社 1997 年版。

14. ［美］迈克尔·D. 贝勒斯：《法律的原则——一个规范的分析》，张文显、宋金娜、朱卫国等译，中国大百科全书出版社 1996 年版。

15. ［美］庞德：《通过法律的社会控制》，商务印书馆 1984 年版。

16. ［美］塞缪尔·亨廷顿：《变革社会中的政治秩序》，华夏出版社 1988 年版。

17. ［美］约翰·L. 坎贝尔：《制度变迁与全球化》，姚伟译，上海人民出版社 2010 年版。

18. ［意］贝卡利亚：《论犯罪与刑罚》，黄风译，中国大百科全书出版社 1993 年版。

19. ［英］哈耶克：《自由秩序原理》，邓正来译，上海三联书店出版社 1997 年版。

20. ［英］J. W. 塞西尔·特纳：《肯尼刑法原理》，王国庆、李启家等译，华夏出版社 1987 年版。

21. ［英］彼得·斯坦、约翰·香德：《西方社会的法律价值》，王献平译，中国人民公安大学 1990 年版。

22. ［英］洛克：《政府论》（下篇），叶启芳、瞿菊农译，商务印书馆 1964 年版。

23. ［日］田口守一：《刑事诉讼的目的》，张凌、于秀峰译，中国政法大学 2011 年版。

三、论文类

1. 陈卫东：《两个证据规定的进步与不足》，载《证据科学》2010 年第 5 期。

2. 陈兴良：《中国刑事司法改革的考察——以刘涌案和佘祥林案为标本》，载李林主编：《依法治国与深化司法体制改革》，社会科学文献出版社 2008 年版。

3. 丛书涵：《司法令状规则初探》，载《宜宾学院学报》2002 年第 3 期。

4. 戴玉忠：《新刑法典是我国刑法制度发展的里程碑》，载《人民检察》2007 年第 19 期。

5. 邓楚开：《轻微犯罪刑事和解制度的实践运作——浙江省检察机关刑事和解改革实证分析》，载《法治研究》2011 年第 6 期。

6. 樊崇义：《"两个证据规定"标志我国刑事证据规则体系初步形成》，载《检察日报》2010 年 11 月 22 日第 003 版。

7. 冯军、孙学军：《刑事司法改革导向与公众诉求的冲突及其消解》，载《福建公安高等专科学校学报》2006 年第 6 期。

8. 顾永忠：《刑事案件繁简分流的新视角——论附条件不起诉和被告人认罪案件程序的立法建构》，载《中外法学》2007 年第 6 期。

9. 郭兰英：《刑事被害人国家补偿制度的路径选择》，载《山西省政法管理干部学院学报》2011 年第 3 期。

10. 胡云腾：《多角度理解把握刑法修正案（八）》，载《法制资讯》2011 年第 Z1 期。

11. 姜涛：《中国刑事政策实施的问题与对策》，载《重庆大学学报（社会科学版）》2011 年第 4 期。

12. 李晓明：《中英刑事司法改革比较研究——重在从技术层面进行客观分析》，载《中外法学》2007 年第 3 期。

13. 龙宗智：《徘徊于传统与现代之间——论中国刑事诉讼法的再修改》，载《政法论坛（中国政法大学学报)》2004 年第 5 期。

14. 乔顺乐：《论我国的刑事撤案制度》，载《河南警察学院学报》2011

年第 2 期。

15. 任秀芳、陈平：《犯罪控制与刑事审判》，载《浙江万里学院学报》2010 年第 1 期。

16. 王晓波、牛方玉：《浅论我国社会转型背景下的私权保障》，载《大连干部学刊》2010 年第 1 期。

17. 谢锡美、辛晓伶：《二十世纪下半叶西方国家刑法改革与少年刑事司法》，载《青少年犯罪问题》，2006 年第 4 期。

18. 熊秋红：《中国司法改革述评》，载李林主编：《依法治国与深化司法体制改革》，社会科学文献出版社 2008 年版。

19. 徐美君：《刑事诉讼改革的路径选择》，载《深化刑事司法改革的理论与实践》，中国公安大学出版社 2010 年版。

20. 薛全忠、董鹏：《检察机关诉讼监督的瓶颈与对策研究》，载《湖北职业技术学院学报》2011 年第 2 期。

21. 杨晓波、王亚丽：《宽严相济刑事政策与刑诉法再修改——以刑事政策程序法化为主线》，载《法制与社会》2010 年第 14 期。

22. 姚丽：《初探中国检察制度改革的瓶颈》，载《法制与社会》2010 年第 13 期。

23. 张建飞、张海峰：《法律自身的成长与修律变革的冲突——对清末修律指导思想的分析》，载《法学杂志》2007 年第 3 期。

24. 赵秉志：《新中国 60 年刑事政策的演进对于刑法立法的影响》，载《中国社会科学报》2009 年第 3 期。

25. 蔡定剑：《刑事司法制度改革的人性化趋向》，载《团结》2009 年第 2 期。

26. 代士享、于杰：《构建和谐社会中刑事政策问题研究》，载《金卡工程·经济与法》2010 年第 12 期。

27. 曹咏：《问题与对策："刑事和解"制度的实证分析——以和解协议的规制为视角》，载《湖南司法警官职业学院学报》2009 年第 1 期。

28. 陈彪、蒋华林、叶进：《和谐社会语境下的背弃与暗合：刑事和解的祛魅化论辩与制度型塑》，载《哈尔滨工业大学学报（社会科学版)》2009 年第 1 期。

29. 陈飞、韩德强：《从人权事实看人权的价值》，载《东岳论丛》1999 年第 6 期。

30. 陈光中、葛琳：《刑事和解初探》，载《中国法学》2006 年第 5 期。

31. 陈光中：《刑事诉讼立法的回顾与展望》，载《法学家》2009 年第

5 期。

32. 陈国庆、韩耀元、吴峤滨：《〈关于公安机关管辖的刑事案件立案追诉标准的规定（二）〉理解与适用》，载《人民检察》2010 年第 12 期。

33. 陈海：《论国家赔偿法的修改亮点与缺憾》，载《内蒙古师范大学学报（哲学社会科学版）》2010 年第 6 期。

34. 陈梦琪：《挪威的刑罚执行与人权保护制度评析》，载《人民检察》2006 年第 9 期。

35. 陈群：《法国刑事参审制度及其启示》，载《黑龙江省政法管理干部学院学报》2007 年第 1 期。

36. 陈卫东：《两个证据规定的进步与不足》，载《证据科学》2010 年第 5 期。

37. 陈亚平：《〈中英续议通商行船条约〉与清末修律辨析》，载《清史研究》2004 年第 1 期。

38. 程小白：《刑事诉讼法修改的三点建议》，载《江西警察学院学报》2011 年第 5 期。

39. 崔敏：《64 号文件：官大还是法大》，载《炎黄春秋》2009 年第 12 期。

40. 戴桂洪：《波斯纳及其经济分析法学述评》，载《现代管理科学》2005 年第 4 期。

41. 德恒：《沉默权探析》，载《滁州职业技术学院学报》2004 年第 3 期。

42. 董皞：《司法改革对政治体制改革进程的破与立》，载《法治论丛》2009 年第 3 期。

43. 冯必扬：《人情社会与契约社会——基于社会交换理论的视角》，载《社会科学》2011 年第 9 期。

44. 高铭暄：《十一届三中全会以来我国刑法的回顾和展望》，载《法制现代化研究（第五卷）》1999 年第 00 期。

45. 顾昂然：《回顾新中国法制建设的历程》，载《中国人大》2004 年第 15 期。

46. 顾永忠：《刑事案件繁简分流的新视角论附条件不起诉和被告人认罪案件程序的立法建构》，载《中外法学》2007 年第 6 期。

47. 韩红兴：《刑事诉讼模式演进的理论评析》，载《贵州大学学报（社会科学版）》2008 年第 3 期。

48. 韩毅：《"路径依赖"理论与技术、经济及法律制度的变迁》，载《辽宁大学学报（哲学社会科学版）》2008 年第 3 期。

49. 何家宝：《浅议新国家赔偿法的优缺点》，载《法制与社会》2011 年第 24 期。

50. 何勤华：《关于西方刑法史研究的几个问题》，载《河北法学》2006
年第 10 期。

51. 何勤华：《论新中国法和法学的起步——以"废除国民党六法全书"
与"司法改革运动"为线索》，载《中国法学》2009 年第 4 期。

52. 何永军：《论刑事和解的合法性与合法化》，载《昆明理工大学学报
（社会科学版）》2009 年第 3 期。

53. 胡铭：《我国刑事司法改革的步伐刻不容缓——以比较法为主要视
角》，载《诉讼法论丛》2004 年第 00 期。

54. 黄洪彬：《〈看守所条例〉修订案增人权保障原则引关注》，载 http：//
www. jcrb. com/zhuanti/szzt/2011lh/yuqing/jujiao/201103/t20110310 ＿ 509820.
html。

55. 黄太云：《〈刑法修正案（八）〉解读（一）》，载《人民检察》2011
年第 6 期。

56. 黄文艺：《1952—1953 年司法改革运动研究》，载《江西社会科学》
2004 年第 4 期。

57. 黄琰：《构建完善的证据排除与认定规则——〈办理死刑案件证据规
定〉和〈非法证据排除规定〉解读》，载《山东警察学院学报》2010 年第
5 期。

58. 纪阿林：《人性化视角中的国家赔偿立法及其改进》，载《武汉公安干
部学院学报》2011 年第 2 期。

59. 季美君：《人性化的监狱管理与刑罚执行监督》，载《国家检察官学院
学报》2007 年第 2 期。

60. 贾孔会：《清末刑法制度改革刍议》，载《学术论坛》2003 年第 2 期。

61. 江必新：《适用修改后的〈国家赔偿法〉应当着重把握的若干问题》，
载《法律适用》2011 年第 6 期。

62. 蒋飞：《资源配置视野下的司法效率》，载景汉朝主编：《司法成本与
司法效率实证研究》，中国政法大学出版社 2010 年版。

63. 兰耀军：《论附条件不起诉》，载《法律科学》2006 年第 5 期。

64. 李昌盛：《有罪答辩制的文化基础》，载《人民法院报》2005 年 6 月
17 日。

65. 李大华：《论先秦中国社会的公平观念》，载 http：//wenku. baidu. com。

66. 李红、王德中：《对五四宪法的回顾与思考——纪念五四宪法颁布 50
周年》，载《北京建筑工程学院学报》2004 年第 S1 期。

67. 李静、张萍：《刑事简易程序多样化探析》，载《河北理工学院学报》2003 年第 4 期。

68. 李静：《刑事政策与刑法的关系》，载赵秉志主编：《刑事政策专题探讨》，中国人民公安大学出版社 2005 年版。

69. 李晓明：《欧美"轻轻重重"刑事政策及其借鉴》，载《法学评论》2009 年第 5 期。

70. 李秀红：《〈国家赔偿法〉修改及完善的思考》，载《法制与经济》2011 年第 10 期。

71. 李雅云：《中国法治建设里程碑式的党的文件——纪念中共中央发布〈关于坚决保证刑法、刑事诉讼法切实实施的指示〉25 周年》，载《法学》2004 年第 9 期。

72. 廖颖：《清末刑法改革及其现实意义》，载《江苏警官学院学报》2009 年第 3 期。

73. 林莹、隋玉利：《蓬莱市附条件不起诉改革调查报告》，载《中国刑事法杂志》2009 年第 10 期。

74. 林振明、赵元松：《司法制度创新与司法效率的衡平——基层法院司法职权与资源优化配置的法经济学分析》，载景汉朝主编：《司法成本与司法效率实证研究》，中国政法大学出版社 2010 年版。

75. 刘欢、王士杰：《论〈刑事诉讼法修正案（草案）〉对我国民主法制建设的新贡献》，载《齐齐哈尔大学学报（哲学社会科学版）》2011 年第 5 期。

76. 刘玫、宋桂兰：《论刑事诉讼强制措施之立法再修改——以刑事诉讼法修正案（草案）为蓝本》，载《甘肃政法学院学报》2011 年第 6 期。

77. 刘守芬、韩永初：《非犯罪化、非刑罚化之理性分析——报应刑刑事政策视角的观察》，载《现代法学》2004 年第 3 期。

78. 刘炜：《看守所"侦羁分离"改革流产》，载《民主与法制时报》2011 年 1 月 24 日第 B2 版。

79. 刘晓英：《对刑事审判权制约的思考》，载《政法论坛》1997 年第 1 期。

80. 刘洋：《附条件不起诉制度在中国的运行与构建》，载《湖南公安高等专科学校学报》2010 年第 5 期。

81. 刘政：《一个具有里程碑意义的法制文件——中共中央 1979 年 9 月 9 日〈指示〉》，载《中国人大》2005 年第 12 期。

82. 龙宗智：《英国检察制度的重大改革》，载《人民检察》1987 年第 6 期。

83. 卢建平、刘春花：《参见我国刑事政策的演进及其立法影响》，载《人民检察》2011 年第 9 期。

84. 马长、秦少斌、胡凤英：《论刑事诉讼中强制措施的完善——现行审前羁押制度考察》，载《中国检察》（第 10 卷），北京大学出版社 2006 年版。

85. 马克昌：《宽严相济刑事政策的演进》，载《法学家》2008 年第 5 期。

86. 马运立：《试论有罪答辩机制》，载《政法论丛》2007 年第 6 期。

87. 缪世淮：《我国刑事诉讼制度的重要发展与完善——学习全国人民代表大会关于修改〈中华人民共和国刑事诉讼法〉的决定》，载《四川省公安管理干部学院学报》1996 年第 3 期。

88. 潘庸鲁、朱婷婷：《论现代刑法的宽容之维》，载《辽宁师范大学学报（社会科学版）》2011 年第 6 期。

89. 钱洋：《浅议我国社会转型期治安秩序之重建》，载《河南公安高等专科学校学报》2010 年第 3 期。

90. 萨其荣桂、银福成：《中国现阶段刑事和解的制度化趋势及其特征》，载《内蒙古师范大学学报（哲学社会科学版）》2009 年第 6 期。

91. 孙力、刘中发：《"轻轻重重"刑事政策与我国刑事检察工作》，载《中国司法》2004 年第 4 期。

92. 田小丰：《我国刑事和解制度构建之我见——兼评我国〈刑事诉讼法修正案（草案）〉第五编第二章》，载《福建论坛（社科教育版）》2011 年第 10 期。

93. 仝其宪：《宽严相济刑事政策基本问题再认识》，载《政法学刊》2010 年第 5 期。

94. 王芬、郑曙村：《我国民主政治发展的路径依赖及路向选择——基于路径依赖理论的分析视角》，载《桂海论丛》2010 年第 5 期。

95. 王宏璎、张溪瑨、陈婷婷：《论附条件不起诉制度的构建——基于刑事诉讼法修正案的思考》，载《甘肃政法学院学报》2011 年第 6 期。

96. 王俊平：《荷兰刑法典的发展和特色》，载《法学杂志》2009 年第 3 期。

97. 王世洲：《联邦德国刑法改革研究》，载《外国法译评》1997 年第 2 期。

98. 王霞：《自由：我国刑事诉讼法理想的终极价值目标》，载《社会科学辑刊》，2002 年第 1 期。

99. 王晓广：《法律文化全球化——对一个合理悖论的阐析》，载《天中学刊》，2010 年第 3 期。

100. 王阳斌：《遏制刑讯逼供，防止冤案错案——"两高三部"解读办理死刑案件证据规定和非法证据排除规定》，载《人民代表报》2010 年 6 月 10

日第 006 版。

101. 魏东：《刑事政策与刑事法律的基本关系》，载赵秉志主编：《刑事政策专题探讨》，中国人民公安大学出版社 2005 年版。

102. 夏红、肖鹏：《宽严相济的刑事政策对刑事诉讼程序的影响》，载《辽宁师范大学学报（社会科学版）》2010 年第 4 期。

103. 向朝阳、马静华：《刑事和解的价值构造及中国模式的构建》，载《中国法学》2003 年第 6 期。

104. 肖中华、马渊杰：《当代中国社会变迁中的刑法发展》，载《贵州大学学报（社会科学版）》2011 年第 4 期。

105. 肖仲思、罗比：《有效权力监督的三个原理性问题》，载《广州大学学报（社会科学版）》2011 年第 7 期。

106. 谢望原、张开骏：《宽严相济刑事政策指导下的刑法修正立法——〈刑法修正案（八）〉总评》，载《河北大学学报（哲学社会科学版）》2011 年第 4 期。

107. 谢小剑、刘莉芬：《法律监督理论下检察权的配置》，载《犯罪研究》2010 年第 1 期。

108. 许海丽：《日本检察审查会制度的评析与启示》，载《广西政法干部管理学院学报》2008 年第 2 期。

109. 姚石京：《论强制侦查的法律控制》，载张智辉主编：《中国检察》（第 10 卷），北京大学出版社 2006 年版。

110. 张朝霞、谢财能：《刑事和解：误读与澄清——以恢复性司法比较为视角》，载《法制与社会发展（双月刊）》2010 年第 1 期。

111. 张德森、周佑通：《论我国当前实现司法正义的条件和途径》，载《法学评论》1999 年第 1 期。

112. 张吉喜：《被告人认罪案件处理程序的比较法考察》，载《时代法学》2009 年第 3 期。

113. 张明楷：《日本刑法的发展及其启示》，载《当代法学》2006 年第 1 期。

114. 张维新：《清末司法改革管窥——以三个诉讼法律文件为视角》，载《司法》2009 年第 4 辑。

115. 张旭：《社会演进与刑法修改——以德国为视角的研究》，载《法制与社会发展》2003 年第 2 期。

116. 章武生：《实现司法高效的障碍及其对策路径研究》，载公丕祥主编：《回顾与展望：人民法院司法改革研究》，人民法院出版社 2009 年版。

117. 章武生：《我国政治体制改革的最佳突破口：司法体制改革》，载《复旦学报（社会科学版）》2009 年第 1 期。

118. 赵秉志、陈志军：《短期自由刑改革方式比较研究》，载《政法论坛》2003 年第 5 期。

119. 赵秉志：《当代中国刑法中的人权保护（上）》，载《中共中央党校学报》2004 年第 4 期。

120. 赵秉志：《当代中国刑法中的人权保护（下）》，载《中共中央党校学报》2005 年第 1 期。

121. 赵虎：《清末修律之动因与意义分析》，载《山东农业大学学报（社会科学版）》2004 年第 1 期。

122. 赵明：《从历史的深处走来——漫议转型时期的当代中国政治与司法改革》，载《政法论丛》2008 年第 3 期。

123. 周少元：《从〈大清新刑律〉看中西法律的冲突与融合》，载《江苏社会科学》1997 年第 2 期。

124. 周欣：《法国、日本刑事司法制度改革进程探究》，载《公安大学学报》2002 年第 2 期。

125. 朱晓音、郑灵云：《日本刑法改革的进程》，载《法学》1997 年第 4 期。

126. 左卫民、冯军：《以监督权为视角：最高法院与全国人大关系的若干思考》，载《社会科学研究》2005 年第 4 期。

四、外文类

1. Alschuler, W. A. (1983), Implementing the Criminal Defendant's Right to Trial, 50 U. Chi. L. Rev. 931, 932 ~ 934.

2. Charles H. W. & Christopher S. (1992), Criminal Procedure: An Analysis of Case and Concepts, Third Edition, University Textbook Series.

3. Bureau of Justice Statistics, Compendium of Federal Justice Statistics, 2004, at 1, 59 (2004), at http://www. ojp. usdog. gov/bjs/pub/pdf/cfjs0404. pdf.

4. Chin, J. G. (2012) Federalism and a Fantasy of Full Enforcement, Justice Scalia on Plea Bargaining Federal Sentencing Reporter, Vol. 25, No. 2 (December 2012), pp. 135 – 137 Published by: University of California Press on behalf of the Vera Institute of Justice Stable URL: http://www. jstor. org/stable/10. 1525/fsr. 2012. 25. 2. 135.

5. Easterbrook, H. F. (1983), Criminal Procedure as a Market System, 12

J. Legal Stud. 289，297.

6. Herman，G. N. （1997），Plea Bargaining，LEXIS Law Publishing A Division of Reed Elsevier Inc.

7. Langer，M. （2004），From Legal Transplants to Legal Translations：The Globalization of Plea Bargaining and the Americanization Thesis in Criminal Procedure，45 Harv. Int'l L. J. 1.

8. O'Hear，M. M.，& Schneider，K. A.，（2007），Dispute Resolution in Criminal Law，91 Marq. L. Rev. 1，3.

9. Richard A. P. （2010），Economic Analysis of Law，Little，Brown and Company Boston and Toronto.

10. Turner，L. J. （2009），Plea bargaining across borders，Wolters Kluwer Law & Business.

五、学位论文类

1. 李娜：《刑事速决程序研究》，山东大学 2011 年硕士学位论文。

2. 白雪松：《中国减刑假释制度研究》，内蒙古大学 2010 年硕士学位论文。

3. 陈涛：《论我国刑罚执行法律监督制度的完善》，安徽大学 2006 年硕士论文。

4. 陈玉忠：《宋代审判权的制约机制研究》，河北大学历史学 2009 年博士论文。

5. 迟日大：《新中国司法制度的历史演变与司法改革》，东北师范大学 2003 年博士学位论文。

6. 王万习：《刑事审判简易程序研究》，中国政法大学 2005 年硕士学位论文。

7. 谢佳芬：《刑事辩护制度研究》，中国政法大学生 2008 年博士论文。

8. 谢小剑：《公诉权制约制度研究》，四川大学 2007 年博士学位论文。

9. 杨庆文：《当代中国刑法史研究》，浙江江大学 2005 年博士学位论文。

10. 周峰：《清末法律改革中的日本因素》，苏州大学 2007 年硕士论文。

11. 朱琳：《法国的刑事政策研究》，中国政法大学博士学位论文。

后　记

当对我的博士学位论文《我国刑事司法改革研究》做了新的修改、补充和审校之后，心里不禁生出来一丝喜悦、些许感慨和满满的感激。

之所以选择这一题目进行研究，最初考虑的是自己的工作和知识背景以及相应的研究基础，也希望能以自己的微薄之力，对刑事司法改革的实践进行总结和理论上的思考，或许会对司法改革的实践有所裨益。然而写作的过程一波三折，心情也常起起落落。面对如此宏大的题目，要将我国新时期刑事司法改革的脉络和特点梳理出来，挖掘其背后的决定因素和力量，在理论上予以思考和提升时，常常会有"欲渡黄河冰塞川，将登太行雪满山"的困顿和焦灼，而经过对各种理论艰苦的学习思考，甄别挑选出合适的理论分析工具并找到对现实问题理解和阐释方式后，又会有"山穷水复疑无路，柳暗花明又一村"的欢欣与满足。然而，对分析理论和方法掌握的不那么踏实使我即使在论文已完成答辩之后，仍然觉得不甚满意。2013 年我有机会在美国杜克大学 Sanford 公共政策学院进行了一段时间的学习，期间所学经济学和公共政策分析等方面课程，多少弥补了我在写作论文时感到的理论知识和分析方法方面的欠缺，通过对司法效率方面的资料进行的搜集和研读，渐渐对我论文中的一些问题和分析有了一些新的、更清晰的理解和认识。

回想写这篇论文的日子，心里充满了感激之情。

首先要感谢我的博士生导师孙谦教授，是他的支持和鼓励让我在烦琐的日常工作和生活之余，能坚持学习和写作，使我在遇到困难、不自信和懈怠的时候没有放弃。他对于法治事业、检察事业的满腔热忱和责任感，宽广的视野和胸怀，立足中国法治实践、理性务实的研究风格和治学态度都深深地感染、激励和影响着我。这篇文章凝聚了他大量的思想和心血，从论文的选题、方向、内容到最后成稿，他都给予了我非常宝贵的意见和指导，他送予我许多珍贵的书籍和资料也使我在论文的写作过程中受益良多。

其次要感谢王牧教授，在我博士学习期间，王牧老师给了我许多具体的指导和帮助，使我顺利完成学业。在论文的写作方法、论证方式、文章的结构、分析工具等方面都给了我非常有益的指导，提出了许多中肯的意见和建议。感谢赵国玲教授、吴宗宪教授、王平教授、张凌教授、王顺安教授，他们在我博士论文开题和答辩过程中提出的许多指导意见和想法，对我论文的最终完成有很大帮助。

感谢朱景文教授，他是我的硕士导师，硕士期间他对我在学习和学术研究方面的严格训练和指导使我受益终身。在博士论文的写作过程中，他在论文的理论支撑、研究和写作方法上给予了我颇多建议。感谢我硕士时期的同学刘文忠，本文中一些重要的理论分析工具得之于与他的交流。感谢检察理论研究所的蔡薇同志，感谢我博士学习期间的同学李怀胜、孟永恒、罗鹏飞，他们在我的学习和答辩过程中给予我许多的帮助。

感谢我的领导和同事，他们给了我一个友善、尚学的环境，感谢他们对我学习的支持，也感谢他们在专业方面给予我的帮助，与他们在工作上和日常的交流，常常碰撞出我思想的火花，让我不断有所发现、有所进步。

感谢中国检察出版社阮丹生社长、朱建华总编对本书出版给予的大力支持，感谢李健主任为本书付出的辛勤劳动。

感谢我的家人，我的父母、公婆、丈夫和女儿，是他们的宽容、理解、支持以及生活上的帮助让我顺利完成学业。

高丽蓉

2015 年 6 月